아들이 사는 세계

일러두기

- 단행본은 겹꺾쇠표(《 》), 방송 및 기타 간행물과 특수교육과정은 꺾쇠표(〈 〉)로 표기했다.
- 본문에 등장하는 인물 외 발달장애인 당사자의 가족 관계는 통계가 존재하지 않아 편의상 '엄마'로 통일했으며, 맥락에 따라 '가족' 혹은 '엄마(가족)'로 표현한 부분이 있다.
- 프롤로그에 언급한 인물 외 나머지는 가명을 사용했다.
- 인명 및 기타 표현은 국립국어원의 표기법을 따랐으나, 장애계 특성을 고려한 표기 부분이 있다.

아들이 사는 세계

✤ 부모의
　품을 너머
　공존의 삶으로
　나아가는 첫 걸음

류승연

푸른숲

프롤로그   **앞으로 네가 살 세상이
           조금은 더 살만하길 바라며**

6년 전, 폭염이 극성이던 어느 날. 온 식구가 인사동으로 향하던 길이었다. 발달장애인인 아들은 왜 시원한 택시를 타지 않고 힘들게 지하철을 타고 가느냐는 '말'을 '행동 언어'로 대신 전하고 있었고, 나는 얼른 지하철에 올라 시원한 에어컨 바람을 느끼기 시작하면 아들이 진정될 것을 알았기에 어르고 달래며 플랫폼에 서 있었다.

　　　띠리리리링, 지하철이 왔고 문이 열렸다. 키가

엄마만큼이나 큰 초등학생 남자애가 엄마 품에 안겨 징징대고 있으니 사람들의 시선이 쏠렸다. 괜찮다. 3분만, 아니 2분만 기다리면 된다. 아들이 지하철 에어컨도 택시만큼 시원하다는 것을 알게 되면 상황은 종결된다.

그런데 남편이 기다리지 못했다. 남편도 원래는 '아들의 시간'을 기다리기만 하면 된다는 것을 잘 알고 있었지만 사람들의 시선 때문에 자신도 모르게 마음이 쫓긴 것이다. 남편이 (아들이 아닌) 다른 사람들 들으라고 아들에게 한마디를 던졌다.

"어허 조용! 얌전히 있어!"

그때였다. 내 품에 안겨 있던 아들이 남편의 말이 끝나자마자 갑자기 몸을 꼿꼿이 세워 아빠 눈을 똑바로 쳐다봤다. 그러더니 두 주먹을 불끈 쥐고 있는 힘을 다해 "시어!!!(싫어)"라고 외쳤다(생애 처음으로 아빠에게 반항한 순간이자, 바야흐로 사춘기의 시작을 알리는 순간이었다). 그리고 아들은 강도 10의 울음을 터트려버렸다. 남편은 텐트럼(분노발작) 단계에 들어선 아이 앞에서 당황한 나머지 아들 입을 손으로 세게 틀어막았다. 어찌나 힘이 강했던지 남편에게 얼굴이 잡힌 아들의 온몸이 휘청거렸다. 그 모습에 눈이 돌아간 난 "그 손 치워!"라고 외치며 남편 손을 힘껏 떼어냈다.

아이의 비명이 가득 찬 지하철 안에서 승객들은 우리

부부의 난투극(?)을 바라봤다.

"언제까지 애를 감싸기만 할 거야!"

나는 남편의 외침을 무시하며 새빨간 얼굴로 울어대는 아이를 꽉 껴안았다.

"괜찮아, 괜찮아. 동환아, 괜찮아. 하아~ 어디 좀 앉혔으면 좋겠는데……."

가까이 있던 아저씨에게 죄송한데 아이가 앉아서 가면 진정이 빨리 될 것 같다고 자리를 좀 내어줄 수 있겠냐고 물었다. 고마운 아저씨가 기꺼이 자리를 양보해줬다. 감사 인사를 한 뒤 아들을 앉히고 그 앞에 쭈그려 앉아 우는 아이를 달랬다.

"괜찮아. 이제 시원해질 거야. 괜찮아, 괜찮아. 이제 시원해질 거니까 괜찮아."

지하철 안 모든 사람의 안테나가 나와 아들을 향해 삐죽 솟아 있는 게 느껴졌다. 저쪽을 보니 남편은 문 앞에 서서 이 모든 막장 드라마를 지켜본 딸을 달래고 있었다.

시원한 에어컨 바람이 느껴지기 시작하자 아들이 진정하기 시작했다. 울음이 서서히 잦아들었다가 다시 잉잉거리다가 잠시 또 크게 울려고 액션을 취했다가 슬며시 잦아들었다. 그렇게 몇 번을 반복하더니 이내 완전히 평온해졌다. 그동안 나는 아들을 달래느라 바닥에 쭈그려 앉았다 일어나기를 수차례 반복했다.

진정돼가는 아이를 보는데 이번엔 내가 눈물이 왈칵 터질 것 같았다. 사람들이 쳐다보는 게 창피해서가 아니었다. 아들 마음을 알아주는 사람이 이 세상에서 나 하나뿐이란 사실에 눈물이 나려 했다. 내가 없으면 넌 어쩌니. 내가 없으면 누가 네 마음을 알아주겠니.

"하아~ 힘들다."

나도 모르게 입 밖으로 말이 흘러나왔다. 엄숙할 만큼 고요했던 지하철 안의 모두가 이 말을 들었다. 잠시 분위기가 숙연해졌다고 느낀 건 내 착각이었을까?

이 사건을 겪은 날, 이 책을 쓰기로 마음먹었다. 세상에서 아들 마음을 알아주는 사람이 나 혼자면 안 되기 때문에, 아들은 나 없는 세상에서도 자신의 삶을 마저 살아나가야 하기 때문에 나는 이 책을 쓰기로 했다.

✦

그로부터 3년이 지났을 때 나는 정신건강의학과 전문의 앞에 앉아 있었다.

"선생님. 저 글이 안 써져요. 노트북만 켜면 무기력한 게, 이 무기력을 빨리 없애줄 약 좀 처방해 주세요! 저 진짜 얼른 마감해야 해요."

칼럼과 기고는 무리 없이 척척 써내려가는데 책을

쓰려고만 하면 몸이 거부했다. 정신과 약을 세 달쯤 먹었지만 여전히 한 줄도 쓰지 못했다. 결국 약을 끊고 무작정 출판사로 향했다.

우울한 보라색 꽃다발을 들고 편집자를 찾아갔다. 미안하지만 계약을 파기하자고 했다. 그 당시 나는 머리부터 발끝까지 어둠의 기운이 모락모락 피어나는 모습이었고 오랜만에 만난 편집자는 이런 나를 보곤 깜짝 놀랐다. 아마 그때의 나는 이 세상의 온갖 어둠을 혼자 다 껴안고 있는 모습이었을 것이다.

강렬한 뽀글머리가 트레이드마크인 당시 부사장님이 산책을 권했다. 눈물을 그렁그렁 매단 채 주변을 거니는데, 그가 계약한 지 10년 만에 원고를 내놓은 저자 이야기를 했다.

"아니, 염치도 없어라. 10년 만에 내놓기도 해요? 우와. 나는 약과였네요."

그렇게 내 이야기가 무르익기를 기다려준, 내 마음이 단단해지기를 기다려준 많은 이들 덕분에 이 책은 6년 만에 세상에 나올 수 있었다. 감사의 마음을 전한다.

내가 오랜 시간을 '어둠의 자식'으로 보냈던 건 아들이 성장하고 있기 때문이었다. 부모는 자녀의 성장을 축복하고, 자녀는 자신의 성장을 부모에게 축복받아야 마땅한데 현실은 그렇지 않았다.

몰랐다. 아들이 성장한다는 건 단순히 키가 커진다는 게 아니라 아들이 사는 세상이 달라지는 일이라는 것을. 그 세상은 아들이 어린이일 때 속했던 세상보다 훨씬 차갑고 냉정하다는 것을.

그리고 이제 안다. 그 세상에서 고립되지 않기 위해선 학령기를 그냥 어물쩍 넘겨선 안 된다는 것을. 학교에서의 인지 학습과 치료실에서의 기능 발달만이 아들에게 필요한 전부가 아니라는 것을. 너무 당연해 아예 거론조차 하지 않았던 사회적인(관계적인) 부분이 아들 미래에 절대적으로 필요한 생존 키트라는 것을. 하지만 아직도 이 부분에 대한 공감대 형성은 우리 사회에 전무하다시피 한 실정이라는 것을.

이 책엔 청소년이 된 아들이 맞닥뜨린 '현실'이 담겨 있다. 청소년기를 지나 이미 성인기 삶을 살고 있는 많은 이들의 삶도 담았다. 그 현실은 결코 반짝거리지 않는다. 그렇기에 더더욱 알려야 한다. 현실에 존재하는 음지를 외면한 채 양지만 찬양하는 건 발달장애인 당사자를 위해서가 아닌 '발달장애인을 위하는 것 같은 비장애인인 나'를 위한 일이다. 그리고 나는 현실에서 눈 돌리지 않고 똑바로 마주하는 것이 진짜 변화의 시작이라고 믿는다.

그렇다고 해서 이 책이 '어둠의 기운'만 물씬 풍기는 흑마술서 같진 않다. (아는 사람만 알지만) 내가 또 글을 쉽고 재미있게 잘 쓴다. 이 엄청난 자의식을 봐도 알 수 있듯 어둠과 절망에게 "옛다, 나 잡아가쇼" 하며 순순히 끌려갈 성격도 아니다.

언젠가 다가올 먼 미래에 나는 잘 죽고 아들은 잘 살리고 싶다. 그 하나의 희망을 품고 이 책을 썼다. 그래서 이 책은 절망의 나열이 아닌 희망의 첫 소절이다.

책에 등장한 인물들은 모두 당사자를 특정할 수 없도록 가명을 사용했다. 실명으로 등장한 이는 장혜영 전 정의당 의원, 장애인차별금지추진연대 김성연 국장, 전국장애인부모연대 서울지부장 김남연 대표, 이은자 강서퍼스트잡지원센터 센터장, 연세대학교 정병은 교수님과 아들인 지환 씨, 한국경진학교 심승현 선생님과 우진학교 공진하 선생님, 캠프힐마을 김은영 선생님이다.

그리고 이 책에선 '도전적 행동'이라는 말 대신 '문제행동'이라는 단어를 사용했다. 나는 발달장애인의 문제행동은 '알고 보면' 문제행동이 아니라고 생각한다. 겉으로는 도전적 행동이라고 말하면서 실제로는 문제행동으로 바라보고 대하는 현실에 반기를 들고 싶어 일부러 문제행동이라는 단어를 가감 없이 사용했음을 알린다.

◆

이 책이 나오기까지 가장 큰 힘이 되어준 가족에게 감사와 사랑의 마음을 전한다. 가족의 전폭적인 지지가 없었다면 아들의 주양육자인 나는 글 쓸 시간조차 갖지 못했을 것이다.

'타인의 시선'에 쫓겨 아들의 입을 막았던 남편은 6년이 지난 현재, 누구보다 '아들의 속도'를 존중할 줄 아는 든든한 지원군이 됐다. 나에게 있어선 의지할 수 있는 유일한 친구이자 삶의 동반자다. 당신, 이번 생에 '동환이 아빠'로 참 많이 수고하면서 산다는 말을 전하고 싶다. 남편이 없었다면 나의 이번 생은 오래전에 '종료'됐을지도 모른다. 앞으로 40년만 더 함께 수고하다가 편안한 안식에 이르렀으면 좋겠다.

세상 사람들이 자기 앞머리만 쳐다보고 다니는 줄 아는 딸에게도 감사의 말을 전한다. 한참 예민한 사춘기에 타인의 시선을 끄는 동생으로 인해 속상한 일이 많은 것을 잘 안다. 그럼에도 비장애 형제자매로서의 삶을 거부하지 않고 묵묵히 받아들이는 모습을 보면 고마우면서도 마음이 아프다. 세상 사람들이 딸의 앞머리만 쳐다보는 게 아닌 것처럼, 아들도 남다르게 쳐다보지 않는 세상이길 바란다. 아들을 위해서이기도 하지만 딸을 위해서이기도 하다.

아들에게도 감사 인사를 하고 싶다. 아들이 아니었다면 나는 지금보다 훨씬 더 별로인 사람이었을 것이다. 아들 덕분에 그나마 아주 조금 사람다운 사람이 될 수 있었다. 아들로 인해 매일 행복한 순간을 몇 번씩이나 누리며 사는 호강도 한다.

◆

　　아마 유치원 때 배웠던 것 같은데 얼마 전에 문득 떠오른 노래가 있다. 음도 단순하고 가사도 단순한데 한번 생각난 후엔 머릿속에서 떠나지 않고 계속 맴돌고 있다.
　　"내 모자 세모났네, 세모난 내 모자, 세모가 아닌 것은 내 모자 아니네."
　　세모가 아닌 것은 내 모자가 아니듯, 발달장애가 없는 아들은 내 아들이 아니다. 나는 발달장애가 있는 내 아들을 사랑하고, 사랑하고 또 사랑한다. 아들이 사는 이 세상도 아들의 장애를 그렇게 받아들일 수 있길 바라본다.

차례

프롤로그
앞으로 네가 살 세상이 조금은 더 살 만하길 바라며 5

1부 + 고립이 아닌 공존의 세계로

외로움의 반대편으로 가는 길 19
인생의 진짜 목표 30
선택 가능한 자립지원 종류 44
아들을 위한 최종 목적지 56
갈등을 겪을 용기 64
기꺼이 함께하고 싶은 사람 79
15만 원어치의 책임 91
불안함을 줄여주는 돌발 상황 105

2부 + 똑같은 사람, 똑같은 마음

같은 마음을 가지고 있는 사람 119

가해자의 엄마 134

신뢰로 녹인 방어벽 149

친구와 노는 재미 158

행동으로 하고 있는 말 173

인기남의 엄마 187

3부 + 지금부터 준비해야 하는 행복한 어른 생활

달라진 아들의 세상 203

학교에 가는 의미 218

잘못된 루틴을 깨야 하는 이유 226

특수교육에서도 고립되지 않을 권리 238

능동적 참여가 만드는 단단한 자립 기반 252

지퍼 올리기에서 배울 수 있는 것 264

행복한 어른이 되기 위한 밑그림 그리기 278

아들이 살아갈 세계를 위해 292

에필로그 20년 후의 어느 날 299

✢ 1부

고립이 아닌
공존의 세계로

외로움의
반대편으로 가는 길

어떤 만남은 시간이 지나도 잊히질 않는다. 그녀와의 만남이 그랬다. 그녀는 안산에서 성인기 발달장애인 아들과 둘이 살고 있었다.

그녀의 아들은 발달 기능이 좋은 편이었다. 흔히 말하는 경증 발달장애인이다. 매일 아침이면 규칙적으로 출근하는 직장이 있었고, 직장에 다니니 월급을 받았고, 월급을 받아 경제적 여유가 있으니 문화생활도 자주 즐겼고 집 안팎에서 혼자 생활하는 데 큰 무리가 없었다.

친척의 부고였나. 아무튼 갑작스러운 부고 소식을 접한 그녀는 2박 3일 동안 집을 비워야 했다. 혼자 남게 될 아들을 걱정했지만 그는 생각보다 잘 지내고 있었다.

"아들이 문자를 보냈는데 이렇게 쓰여 있더라고요. '엄마. 저는 아주 잘 생활하고 있어요. 출근도 잘했고, 연극도 보러 갔다 왔고, 연극이 끝난 후엔 배우들을 만나서 사인도 받았어요. 청소도 다 해놨고, 밥도 잘 먹고 있어요. 저는 잘 지내고 있으니 걱정하지 마세요.'"

감정이 치밀어오른 그녀가 고개를 숙였다. 잠시 호흡을 고른 후 다음 말을 이어나갔다.

"엄마, 그런데 너무 외로워요. 엄마가 없으니까 하루 종일 말할 사람이 없어서 너무 외로워요."

✦

경기도에 있는 한 장애인복지관을 방문했다. 해당 지역은 발달장애인 여성(대부분 지적장애)이 결혼해 아이를 낳은 사례가 많은 지역이라고 했다. 태어난 아이들의 반은 장애가 있었다.

남편은 제대로 된 사람이 드물었다고 한다. 술을 마시고 아내와 자식에게 폭력을 휘둘렀으며, 여성들은 그 환경에 고스란히 노출된 채 살아가고 있었다. 이들은 부부관계만이 아닌 육아에서도 어려움을 겪고 있었다. 젖을 먹였는데도 왜 아기가 계속 우는지, 왜 잠을 안 자고 칭얼거리는지 이해하지 못해 화를 내고 힘들어한다고 했다.

복지관에서는 어려움을 겪고 있는 여성들에게 도움이 될 사업을 하기 위해 어떤 지원이 가장 필요한지 당사자들을 상대로 사전 조사를 실시했다. 나라면 살림 지원을 1번으로 꼽았을 것 같다. 힘들어도 육아만 하라면 하겠는데 그 와중에 밥도 하고, 설거지도 하고, 청소하고, 빨래하는 게 지금까지도 큰 스트레스다. 아니면 경제적 지원도 좋다. 경제적 여유가 있으면 육아와 살림 부담이 줄어든다. 밥 하기 싫을 땐 배달시켜 먹으면 되고 락스 냄새 맡아가며 화장실 청소하기 귀찮을 땐 청소업체를 부르면 된다. 경제적 지원도 큰 도움이 될 것 같았다.

사회복지사들의 생각도 비슷했다고 한다. 살림이나 육아 지원 혹은 경제적 지원 등의 필요를 예상하고 조사했는데, 의외의 항목이 1순위로 뽑혔다. 해당 여성들이 뽑은 가장 절실한 지원은 '친구'였다고 한다. "얘기 나눌 친구가 한 명도 없어요"라고 했단다.

20대 자폐성 장애인 아들을 둔 엄마가 있다. 나랑은 얼굴을 잊어버릴 만하면 한 번씩 만나 서로의 생존을 확인하는 사이다. 나이는 동갑이지만 앞서 아들을 키운 '선배맘'답게 뼈가 되고 살이 되는 얘기를 많이 들려주곤 하는데 하루는 이런 말을 했다.

"자기야, 내가 왜 우리 아들이 성인이 됐어도 치료실 보내는지 알아?"

보통 발달장애인의 재활치료는 영유아기 때 폭풍처럼 쏟아붓다가 학령기를 지나며 서서히 줄여나간다. 그러다 성인기에 이르면 더 이상 치료실을 다니지 않는다. 재활치료 바우처가 학령기까지만 지원되기 때문이기도 하지만 성인기엔 치료실 안에서의 삶보다 현실 속에서 부대끼는 삶이 더 중요하다는 것을 알기 때문이다.

질문을 받고 잠시 생각하다 번뜩 떠오른 철학적인 답변을 내놓았다.

"음. 사람이라는 게 원래 죽는 날까지 끝없이 성장하는 존재니까?"

아니란다. 아들이 성인이 되니 부모가 돈이라도 지불하지 않으면 아들을 만나주는 사람이 아무도 없어서 치료실에 보내고 있단다.

이런 사례들을 직접 접하면서, 오래전 아들이 초등학생이었을 때 본 기사가 떠올랐다. 성인 발달장애인의 대인관계를 조사한 기사였는데 대다수 당사자가 가장 친한 친구이자 유일한 친구로 꼽은 이가 '엄마'였다.

잔소리쟁이 엄마가 유일한 친구라니! 만약 우리 엄마가

내 유일한 친구라면 어떨까? 엄마한텐 미안한 일이지만 나는 못 견딜 것 같다. 물론 엄마도 마찬가지일 것이다. 엄마가 유일한 친구인 발달장애인이 안됐다고 느꼈다. 안됐지만 내 일처럼 와닿진 않았다. 당시 나는 아들의 친구 관계를 확장하는 데 열심이었다.

다행히 주변 환경도 뒷받침해줬다. 학교에선 담임 선생님(특수학교)이 반 친구들과의 관계 맺기를 통해 아들의 사회성 발달을 위해 애써줬고, 나는 나대로 친한 장애인 가족과의 연대를 통해 아들의 또래 친구 범위를 넓히고 있었다.

'내 아들은 그렇게 되지 않을 거야. 나는 아들의 친구 말고 엄마 노릇만 할 거야. 나는 내 친구들하고 놀 테니 너는 네 친구들하고 놀아. 아들! 엄마가 반드시 그렇게 만들게!'

시간이 흘러 아들은 중학생이 됐다. 중학교 3학년인 현재, 키가 186센티미터에 이르렀는데 아직도 성장판이 멈추지 않고 활동 중이다. 평생의 소원 중 하나가 키 큰 남자 품에 쏘옥~ 안겨보는 것이었는데 백발이 성성한 이 나이에 그 꿈을 이뤘다. 그 대상이 아들이라는 게 서운한 일이지만. 그렇게 큰 아들이지만 아직도 뽀로로와 아이쿠, 뿡뿡이를 즐겨 보고 내가 바닥에 앉아 있으면 엄마 무릎 위에 앉겠다며 엉덩이를 들이밀곤 한다.

아들이 어릴 때는 성인의 몸을 가진 발달장애인은 고립된 상황에 처할 여지가 아주 많다는 것을 몰랐다. 특히

장애 정도가 중증이라면 그 가능성은 하늘만큼 높아진다. 엄마가 아무리 발을 동동거리며 노력해도 혼자만의 노력으로는 아들의 고립을 막을 수 없고, 엄마만이 유일한 친구가 될 수밖에 없다는 것을 아들이 어릴 때는 알 수 없었다.

✦

특수청소업체 '하드웍스' 대표인 김완 작가가 저술한 《죽은 자의 집 청소》(김영사, 2020)에서 인상 깊게 와닿은 문장이 있다.

"혼자 죽은 채 방치되는 사건이 늘어나 일찍이 사회적 반향을 일으켰던 고독사 선진국 일본. 그 나라의 행정가들은 '고독'이라는 감정 판단이 들어간 어휘인 '고독사' 대신 '고립사'라는 표현을 공식 용어로 쓴다. 죽은 이가 처한 '고립'이라는 사회적 상황에 더 주목한 것이다."

김완 작가의 책을 읽으며 '고립사'라는 말을 열 번, 스무 번 곱씹었다. 사람은 고독해도 죽진 않는다. 하지만 고립되면 필연적으로 죽음에 이른다. 장애, 비장애가 다르지 않다. 문제는 비장애인인 나에 비해 발달장애인인 아들은 고립될 여지가 훨씬 많다는 점이다.

고립사는 우리나라에서도 심각한 사회문제다. 김완 작가는 집 안에 금은보화가 가득한 채 고립사한 사람은 본

적이 없다고 했다. 고립사한 사람은 언제나 빈곤하고 위태로운 삶을 살고 있다고 했다. 비장애인도 그런데 당사자의 실업률이 높고 '가족 돌봄'으로 인해 부모가 생계 전선에 올인할 수도 없는 발달장애인 가정에선 열심히 살아도 가난하거나 그 가난이 빈곤으로 이어지는 경우가 흔하게 발생한다. 그만큼 구조적으로 고립될 처지에 놓일 가능성이 크다는 의미다.

  20대 중반, 영화 〈브리짓 존스의 일기〉가 개봉했다. 멋지고 세련된 전문직 여성은커녕 하는 일마다 실수투성이인데다 살집이 있는 체형의 브리짓은 싱글이었다. 나와 처지가 비슷했다는 뜻이다. 브리짓이 〈All by myself〉라는 노래를 부르며 외로움에 몸부림치는 장면에서 친구들 모르게 흐느껴 울었다(친구들은 모두 연애 중이었다).

  '브리짓, 네 마음이 바로 내 마음이야. 알지 알아. 그 마음 내가 다 알아. 이렇게 이뤄놓은 것 하나 없는 인생에 마음을 나눌 연인조차 없이 외롭게 살다가, 어느 날 쓰러져 키우던 반려견에게 먹힐 수도 있다는 너의 두려움을 내가 알아. 브리짓! 내가 다 이해해.'

  나는 배를 눌러주기 위해 배꼽을 덮는 거대한 속옷을 입어야 하는 브리짓의 상황까지도 다 이해했다. 영화의 여운은 오래 이어졌고 내 마음의 어떤 부분이 건드려진 탓인지 한동안 툭하면 눈물을 흘렸다. 그로부터 20년쯤 지났다. 이 꼴 저 꼴 다 겪으면서 어지간한 일엔 흔들리지 않는 내공이 쌓여갔다.

그런데 또다시 마음의 어떤 부분이 톡 하고 건드려졌다.
이번엔 영화가 아닌 현실이었다. 뉴스에서 본 사건에 마음의
스위치가 또 한 번 눌렸다.

사회복지사가 이수역에서 거리생활 중이던
발달장애인을 발견한 사건이었다. 그 사건의 배경이 하나씩
밝혀질 때마다 나는 물에 젖은 솜처럼 축축한 우울감에 젖어
들었다. '고립되면 죽는다'는 명제가 눈앞에 현실로 나타난
상황을 지켜보는 건 공포에 가까웠다.

사회복지사에 의해 구조된 A 씨는 엄마와 함께 살고
있었다. 동네에서 엄마와 A 씨의 존재를 아는 사람은 없었다.
A 씨는 장애 등록이 되어 있지 않았고 두 사람은 전입신고도
하지 않았다. 그야말로 복지의 사각지대에 존재하고 있었다.
A 씨는 학교조차 다니지 않았다. 추후 알려진 바에 따르면
초등학교 때 학교를 그만두고 집에만 있었다고 한다. 엄마는
왜 아들을 마저 학교에 보내지 않았을까? 초등학교 때 무슨
일이 있었던 것일까? 왜 마음의 문을 닫고 세상으로부터
숨어버렸을까? 의문이 이어졌지만 확인할 길은 없었다.

학교에 보내진 않았지만 엄마가 교육을 멈춘 것은
아니었던 것으로 보인다. 언론을 통해 공개된 A 씨의 메모가
증거였다. A 씨가 사회복지사에게 내민 메모지엔 "우리
엄마는 몸 마비로 돌아가셨어요. 도와주세요"라고 쓰여
있었는데, 글씨체가 얼마나 정갈하고 예뻤던지 깜짝 놀랐다.

이토록 또박또박하게 글씨를 쓰기까지 엄마가 어떤 마음으로 노력해왔을지 그간의 과정이 오롯이 그려졌다.

어느 날 엄마가 쓰러졌다. 그리고 죽었다. A 씨는 움직이지 않는 엄마에게 파리가 붙고 벌레가 꼬이자 이불을 고이 덮었다. 그리고 이불 주변에 청테이프를 붙여 벌레들이 다가가지 못하게 했다. 벌레는 외부에서 생긴 게 아니라 엄마 몸에서 나온 거였지만 A 씨가 그 사실을 알 리가 없었다.

'벌레야, 저리 가. 엄마한테 붙지 마.'

A 씨는 엄마를 지키려고 애썼지만 배고픔을 견딜 순 없었다. 그가 얼마나 오랫동안 집에 머물렀는지는 아무도 모른다. 버티고 버티다 배고픔을 견디지 못한 어느 날, A 씨는 현관문을 열고 밖으로 나갔다. 그렇게 거리생활을 시작했다.

모자는 고립돼 있었다. 있지만 없는 존재로 살았던 두 사람은 고립된 세계 속에서 서로만 바라보고 살았다. 이제 와 부질없는 일인 건 알지만 모자가 고립된 삶을 살지 않았다면 어땠을까 생각해본다. 이웃 주민에게 매일 얼굴을 비추고 살았다면 오랫동안 보이지 않는 모자가 궁금해 누군가 전화를 걸었거나 현관문을 두드려봤을지도 모른다. 어쩌면 외부의 개입보다 A 씨가 먼저 움직였을 수도 있다. 아무리 깨워도 엄마가 움직이지 않으니 현관문을 열고 나가 이웃에게 도움을 요청했을 수도 있다.

말을 얼마나 하는진 알 수 없지만 적어도 A 씨는

도와달라는 내용을 쓸 수는 있었다. 글로 의사소통이 가능했던 것이다. 메모지를 들고 매일 가던 편의점, 한 달에 한 번씩 가던 미용실, 주치의처럼 이용하던 내과에 가서 내밀기만 했어도 주변에서 도움을 줄 수 있었을 것이다. 아니 이웃집 현관문만 두드렸어도, 이웃집에 사람이 없으면 앞집, 건넛집 하다못해 길 가던 아무에게나 그 메모지를 내밀기만 했어도 상황은 달라지지 않았을까. '고립'이 익숙한 삶이 아니라 '공존'이 익숙한 삶이었다면 A 씨는 다른 선택을 할 수 있지 않았을까.

'고립되면 죽는다'는 사실을 깨닫고 나서 내 삶의 방향성이 크게 바뀌었다. 이제 나의 양육과 교육, 재활치료가 향하는 목표는 아들이 고립되지 않는 성인기 삶을 사는 것이다. 그러한 미래를 위해 학령기인 지금 무엇을 해야 할지 생각한다.

물론 성인기에 접어든 모든 발달장애인이 고립된 채 생활하진 않는다. 제도와 정책이 전무한 것도 아니다. 하지만 여전히 복지정책은 정보를 직접 알아내고 찾아가야만 하는 구조인 데다가 사실상 각종 복지서비스에선 상대적으로 고립될 여지가 많은 중증 장애인은 배제되고 있는 게 현실이다. 그리고 서글프게도 학령기 교육마저도 발달장애인의 고립과 배제를 심화시키는 방향으로 나아가고 있다.

아들이 어릴 때는 현실을 몰랐다. 열심히 재활치료를 받고, 학교에 잘 다니고, 자주 여행을 다니며 즐겁게 살면 희망적인 성인기를 맞이할 수 있을 줄 알았다. 그러면 나는

"아들보다 하루만 더 살게 해주세요"라는 말을 하지 않고 언젠가 마음 편히 눈감을 수 있을 것이라고 생각했다.

하지만 시간은 정직하게 달렸고 아들은 어느새 자라버렸다. 아들이 자라면서 아들이 사는 세계도 달라졌다. 성인의 몸뚱이를 지닌 학령기 아들이 사는 세계, 이미 성인이 되어버린 당사자들이 사는 세계. 빠르게 흘러간 시간 속에서 그 세계를 직간접적으로 경험하며 내가 발견한 것은 애석하게도 희망이 아니었다. 아들의 고립은 이미 시작됐고 나는 어떻게든 그 상황에서 벗어나려고 발버둥치고 있다.

그렇다고 해도 이 삶의 끝에 절망만 있는 건 아니다. 많은 이가 아들을 위해 애쓰는 것을 알고 있고, 전국 곳곳에서 긍정적인 신호를 발견하기도 하며, 발달장애인의 더 나은 삶을 위해 각자의 자리에서 노력하는 많은 이를 본다. 그래서 글을 쓴다. 무수한 절망을 더 많은 희망으로 바꾸고 싶어서, 아들의 고립을 막고 싶어서, 나는 잘 죽고 아들은 잘 살리고 싶어서 글을 쓴다.

인생의 진짜 목표

나는 원래 순간만 사는 사람이었다. 뒷일은 생각하지 않고 지금 이 순간 내 마음을 뜨겁게 달구는 것에 반응해 돌진했다. 그게 바로 군대도 안 다녀오고 유학이나 어학연수도 안 갔던 내가 대학을 7년 만에 졸업한 이유였다. 20대의 나에겐 연애와 연극이 세상의 전부였다.

그랬던 내가 '발달장애인의 엄마'로 살면서 계획형 인간, 목표 지향적 인간으로 바뀌어갔다. 기질적으로 그래서가 아니라 아들과 함께하는 삶에선 생존을 위해서, 말 그대로 살기 위해서 그러지 않으면 안 됐기 때문이다.

✦

초등학생 땐 장래 희망이 세 개였다. 미스코리아, 승무원, 앵커. 중학교에 올라가서야 (남들보다 한참 늦게) 메타인지가 발달한 나는 그제야 현실을 깨닫고 미스코리아라는 꿈을 빠르게 접었다. 그래도 괜찮았다. 다음 순서인 승무원이 있었으니까. 사람들이 장래 희망을 물을 때마다 "승무원이요!"라고 우렁차게 대답했지만 그건 겉으로 내세운 '가짜 목표'에 가까웠다. 공부에 통 관심이 없었기 때문이다. 중간고사 당일 학교에 가서 뒷자리 친구에게 "오늘 시험 치는 과목이 뭐야?"라고 물을 정도였다. 친구의 얼굴은 생각이 안 나는데 그 친구가 지었던 어이없는 표정은 아직도 기억에 남아 있다. 고등학교 땐 전교생이 600~700명이었는데 500등대 성적표를 갖고 오기도 했다. 엄마한테 혼날까 봐 얼마나 벌벌 떨었던지.

고등학교 2학년이 끝나갈 무렵 우연히 승무원의 입사 조건을 알게 됐다. 지금은 그렇지 않겠지만 당시만 해도 '서울 소재 4년제 대학 졸업'이란 자격요건이 떡하니 붙어 있었다. 충격이었다.

'나 승무원 못하는 거야? 승무원 될 거라고 동네방네 떠들고 다녔는데? 안 돼! 근데 나 전교 500등이잖아. 어떡하지? 이거 큰일 났네.'

이제 내 앞에 놓인 선택지는 두 개였다. 목표를 바꿀 것인가 아니면 목표를 달성할 것인가. 후자를 택했다. 생애 처음으로 '진짜 목표'가 생겼다. 비로소 승무원이 '진짜 목표'가 되어 내 안에 안착했다. 목표가 생기자 계획을 세웠다. 잘생긴 중동고 남학생 보는 재미로 다녔던 학원과 정 때문에 오래 이어가던 과외를 모두 중단했다. 독서실만 다니며 '나만의 공부'를 시작했다. 동시에 안되는 과목은 과감히 버리기로 했다. 새 것처럼 깨끗하던 수학의 정석을 헌책방에 팔아 용돈을 챙겼다. 1년 뒤 정시가 시작되기도 전에 '특차'라는 전형으로 원하던 목표를 이뤘다.

생애 첫 경험이었다. 목표를 설정하고 그것을 위해 장단기 세부 계획을 세워 마침내 이뤄내고야 말았다. 그토록 소중한 경험을 했음에도 이후의 내 인생은 크게 달라지지 않았다.

"에헤야디야~ 카르페디엠(Carpe Diem, 현재를 즐겨라)~"

어찌나 현재를 즐기는 데 몰두했는지 대학 졸업 전 두둥실 살이 쪄버리면서 승무원의 꿈도 접어야 했다. 입사 조건에 몸무게 커트라인이 있던 시절이었다.

불꽃같던 20대를 지나 30대가 됐다. 결혼을 하고

쌍둥이를 낳았다. 쌍둥이 중 아들이 발달장애인이 됐다. 비장애인 딸과 발달장애인 아들을 동시에 양육하는 삶은 굉장했다. 인생이 무료하고 심심한 이들에게 적극 권하고 싶을 정도다.

"자자~ 일상 속에서 스릴과 공포, 감동과 재미를 흠뻑 느끼고 싶은 분들은 발달장애인 부모의 세계로 어서 오세요. 여러분에게 심심할 틈 없는 삶을 선사해드리겠습니다."

그 삶을 살면서 매일 머릿속에 다음 순간 일어날 일을 미리 시뮬레이션하는 습관이 생겼다.

'지금 작업 치료실로 이동해야 하는데 집을 나가면 놀이터로 가자고 매달릴 수도 있어. 처음부터 내가 오른쪽에 자리를 잡고 걸어가다가 골목길 끝에 다다르면 놀이터가 안 보이게 번쩍 안고 편의점까지 막 뛰어가야 해. 만약 놀이터를 봐버렸을 경우를 대비해 계란과자를 미리 준비해놓자. 바닥에 주저앉아 버틸 수 있으니 바지를 챙길까? 챙기자. 조금이라도 젖으면 무조건 벗으려 들 거야. 가방이 무거워도 일단 여벌로 다 챙기자. 참. 뽀로로펜도 챙겨야지. 계란과자로 달래지지 않으면 음악 나오는 뽀로로펜으로 주의를 집중시키고 얼른 안아 들고 달려서 택시를 잡아야 해.'

한 번 나갈 때마다 외출의 처음부터 끝까지 전 과정을 세세하게 머릿속에 그리고 그 사이사이에 나올 법한 온갖 돌발 상황에 대비했다. 그렇게 매일의 계획을 세우며 열심히 살고 있는데 하루는 문득 그런 생각이 들었다. 이렇게 열심히 살아서 우리(아들과 나)가 향하는 곳은 어디지? 분명 하루하루는 계획적으로 잘 살고 있는데 삶 전체를 놓고 보면 전혀 계획적이지 않다는 걸 깨달았다.

마치 그런 느낌이었다. "내 꿈은 승무원이야!"라고 쩌렁쩌렁 말하면서 정작 성적은 전교 500등에 두둥실 살을 찌워버린 느낌. 아니 '가짜 목표'조차 없는 느낌. 목적지 없이 목적지를 향해가는 긴 여정에 오른 느낌이었다. 물론 그렇게 살아도 된다. 모두가 인생의 목표를 먼저 정하고 그 목표를 향해 나아가는 삶을 살진 않는다. 하지만 비장애인 부모가 발달장애인 자녀를 양육하는 삶에선 부모도 발달장애가 낯설기 때문에 '몰라서 오는 불안감'이 삶을 크게 흔든다.

도대체 왜 일주일 동안 잠을 안 자는지, 왜 특정 소리에 민감하게 반응해 난리가 나는지, 왜 수영장이나 온천탕에서 몸을 담근 채 물을 꼴깍꼴깍 마셔 대는지, 왜 살이 떨어져 나가는데도 멈추지 않고 입술 껍질을 집요하게 떼는지 모르기 때문에 느껴지는 불안감은 일상을 좀먹곤 했다.

아들이 어릴 때는 아들에 대해, 아들의 장애에 대해 알고 싶었다. 아들이 커가면서는 아들의 삶이 궁금해졌다. 비장애인 딸이 살게 될 세계는 나도 잘 아는 세계다. 알기에 불안감이 없다. 하지만 아들은 다르다. 아들이 살아갈 세계에 대해선 부모인 나도 아는 게 거의 없었다.

양육자로서의 내 불안감을 낮추기 위해서라도 그 세계를 알아야 했다. 이렇게 열심히 준비해서 도달하게 될 목적지가 어디인지, 지금 우리가 어디를 향해가는 건지 알아야 확신을 갖고 그 길을 걸어가는 발걸음에 단단함을 담을 수 있을 것 같았다. 승무원 자격 조건을 알게 된 후에야 제대로 공부할 계획을 세웠던 것처럼 말이다. 궁금해했기 때문에 알게 된 것일까. 우리의 목적지를 알게 되는 기회가 왔다.

✦

5~6년 전, 한 지방자치단체로부터 순회 강연을 요청받았다. 아들과 함께하는 삶에서 깨달은 바를 솔직하게 이야기하면 된다기에 알겠다고 했는데 첫 강연을 마치고 뭔가 잘못됐다는 걸 느꼈다. 강연을 들으러 온 사람들이 성인기 발달장애인을 자녀로 둔 '선배맘'이었던 것이다. 물론 선배맘도 후배맘한테 배울 점이 있겠지만 그걸 위안으로 삼기엔 부족했다. 차라리 재롱을 떨라면 떨겠는데 강연이라니 이 무슨 민망한 일이란 말인가. 게다가 순회 강연 강사로 함께 위촉된 이가 장혜영 전 정의당 의원이다. 당시 감독 신분이었던 장 전 의원은 여동생(자폐성장애)을 장기거주시설에서 데리고 나온 '탈시설'의 대표주자였다. 아무것도 모른 채 이제 막 발달장애계에 첫 발을 디딘 나와는 차원이 달랐다.

나는 잔뜩 쫄아버린 채로 주최 측에 이런 의사를 전달하고 나머지 일정은 다른 사람으로 대체해줄 것을 요청했지만 거절당했다. 이미 홍보가 다 됐기에 이제 와서 바꿀 수도 없고 무엇보다 "잘하고 있다"고 했다.

'히잉. 잘하긴 뭘 잘해요. 어쩌지? 저 어떡해야 해요? 무슨 방법이 없을까?'

입술만 잘근잘근 씹어대다가 내가 잘하는 걸 해보기로 결심했다.

'그래! 취재를 해보자!'

살이 쪄서 승무원을 못하게 됐을 때 나는 마지막 장래 희망이었던 앵커로 눈을 돌렸다. 그런데 어떻게 하면 앵커가 될 수 있는지 알 길이 없었고(쉽게 검색해 정보를 바로 얻을 수 있는 스마트폰이 없던 시절이었다), 앵커와 비슷한 일을 하는 것처럼 보이는 기자가 됐다. 경찰서를 출입하는 사회부를 거쳐 국회를 출입하는 정치부까지. 기자 생활은 내 적성에 딱 맞았다. 아들이 비장애인이었다면 지금쯤 신문사 정치부장 자리에 앉아 온갖 호통을 치며 '쌍년' 소리를 듣고 있었을 것이다. 그리고 나는 그런 현실을 즐기고 있었겠지.

사람이 한 번 가진 달란트(talent)는 상황에 따라 잠시 잃을 순 있어도 사라지진 않는다고 했다. '발달장애인의 엄마'로 오래 살면서 늙고 지치긴 했으나 오히려 전투력은 높아졌다. 그래. 내가 가진 이 달란트를 장애계에 한번 풀어놔보자. 으르렁.

취재를 하면서 아들이 어떤 성인기 삶을 살게 될지 대강 감을 잡을 수 있었다. 아들이 향하는 목적지가 어디인지, 무엇을 하며 일상을 꾸리게 될지, 아들이 살아갈 세계의 시스템(정책)과 구조(삶의 형태)를 이해하게 됐다. 알게 된 사실을 나름의 방식대로 정리해봤더니 발달장애인의 성인기 삶은 크게 낮 생활과 밤 생활로 구분할 수 있었다. 이때 밤 생활은 '주거'를 의미한다. 월세든, 전세든, 자가든 각자의 형편에 맞게 주거 모델(아파트, 빌라, 주택 등)을 선택하면 되는 비장애인과 달리, 발달장애인은 어디에서 누구와 살 것인지의 문제가 삶의 나머지 형태를 좌지우지할 정도로 중요했다. 그래서 밤 생활을 따로 구분하기로 했다.

낮 생활은 정보도 많았고 취재도 수월했다. 일반적으로 자녀가 특수학급에 다닐 경우엔 고등학교 3학년 담임을 통해 낮 생활에 관한 정보를 얻게 되고, 자녀가 특수학교에 다니면 담임 및 진로부장과 상담하며 자녀의 성인기 낮 생활 계획을 세우게 된다.

아들은 고등학교 졸업 후 전공과(특수학교에 개설된 직업반)를 거쳐 취업하거나, 졸업 후 바로 취업하거나(취업의 종류와 방법도 다양하다), 5년 동안 평생교육센터에 입학하거나, 주간보호센터에 다니거나, 주간활동서비스를 받거나, 복지관 프로그램 등을 이용하게 될 것이었다. 대학에 가거나 장애인 야학에 다니는 이들도 있었지만 아들에겐 해당 사항이 없었다.

문제는 밤 생활, 즉 주거와 그에 따른 삶의 형태였다. 아들이 어떤 밤 생활을 하게 될지 다양한 선택지를 알고 싶었는데 취재 초반에는 아무리 알아봐도 엄마(가족) 집에서 엄마와 같이 사는 사례만 찾을 수 있었다.

대한민국에 등록된 발달장애인 수는 대략 26만 명이다. 그중 성인기 발달장애인은 약 18만 명으로 추산된다. 18만 명 중 시설에 입소한 이가 2~3만 명이라고 한다. 모두가 그런 것은 아니지만 편의를 위해 나머지 15~16만 명이 엄마와 함께 살고 있다고 간주해보자. 그렇다면 만약 엄마가 죽은 후에 그 15만 명은 어떤 삶을 살게 되는 걸까?

'발달장애인의 엄마'로 사는 삶에서 나의 생존이 아들의 생존을 위한 필수조건이 돼버리면 안 된다. 이건 정말 최악의 패다. '발달장애인의 엄마'로 사는 이 삶에 특별함이 있다면 매 순간 내 사후를 염두에 두고 있다는 점이다.

"아들보다 하루만 더 살게 해주세요"라는 말의 진짜 뜻은 "아들이 제발 나보다 먼저 죽게 해주세요"라는 것이다. 세상 어느 부모가 자식이 먼저 죽는 삶을 매일 기도하며 산단 말인가. 나는 아들의 장례를 치르는 게 평생의 소원인 사람으로 살고 싶지 않다.

✦

　　열심히 취재를 다녔다. 발달장애 당사자, 당사자의 가족, 당사자의 삶을 지원하는 사회복지사를 수시로 만났다. 그러면서 주거 형태에서 엄마와 같이 살지 않는 또 다른 형태의 삶을 사는 당사자는 왜 만날 수 없는지 그 이유를 알게 됐다. 시설에 입소해 있기 때문이었다(이후엔 시설에 살고 있는 당사자들도 만났다). 일부는 정신병동에 장기 입원해 있었고, 일부는 노숙인으로 살고 있었지만 그런 현실까지 알게 된 건 훨씬 나중의 일이다.

　　당시 내 주변엔 '탈시설'이라는 장애운동 바람을 타고 자녀의 자립을 준비 중인 선배맘이 많았다. 이들의 자녀가 실제로 자립하기까지 몇 년이 걸릴지는 모른다(그간 몇 년의 시간이 지났다고 지금은 자립한 당사자들이 꽤 나오기 시작했다). 만약 이들이 자립하게 되면 그땐 아들의 밤 생활에 있어 참고할 만한 선택지도 세 개로 늘어나게 될 것이었다. 엄마와 살거나, 시설에 입소하거나, 자립하거나.

　　정신병동 강제 입원과 노숙인의 삶은 생각하고 싶지도 않으니 선택지에서 제외했다. 나는 아들과 함께 살다가 때가 되면 자립시켜야겠다는 방향으로 마음을 굳히기 시작했다. 시설 입소를 선택지에서 제외한 건 '도시 남자'인 아들의 특성을 고려했기 때문이다. 모든 시설이 그런 것은 아니겠지만 내가 방문해본 시설은 하나같이 비닐하우스뷰를 자랑하는 공기 좋고 조용한 외진 곳에 자리 잡고 있었다. 무엇보다 아들 삶의 종착지가 시설이라면 내 마음이 울적할 것 같았다. 아무리 좋은 시설이어도 마찬가지다. 늙어서 가는 요양원 개념도 아니고 20~30대에 시설에 입소하는 게 삶의 목표라면 나는 아들을 '시설생활에 적합한 발달장애인'으로 키워야 한다는 뜻이다.

학창 시절엔 '슬기로운 시설생활'에 필요한 IEP(개별화교육회의)를 하고, '슬기로운 시설생활'을 위한 치료실 뺑뺑이를 돌리고, 시설생활에 적합한 어른으로 자라기 위한 양육 환경을 조성해야 한다. 그리고 시설 입소가 목표라면 세상 경험은 처음부터 하지 않는 게 낫다고 생각한다. 세상 속에서 사람들과 부대껴 사는 즐거움, 여행을 다니고 맛집에 다니는 즐거움을 아예 모르고 살아야 나중에 그것을 잃었을 때 느끼는 상실감도 없을 테니 말이다.

하지만 자립을 시키겠다고 마음먹어도 뚜렷한 대책이 있는 건 아니었다. 오히려 시설에 보내지 않으면 내 사후에 대한 준비가 되지 않아 아들의 생존이 위협받을 상황에 놓일 수 있었다. 그러던 중 시설에 살지도 않고, 가족과 살지도 않는 자립해서 살고 있는 성인 발달장애인이 있다는 것을 알게 됐다. 이들은 가족과 함께 살던 재가(在家) 장애인이 아니라 장애운동 중 하나인 '탈시설' 바람을 타고 자립을 결정한, 시설에서 살다 나온 이들이었다.

"오~ 좋아. 다른 길이 아예 없는 게 아니었네."

이들의 사례를 통해 제3의 길을 알아보기로 했다.

당시만 해도 '어린 발달장애인의 엄마'였던 나는 기능이 좋으면 자립해 살고, 기능이 낮으면 시설에 간다는 막연한 이분법적 사고를 하고 있었다. 생후 13개월부터 시작한 재활치료에 그토록 목을 맸던 이유는 기능이 어느 수준까지는 다다라야만 사람 구실을 하며 살 수 있다고 생각했기 때문이다. 재활치료가 일상생활 자조기술을 늘리는 데 도움이 된다면 빚을 내서라도 치료시켜야 한다고 생각했다.

그런데 막상 취재를 하며 마주한 발달장애인의 자립생활은 내가 생각했던 것과 전혀 달랐다. 경증 장애인만 자립하는 게 아니라 중증 장애인도 자립해서 살고 있었다. 스스로 할 줄 아는 게 많이 없거나 기능이 낮아도 얼마든지 자립이 가능했다. 일상생활 자조기술이 자립의 필수 요소가 아니었던 것이다. 게다가 기능이 낮아 돌봄이 많이 필요하면 그에 맞춰 지원인력이 당사자를 이중 삼중으로 지원하는 자립지원시스템(서울시 지원주택사업, 서울시 돌봄주거서비스)이 구축돼 있었다.

이런 시스템이면 아들도 자립이 가능했다. 아니 아들이 중증 발달장애인이기에 차라리 자립해 사는 게 나았다. 그래야 1 대 다수가 아닌 1 대 1의 촘촘한 개별화지원을 받을 수 있었다. 먹구름 사이로 한 줄기 햇볕이 쏟아져내리는 듯했다.

희망을 발견한 기분이었다. 안개가 걷히면서 모호했던 시야가 분명해지고 확실한 목표가 눈앞에 드러나는 순간이었다. 이제 해야 할 일은 목표를 향해 뚜벅뚜벅 나아가는 것이다. 학원과 과외를 끊고 독서실로 향했던 그때처럼 미래의 목표를 위해 현재의 삶에서 해야 할 과제를 하나씩 충실히 해나가는 것이다.

더불어 아들 삶의 목표를 자립으로 잡으면서 그동안 갖고 있던 내 안의 편견과 고정관념도 깨야 했다. 발달장애인의 자립생활에서 중요한 요소가 '당사자의 기능'이 아니게 되자 다른 부분들이 눈에 들어오면서 기존의 생각을 바꿔야 했다. 기능의 높고 낮음보단 당사자의 사회적 영역, 심리적 영역들이 자립생활의 성패를 좌우하는 현실적 요인이 되는 사례를 접하면서 '발달장애인의 삶'을 바라보는 새로운 안경을 써야만 했다. 편하고 익숙하다는 이유로 이전에 썼던 안경을 고수하는 건 아들을 위해서가 아닌 '아들을 위하는 나'에 심취해 있기 때문이라는 걸 알았다.

흔히 경제적 자립, 물리적 자립, 심리적 자립을 자립의 3대 요소라고 한다. 이 3대 요소를 아들에게 대입했을 때 이 중에서 경제적 자립과 물리적 자립은 자립지원시스템과 취업지원시스템, 각종 낮 활동 정책과 여러 연금(장애연금, 주거연금) 등 공적 영역에 어떻게든 역할을 넘길 수 있었다. 물론 지금은 수요 대비 공급이 한없이 부족한 상황이지만 아들이 자립하게 될 15년쯤 뒤에는 많은 정책과 예산이

뒷받침돼 있을 것으로 기대한다. 지금 이 시간에도 발달장애인의 촘촘한 자립지원시스템 구축을 위해 눈에 드러나지 않는 곳에서 많은 사람이 애쓰고 있다는 걸 잘 알고 있다.

그렇다면 엄마인 내가 가정에서 준비해야 하는 건 심리적 요인이다. 물론 일상생활 자조기술도 신경 써야겠지만 그 부분은 현재 마련된 자립지원시스템 체계 안에서 어느 정도 해결될 수 있는 부분이다. 그렇다면 심리적 요인이란 무엇일까? 심리적 요인은 사회적 영역과 어떻게 연결될까? 또 실질적 삶에선 어떤 형태로 발현될까? 이를 위해 학령기인 지금부터 해야 할 일은 무엇일까?

오랜 시간에 걸쳐 다양한 실제 사례를 직간접적으로 보고, 듣고, 경험하며 고민을 거듭했다. 그 과정에서 실패 사례를 더 긴밀히 들여다봤다. 모든 실패엔 교훈이 뒤따르는 법이고, 뒤따르는 자는 앞선 자들의 실패를 자양분 삼아 앞으로 나아갈 수 있기 때문이다.

✣ **선택 가능한
자립지원 종류**

자고 있는데 탄내가 코를 간질였다. '뭐야~' 하며 뒤척이다가 눈을 번쩍 떴다. 급하게 불을 켜고 방 밖으로 달려나가 주변을 살펴보니 밥솥이 마그마처럼 달궈진 상태로 하얀 김을 뿜어내고 있었다. 급하게 달려가 코드를 뽑았다. 가슴을 쓸어내린 뒤 밥솥을 살펴보니 '보온'에 맞춰져 있어야 할 버튼이 '취사'에 맞춰져 있었다.

    범인은 아들이었다. 내가 밥을 할 때 쌀을 씻어서

밥솥에 넣은 뒤 '취사' 버튼을 누르는 걸 반복적으로 지켜봤던 아들은 언제부턴가 밥이 먹고 싶을 때면 밥솥 앞으로 가 '취사' 버튼을 누르기 시작했다. '램프를 문지르면 나타나서 소원을 이뤄준다'는 지니의 마법처럼 '저 버튼을 누르면 밥이 나온다'는 패턴이 머리에 입력된 것이었다. 그때마다 "아니야, 지금은 누르는 거 아니야"라며 단속했었는데 그것만으로는 부족했던 모양이다. 내가 잠든 사이에 쪼르르 달려가 보온으로 맞춰진 버튼을 취사로 바꿔놓고 온 것을 보면 말이다.

밥솥은 당연히 엉망이 됐다. 내부 열선이 홀라당 타버린 듯했고 안에 있던 밥은 뜨거운 온도에 달궈져 주황색으로 변해 있었다. 잔뜩 열받아 주황색이 된 밥은 내 생애 처음 봤다. 조금만 늦게 일어났어도 화재로 이어졌을 상황이었지만 아들을 붙잡고 잔소리를 늘어놓지도 못했다. 밥솥에 밥이 남아 있을 땐 '보온'이어야 한다, '취사'는 새로운 쌀로 밥을 처음 할 때만 눌러야 한다는 복잡한 상황을 아들에게 이해시킬 수가 없었다. 중증 발달장애란 그런 것이다. 내가 해야 하는 최선은 매일 그날 먹을 밥만 해서 싹 먹어 치우고, 버튼을 아무거나 눌러도 문제없게끔 항상 밥솥 코드를 뽑아놓는 것뿐이다.

이런 아들은 혼자 살 수 없다. 만약 서른일곱 살이 된 아들이 혼자 산다면 하루도 지나지 않아 뉴스에 사건/사고 소식으로 등장할 것이다. 배가 고프다며 냉동 도시락을 비닐째

전자레인지에 돌려 화재가 날 수도 있고, 접시를 꺼내려다 깨뜨린 뒤 잔해를 밟고 피를 줄줄 흘리며 다음 날 활동지원사가 올 때까지 고통에 몸부림칠 수도 있다. 이미 죽고 없는 엄마가 보고 싶다며 혼자 엄마를 찾으러 집 밖을 돌아다니면 더 큰 문제가 생긴다. 이젠 컸다고 파란불과 빨간불은 구분할 줄 알지만 인도와 차도의 경계가 없는 골목에선 차가 와도 미리 피하지 못 한다.

  그렇다고 내가 아들을 혼자 내버려둘 수 없다며 저승사자가 올 때마다 "훠이~ 훠이~ 나중에 데리러 오세요~" 하고 돌려보낼 수도 없는 노릇이다. 아들은 언젠가, 반드시 나 없는 세상에 홀로 남겨져야 한다. 물론 최대한 오래 살려고 발버둥은 치겠지만 생사는 내 뜻대로 할 수 있는 게 아니다. 그리고 아들이 아닌 나 자신을 위해서라도 죽음의 순간엔 나도 좀 평안하고 싶다. 남들은 초반 몇 년만 고생하면 편해지는 자녀 육아를 나는 평생에 걸쳐 할 테니 죽음에 이르러서야 비로소 쉴 수 있을 것이다. 그러니 아들을 위해 한평생을 바칠 내 육신의 쉼을 위해서라도 죽음 앞에서만큼은 절절매고 싶지 않다. 저승사자가 데리러 왔을 때 "나 이번 생에 할 만큼 했어요. 알죠? 그러니 갑시다. 천국이든 천당이든 고고!"라며 이승에 대한 미련 없이, 아들에 대한 걱정 없이 눈감고 싶다. 그러기 위해선 아들의 자립생활을 담보할 수 있는, 아들의 안전을 담보하면서도 행복할 수 있는 방법을 찾아야 한다.

✦

  이 일이 일어났던 무렵 발달장애인 주거지원서비스를 알아볼 기회가 생겼다. 발달장애인 당사자가 쉽게 이해할 수 있는 '쉬운 책'을 만드는 작업에 참여했는데 그때 내가 맡은 주제 중 하나가 '주거서비스'였다. 당시 동시에 진행했던 일상생활 관련 주제의 책(올바른 SNS 이용, 피싱 피해)은 비교적 수월하게 만들었는데 '주거서비스'는 처음부터 난관에 부딪혔고 마지막까지 아주 생고생을 했다.

  정보가 하나도 없었다. 아니 정보가 산발적이었다. 어쩜 그렇게 아는 사람도 없고 아는 기관도 없는지. 하나의 힌트를 습득한 다음 무수한 검색과 전화 연락을 통해 간신히 정보를 하나 더 얻는 과정을 무한 반복해야 했다. 원래 이런 종류의 책은 모든 정보를 위에서 내려다보는 상태에서 주제별로 분류해 정리한 뒤 이해하기 쉬운 말로 바꾸면 그만이다. 그런데 위에서 내려다보기는커녕 정보의 가장 끄트머리에서 하나의 힌트를 캐내 힘겹게 한 단계씩 정보를 확장하고 있었으니 답답하고 막막해서 복장이 터질 뻔했다. 이러다간 필시 놓치는 정보가 생기게 된다. 이대로는 안 되겠다 싶어서 보건복지부에 연락했다. 아무래도 정책 공무원의 힘을 빌리면 좀 더 확실한 상위 정보를 얻을 수 있겠지 싶었다.

  인터넷에 보건복지부를 검색해 조직도를 살폈다. 장애인정책국이 나온다. 당시는 장애인정책국 산하에

장애인정책과, 장애인권익지원과, 장애인자립기반과, 장애인서비스과가 있었다. 지금은 또 바뀌었을지도 모르겠다. 어쨌든 다시 과별로 들어가 담당자를 찾는데 '주거지원업무'를 담당하는 사람이 한 명도 없었다. '설마……' 하면서 전화를 걸었다. 가장 업무 연관성이 높아 보이는 과에 전화했는데 자기네 업무가 아니라며 다른 곳으로 떠넘겼다. 연결된 곳에서도 자기네 담당이 아니라며 또 다른 부서로 떠넘겼다. 그랬다. 당시만 해도 발달장애인 주거정책은 아예 담당자가 없었다. 발달장애인 주거정책은 정부 차원에서 책임지고 관리하는 영역이 아니었던 것이다(지금은 어떤지 모르겠다. 만약 아직도 담당자가 없다면 이건 보건복지부가 크게 반성해야 할 일이다). 어쨌든 담당자조차 없는 발달장애인 주거서비스는 지자체별로 내용이 달랐고, 그마저도 지자체가 직접 담당하는 게 아니라 민간에 사업 외주를 주는 형식이라 내용을 아는 사람이 없었다. 이런 상황에서 도움이 절실한 개인은 필요한 핵심 정보에 도달하기가 쉽지 않았을 것 같았다.

  중간에 한숨 쉬길 100번, 벽에 가로막혀 머리에서 증기가 뿜어져 나오길 300번, 수시로 "으악!" 하고 소리 지르며 알게 된 정보가 맞는 것인지 여러 곳에 연락해 다중 확인을 거치길 (과장 보태서) 500번. 그렇게 발달장애인 주거에 대한 정보를 하나씩 찾아나갔다.

✦

　　당시 알게 된 정보를 바탕으로 쳐낼 것은 쳐내고 대강의 윤곽을 그려 보니 성인이 된 아들 앞엔 다섯 개 정도의 주거 선택지가 놓였다. 장애인 거주 시설(생활 시설)에 입소하든가, (소규모 시설인) 그룹홈에 입소하든가, 나랑 살던 집에서 내 사후에도 혼자서 계속 살아가든가, 임대주택을 빌려 독립하든가, 지원주택과 같은 자립지원모델에 들어가 살든가 하는 것이었다.

　　이 중에서 아들이 혼자 사는 형태인 3번(살던 집에서 혼자 살기)과 4번(임대주택에서 혼자 살기)은 선택지에서 제외했다. 천국에서 아인슈타인을 만나 수다 떨고 있는데 며칠 만에 아들이 뿅 하고 뒤따라 나타나면 반가움보다 슬픔이 더 클 것이다. 아들은 아들 나름대로 즐겁고 행복한 성인기를 잘 살다가 30~40년 후에 다시 만나야 하지 않겠는가.

　　시설에 사는 형태인 1번도 제외했다. 시설에 입소하면 의식주는 해결되는 것 아니냐고, 뉴스에 사건/사고 소식으로 등장하지 않는 게 어디냐고, 요즘 시설은 달라졌다고 말하는 사람도 많지만 아무리 생각해도 시설생활은 아들의 성격이나 라이프 스타일과 맞지 않는 주거 형태였다.

　　주말마다 곳곳으로 나들이 다니는 아들은 사람 많고, 활기차고, 구경할 것 많은 도심 한가운데서 "나 발달장애인이에요~"라는 티를 팍팍 내며 거리를 돌아다니는 일상을 즐긴다. 정해진 길도 없다. 아들이 내키는 대로 걸어가는 곳이 그날의 나들이 경로다. 어떤 날은 삼청동에서 광화문을 지나 서촌으로 가는 길을 택하기도 하고, 또 어떤 날은 삼청동에서 정독 도서관을 지나 감고당길과 인사동을 들러 광화문으로 나가는 길을 택하기도 한다. 중간중간 힘들면 카페에 가기도 하고 거리 의자에 앉아 쉬기도 한다. 걸어 다니며 간식(와플이나 빵)도 먹고 엄마랑 누나가 목걸이나 반지 등을 구경하려고 들르는 가게에 같이 들어가 자기한텐 아무짝에도 필요 없는 물건을 집어 계산대에 올려놓기도 한다. 그렇게 나들이 내내 수많은 사람들 사이에서 에너지를 받아 행복해진 아들은(아무래도 MBTI가 E로 시작하는 것 같다) 엄마랑 뽀뽀, 아빠랑 뽀뽀, 누나랑 뽀뽀하자며 입술을 쭉 내밀기도 하고, 머리 위로 팔을 빠르게 접었다 펴고 고개를 양옆으로 흔드는 동시에 제자리에서 깡충깡충 뛰는 상동행동을 마음껏 하면서 당당한 세상 사람의 일원으로 살아간다.

  이런 아들이 시설에 들어가게 되면 시설 관계자들은 당장 외출하자는 아들의 요구 때문에 매일 난감할 것이다. 시설에선 자유로운 외출이 허락되지 않는다. 요즘 시설에서는 외출도 가능하다고 하지만 그건 혼자서 이동이 가능한 일부 경증 장애인의 경우다. 아들 같은 중증 장애인이 타인의 지원 없이 혼자 외출하게 되면 그날이 바로 실종일이 될 것이다.

  하지만 1 대 1이 아닌 1 대 다수의 지원체계인 시설 안에선 아들만을 위한 외출 인력을 제공할 수 없다. 법적으로는 2.5 대 1, 3 대 1의 지원시스템을 갖추고 있다고 하지만 24시간 돌아가는 시설에선 지원인력을 24시간에 나눠 배정해야 한다. 연차나 교육, 조퇴 등의 이유로 인력이 빠지는 날도 있는 것을 감안하면 많을 땐 열 명 안팎의 당사자를 지원인력 혼자 감당할 때도 있다고 한다.

이런 이유로 별도의 외출이 불가능한 아들은 시설 안에서만 생활해야 한다. 아침이면 시설생활관에서 눈을 떠 시설 내 식당에서 밥을 먹고, 시설 내 작업장에서 일한 뒤 다시 식당에서 점심을 먹고, 오후엔 생활관에서 쉬거나 시설 안에서 산책을 하다 다시 식당에서 저녁밥을 먹고 잠들어야 한다. 물론 시설에서도 외출 일정이 있지만 마트를 한번 가더라도 대여섯 명이 짝을 지어 봉고차를 타고 견학 가듯 다녀오는 형태가 될 것이다. 아들은 담장 밖으로 나온 김에 유년기와 청년기에 그랬던 것처럼 시내를 돌아다니고 카페도 들렀다가 식당에서 맛있는 식사도 하고 싶겠지만 그런 자유는 허락되지 않을 것이다. 그렇다고 아들의 자유로운 외출을 위한 활동지원서비스를 이용할 수도 없다. 시설에 입소하는 순간 활동지원서비스는 끊긴다. 중복 지원이라는 판단에서다.

이런 형태의 삶이 지속되면 아마 아들은 처음엔 매일 같이 분노하다가 어느 순간부턴 무기력해질 것이다. 한때 자기가 가졌던 모든 것을 잃었다는 상실감은 안 그래도 슬픈

'부모의 부재'라는 그리움과 더해져 아들의 삶을 무너뜨릴 것이다.

전국장애인부모연대 서울지부장인 김남연 대표는 발달장애인 정책 강연에서 시설 입소 문제점에 대해 다음과 같이 이야기했다.

"요즘 부모님들 우리 아이들 데리고 여기저기 다니며 열심히 잘 키우시죠. 그런데 이런 아이들을 나중에 시설에 입소시키면 정신장애가 올 수도 있어요. 실제로 부모와 살 때랑은 급격히 달라진 현실을 받아들이지 못해서 조현병에 이르는 케이스가 보고되고 있어요."

무엇보다 1 대 다수의 지원체계 아래에선 '24시간 지원(돌봄)'이라는 시설의 가장 큰 장점(?)도 빛을 잃는다. 중증 장애가 있을수록 더 세밀한 개별지원이 절실하지만 시설이기에 개별지원은 사실상 어렵다. 낮에도 부족한 지원인력은 밤이면 그 수가 더 줄어든다.

이런 이유로 시설은 선택지에서 제외했다. 그러면 남은 건 소규모 시설인 그룹홈과 서울시 자립지원모델인 지원주택이다. 둘 중 가장 일반화돼 있는 것이 바로 그룹홈이다. 그룹홈은 장애인도 지역사회 안에서 살아야 한다는 취지로 만들어진 소규모 가정형 생활 시설로, 평균 네 명의 장애인이 사회재활교사와 한집에서 같이 거주하는 형태다. 대규모 생활 시설처럼 비닐하우스뷰를 자랑하는 곳에

동떨어져 있지 않고 동네 곳곳에 위치해 있는 게 장점이다.

"앗! 혼자 살면 외롭고 위험한데 친구들과 함께 살면서 아들을 지원해줄 인력까지 한집에서 같이 사는 형태라고요?"

처음 그룹홈의 존재를 알게 됐을 땐 이보다 더 좋을 수 없는 이상적인 주거 형태라고 생각했다. 기쁜 마음에 자세히 알고 싶어 서울시 그룹홈 지원센터에도 연락하고 개별 그룹홈에도 따로 전화해 문의했다. 궁금한 것을 잔뜩 물어본 후 나는 선택지에서 그룹홈을 지웠다.

일단 그룹홈도 시설로 분류돼 있었기에 그룹홈 현관에 발을 디디는 순간부턴 활동지원서비스를 받을 수 없다. 그룹홈 밖에서는 서비스를 받을 수 있었지만 그룹홈에 입소했다는 이유로 얼마 주어지지도 않은 짧은 시간 동안 서비스를 제공하겠다며 자원하는 활동지원사는 없을 것이다. 지금도 활동지원시간이 120시간 이하인 발달장애인은 (서비스 시간이 적다는 이유로) 활동지원사를 구하지 못해 발을 동동 구르고 있는 실정이다. 게다가 함께 거주하는 사회재활교사가 있다고 해도 한 명의 교사가 평균 네 명을 지원해야 하는 구조라 세심한 개별지원은 기대할 수 없고 돌봄 공백이 생길 수밖에 없다.

무엇보다 사회재활교사가 늘 함께 있지 않다는 게 아들을 그룹홈에 보낼 수 없는 가장 큰 이유였다. 사회재활교사는 24시간 내내 집에 머물지 않는다. 경기도는 그룹홈 한 채당 두 명의 사회재활교사가 함께 있거나 번갈아 가며 있는 구조지만 그 외 지역(특히 서울)은 한 명만 상주하는 경우가 대다수라고 했다. 사회재활교사 한 명이 24시간 동안 그룹홈에서 먹고 자며 생활할 수는 없는 노릇이다. 그들도 각자의 집이 있고 가족이 있다. 그렇기에 사회재활교사는 밤에서 아침 시간에만 머물고 낮 시간에는 그룹홈의 문이 잠긴다. 그룹홈에 입소하면 거주인들은 사회재활교사가 없는 낮 시간에 반드시 집을 나가 있어야 한다. 오전 9시부터 오후 6시까지 그룹홈에 거주하는 당사자들은 직장이든 센터든 밖에 나가 있어야 한다는 게 규칙과도 같은, 사실상의 그룹홈 입소 자격이었다.

마침 그룹홈에서 생활했던 당사자를 한 명 만났다. 직장에 다녔던 그는 아파서 일찍 조퇴한 날이나 회사에 행사가 있어 출근하지 않아도 되는 날이 힘들었다고 했다. 문이 잠겨 있으니 집에 들어갈 수가 없어 정처 없이 주변을 어슬렁거려야 했다고.

아들과는 맞지 않았다. 중증 장애가 있는 아들은 집 안에서도 활동지원서비스를 받아야 하고, 상황에 따라선 낮에도 집에 있거나 때론 늦게 나가거나 어떤 날은 일찍 들어오는 경우도 있을 것이다. 그룹홈 역시 아들과 맞지 않는 주거 모델이기에 패스했다.

그렇다면 남은 선택지는 지원주택이었다. 이것저것

알아본 뒤 나는 지원주택으로 마음을 굳혔다. 나는 왜 아들의 밤 생활을 책임질 최종 선택지를 지원주택으로 정했을까?

아들을 위한
최종 목적지

지원주택은 서울시 자체 사업이다. 서울시가 직접 운영하는 게 아니라 운영 기관에 위탁한다. 서울시 지원주택사업은 사회복지법인 프리웰, 충현복지관, 엔젤스헤이븐 재단 등 몇몇 곳에서 하고 있으며 2024년 상반기 현재 245호가 운영되고 있다. 허무할 만큼 적은 숫자지만 아들이 자립할 때쯤엔 최소 몇천, 많게는 몇만 호로 규모가 늘어 있을 것이라는 기대가 있다. 이 방향성을 위해 치열하게 달리는 사람들이 있다는 걸 알고 있기에 정책 전망도 할 수 있는 것이다.

지원주택은 '집+서비스'를 결합한 주거 모델이다. 장애계에서 '탈시설' 운동이 시작되자 시설에 살던 장애인 중 일부가 자립하고자 했고 이들을 위해 고안된 주거 모델이 지원주택이었다. 지원주택과 일반 임대주택의 차이점은 바로 근처에 지원센터가 있다는 것이다. 지원주택의 가장 일반적 형태인 빌라형을 예로 들면 이해가 쉽다.

서울시 대한구 민국동에 4층짜리 빌라가 있다고 가정해보자. 빌라 이름은 자립지원빌이다. 자립지원빌은 한 층에 두 개 호씩 총 여덟 세대가 거주한다. 101호를 뺀 나머지 102~402호까지는 지원주택으로 자립한 장애인이 거주한다. 101호는 지원센터다. 만약 프리웰에서 운영 중인 지원주택이라면 프리웰 소속 사회복지사와 지원인력이 '주거코디'와 '주거코치'라는 이름으로 101호 지원센터에 상주하는 식이다.

지원주택사업 초창기엔 한 세대에 두 사람이 같이 살기도 했는데 요즘은 한 세대에 한 명씩 지낸다. "왜요? 같이 살면 더 좋은 거 아니에요?"라는 내 질문에 "누구에게 좋은데요?"라는 질문을 되받았다. 누구에게 좋은 걸까. 만약 아들이 지원주택에 산다고 가정했을 때 둘 이상이 같이 살면 좋은 건 바로 나다. 그래도 사람이 한 명 더 있으니 안심된다며 내가 좋아하는 것이다. 실제로 한집에 둘씩 살았던 초기에 그렇게 싸움이 많이 났다고 한다. 성격도 성향도 맞지 않는 타인과 한집에서 억지로 같이 살아야 하는 건 고역이다. 그래서 한 세대당 한 명씩 지내는 현재의 시스템이 구축됐다고 한다.

지원주택은 장기임대주택으로 각 호의 명의가 사업 운영체가 아닌 거주하는 당사자로 돼 있다. 본인 명의 집에서 거주하는 것이기에 설령 지원주택사업이 철회되거나 중간에 사업체가 변경된다 해도, 쫓겨날 걱정 없이 살던 집에서 계속 살 수 있다.

101호 지원센터엔 주거코치와 주거코디가 상주하고 있다고 했는데 이들의 역할은 이렇다. 먼저 주거코디는 말 그대로 개인의 인생을 꾸리는 걸 돕는 역할을 한다. 예를 들어 102호 거주자가 올해 말이면 평생교육센터를 졸업한다고 해보자. 내년부턴 낮 시간을 보낼 활동이 필요할 텐데 취업하는 게 나을지, 복지관 프로그램에 등록하는 게 나을지, 주간활동서비스 기관에 다니는 게 나을지 등을 주거코디가 팀을 이뤄 당사자와 함께 상의해 결정하는 것이다. 회의는 반드시 팀 체제로 이뤄지는데 그 이유는 바로 장애인 당사자의 삶이 한 명의 주거코디에 의해 좌지우지되는 것을 막기 위해서다. 사업 운영 기관에 속한 사회복지사들이 팀을 이뤄 당사자의 삶을 함께 꾸려간다. 다만 그 중심에 담당 주거코디가 있을 뿐이다. 만약 회의를 통해 취업하기로 결정했으면 어느 기관에서 어떤 일을 하는 게 맞을지 등을 논의하고 구직 작업에 나서도록 지원한다.

301호 거주자의 경우에는 활동지원사가 너무 강압적인 측면이 있어서 주거코디가 여러 번 주의를 줬던 참이다. 그런데도 변화가 없으면 주거코디는 301호 활동지원사를 다른 사람으로 교체하기 위해 관련 기관에 변경 신청을 한다. 402호 거주자는 최근 들어 밥만 먹으면 꾸벅꾸벅 졸기 시작했다. 그러면 주거코디는 또 다시 팀 회의를 거쳐 402호 거주자가 혹시 당뇨 초기라 혈당 스파이크가 오는 건 아닌지 검사를 받아보자며 병원 예약 일정을 잡는다.

이렇게 주거코디가 당사자의 삶을 꾸리는 역할을 한다면 주거코치는 일상의 도우미 역할을 한다. 102호 거주자는 혼자 할 수 있는 일이 거의 없다. 그러면 주거코치는 102호 당사자가 평생교육센터에 가 있는 동안 빨래, 설거지, 청소, 요리 등의 활동을 지원한다. 401호 거주자는 혼자서 일상을 꾸리는 데 문제가 없다. 다만 불을 무서워해 요리할 때 애를 먹는다. 그러면 주거코치는 401호 거주자에겐 반찬만 지원하는 식이다.

지원주택의 또 다른 장점은 주거코디와 주거코치가 근처 지원센터에 상주하는 상태에서 활동지원서비스를 온전히 받을 수 있다는 점이다. 시설이 아니기에 가능하다. 프리웰 지원주택 같은 경우엔 최중증 장애인이 24시간 3교대 활동지원서비스를 받으며 거주하는 사례도 있다고 한다.

빌라형이 주를 이루지만 아파트형도 있다. 빌라형의 경우엔 빌라 전체가 통으로 지원주택인 경우도 있고 일반 빌라 중 몇 개 호수만 지원주택으로 운영되는 경우도 있다. 사업 초창기엔 탈시설 장애인을 대상으로 했지만 지금은 재가 장애인에게도 문이 열렸다. 아직 소수긴 하지만 엄마 집에서 살던 당사자가 일찍이 자립해 지내면서 엄마 집과 지원주택을 오가는 경우도 있다고 한다.

✦

내 주변엔 자녀가 성장하면 자립시키겠다는 엄마가 대다수지만 굳이 지원주택에 입소시킬 생각이 없는 사람도 많다. 지원주택이 모든 지역구마다 있는 게 아니라 몇 개 지역에 드문드문 모여 있기 때문이다. 내 주변 엄마들은 집에서 가까운 거리에 자녀의 집을 마련한 뒤 본인 생전에 자녀의 집을 오가며 자립을 지원하겠다는 계획이다. 이 경우 부모가 살아 있을 땐 자립생활에서 오는 어려움을 부모와 함께 헤쳐나갈 수 있지만 부모 사후엔 오롯이 자녀 혼자 모든 것을 감당해야 한다는 문제가 발생한다. 아무리 자녀가 경증 장애인이라 해도 인생에서 시시때때로 찾아오는 여러 난관을 혼자 해결할 수는 없는 노릇이고, 이건 장애와 비장애를 떠나 모든 인간에게 마찬가지로 적용된다. 바로 그렇기에 발달장애인의 자립은 '나

'혼자 산다'가 아닌 '타인의 지원을 받아서 산다'가 되어야 한다.
그래서 등장한 게 서울시 사업인 돌봄주거서비스다.
돌봄주거서비스는 지원주택이 아닌 다른 곳(엄마 집 근처 같은)에 자립해 사는 발달장애인을 위해 마련된 지원서비스다. 돌봄주거서비스는 쉽게 말하면 지원주택사업에서 '주택'을 뺀 나머지 '서비스'만 제공하는 시스템이라고 보면 된다. 다만 옆집(지원센터)에 있는 주거코치처럼 꼼꼼한 일상지원까진 제공하지 않는다. 하지만 당사자 혼자서 인생의 문제를 고민하지 않도록 주거코디가 주기적으로 방문해 당사자 자립의 어려운 점을 돕고, 문제를 해결하고, 앞으로의 계획도 함께 세운다.

지원주택사업 운영 기관과는 별도로 돌봄주거서비스 사업을 운영하겠다고 신청한 기관에 접수해 서비스를 받을 수 있다. 아직 지원주택사업에 비해 돌봄주거서비스 수는 현저하게 적지만 앞으론 돌봄주거서비스 형태의 자립지원시스템이 지원주택사업보다 더 많이 확산될 전망이다. 전국장애인부모연대는 서울시 사업인 돌봄주거서비스와 같은 형태인 '주거생활서비스' 도입을 정책 제안해왔는데 지난 6월 18일 보건복지부가 주거생활서비스 도입을 수용하겠다고 최종 입장을 밝혔다. 국가 차원의 주거생활서비스 도입이 본격화되면 기존의 서울시 사업인 돌봄주거서비스와 혼동이 없도록 명칭도 일원화되고 사업 주체에 대한 기준, 인력 배치,

서비스 내용도 더 명확해질 것으로 보인다.

✦

　　2년 전 아들이 이용하는 장애인복지관에서 '선배맘과의 대화'를 알선했었다. 학령기 자녀의 엄마인 난, 또래 엄마들과 함께 자녀의 나이가 30~40대이고 엄마들의 나이는 70대 이상인 선배맘들을 만나러 갔다.

　　이미 남편과 사별한 선배맘도 있었고 자녀의 나이가 나와 비슷한 선배맘도 있었다. 그들은 장성한 자녀를 시설에 보내지 않고 집에서 함께 살고 있었다. 몇 년 전까지만 해도 그들 역시 본인 사후를 대비하기 위해 시설을 알아봤다고 했다. 그러다 지원주택의 존재를 알게 되면서 생각을 달리하게 됐단다. 그들은 "기능이 낮고 애가 중증이면 자립할 수 없는 줄 알았는데 그런 게 아니어서 많이 놀랐어요"라고 말했다. 이 선배맘들은 자녀가 장성하면 시설에 보내는 것 말곤 다른 복지정책이 전무했던 시대를 살았던 사람들이다. 그런 선배맘들조차도 막상 자립지원시스템(지원주택)이 어떻게 구축돼 있는지 실상을 알고 나니 생각이 바뀌었다.

　　선배맘이 아닌 내 또래 부모 중에서도 시설에 보내는 것만이 자녀의 안전을 담보하는 유일한 길이라고 생각하는 이들이 많다. 아마도 모르고 있어서 그러지 않을까 하고 생각한다. 정책과 제도를 모르기 때문에 선택지가 없다고 생각할 수도 있다. 실제로 서울 안에 살고 있으면서도 '지원주택'이라는 단어를 들어본 적조차 없는 이들이 훨씬 많은 게 현실이다. 하지만 분명 자립지원시스템에 대한 지원은 확산되고 있으며 올해부턴 경기도도 지원주택 시범 사업을 시작한다는 얘길 전해들었다.

그래서 알아야 한다. 정책도, 지원도, 정보도 아는 게 힘이다. 대한민국 복지서비스는 아는 자가 스스로 찾아 먹어야 하는 구조로 이뤄져 있다. 스스로 찾아 먹지 않으면 그 누구도 먼저 찾아와 친절히 알려주지 않는다.

그렇게 지난한 과정을 거쳐 아는 정책의 범위가 넓어지고 앞으로의 정책 전망이 가시화되면 그때부턴 또 다른 광경이 보인다. 더 많은 선택지가 펼쳐지는 것이다. 그러고 나면 각자의 사정에 맞게 가고자 하는 방향성이 뚜렷해지고 그에 따라 삶의 목표도 달라진다. 그렇게 방향성이 잡히고 삶의 목표가 정해지면 지금 이 순간 해야 할 과제도 달라진다.

✤ 갈등을 겪을
　용기

시설을 운영 중인 한 복지재단의 사회복지사와 만났을 때 일이다. 그는 자신이 아는 '자립에 실패한 사례'에 대해 조심스럽게 이야기를 꺼냈다.
　　"이형식 씨라고 있어요. 시설에 머물다가 탈시설 시범 케이스로 먼저 자립한 분이거든요. 경증의 발달장애가 있지만 인지기능은 정말 좋아요. 몸이 불편해서 남성 활동지원사의 지원을 받아 생활하고 있어요. 이분 같은 경우는 워낙

인지기능이 좋기 때문에 걱정을 안 했어요. 활동지원사의 도움까지 받고 있으니 걱정할 일이 없었죠."

그의 말이 이어졌다.

"시설에서 나갔다고 해서 완전히 나 몰라라 하지 않아요. 정기적으로 상담을 하거든요. 그런데 형식 씨한테 문제가 생기기 시작하더라고요. 돈이 없는 거예요. 자립해서 살려면 돈이 필요하잖아요. 공과금도 내야 하고, 밥도 먹어야 하고, 교통비도 필요하고. 그런데 돈이 없어요. 형식 씨는 인지기능이 좋아서 직장도 좋아요. 월급도 많이 받고요. 월급을 받으면 그 돈으로 한 달을 생활해야 하는데 얼마 안 가서 가진 돈을 몽땅 다 써버리는 거예요."

여기까지 들었을 때 나는 '오~ 발달장애인의 자립에 있어선 경제 교육이 정말 중요하구나'라고 생각했다. 돈의 개념은커녕 아직 숫자도 셀 줄 몰라서 친척 어른들에게 용돈을 받으면 바닥에 휙~ 하고 던져버리는 녀석에게 어떻게 경제 개념을 가르치지 하는 고민이 스쳐지나갔다. 그런데 이후에 이어진 말은 내 예상을 뛰어넘었다.

"이분이 인지기능이 좋다고 했잖아요. 경제 관념도 잘 잡혀 있고 돈 관리도 잘하던 분이에요. 그랬던 분이 돈을 다 어디에 썼냐면요. 성매매를 한 거예요."

형식 씨를 지원하는 활동지원사가 어느 날 물었다고 한다.

"형식 씨, 여자랑 성관계해본 적 있어? 아니 나이가 몇인데……. 어때, 내가 경험하게 해줄까?"

장애인은 단지 장애인이라는 이유만으로 성 욕구를 드러내는 것조차 터부시되는 게 현실이다. 오죽하면 발달장애인의 성 욕구를 줄여주는 약이 있다는 이야기가 정보처럼 공유되고 있을까. 이렇게 성 욕구 자체를 금기시하고 있는 상황에서 그런 얘기를 꺼내준 활동지원사가 형식 씨 입장에선 고맙기도 하고 배려를 받는 기분이기도 했을 것이다. 그런데 문제는 다른 데 있었다. 다음에 이어진 말은 정말 놀라웠다.

"내가 집으로 여자를 불러줄게. 대신 두 명이야. 너는 거실에서, 나는 안방에서. 돈은 누가? 돈은 네가."

형식 씨가 돈이 없는 이유는 월급을 받으면 기본적인 생활이 유지될 최소한의 금액도 남기질 않고 두 사람 몫의 성매매에 다 써버렸기 때문이었다. 이런 상황을 알게 된 형식 씨의 담당 사회복지사는 그를 만날 때마다 제발 그러지 말라고 설득했다.

"형식 씨. 정말 왜 그래요. 다시 시설로 돌아오고 싶어서 그래요?"

하지만 이미 '자유의 맛'을 알아버린 형식 씨는 시설로 돌아갈 생각이 눈곱만큼도 없었다.

"그러면 그러질 말아야죠. 돈을 그렇게 써버리면 어떻게 살아요!"

그때마다 형식 씨는 자기도 그러고 싶지 않다며 미치겠다고 했단다.

"그런데 왜 그래요!"

거절할 수가 없다고 했다. 활동지원사에게 미움받을까 봐 거절할 수 없다고 했다.

이 사례에서 주목해야 할 건 성매매나 경제 교육이 아니다. 핵심은 '미움받을까 봐'이다. 형식 씨는 자신이 '거절'한 뒤에 발생할 활동지원사와의 갈등 상황을 두려워한 나머지 하기 싫은 일, 해선 안 되는 일임을 알면서도 성매매를 계속했다. 생계에 문제가 생길 지경에 이르러도 그만둘 수 없었다. 형식 씨에게는 활동지원사와의 갈등을 해결할 용기가 없었다.

✦

발달장애인이 사기 등의 피해를 당했을 때 법적 지원과 자문을 돕는 장애인차별금지추진연대의 김성연 국장에게 성인 발달장애인의 사기 범죄 연루에 관해 문의한 적이 있다. 김 국장은 현황을 전하면서 발달장애인 사기 피해에서 가장 큰 문제는 한 번 피해를 입은 데에서 끝나는 게 아니라 반복해서 비슷한 일을 또 당하는 것이라고 했다. 한 번 혼쭐이 나면 그다음부턴 조심할 법도 한데 금방 또 사기 피해를 당한다. 이유가 뭘까. 핵심 원인은 관계(친밀함)에 있었다.

발달장애인은 학교와 가정에서 "어디 가서 도장 찍거나 사인하지 말고 돈도 빌려주면 안 된다"는 교육을 귀에 못이 박히도록 받는다. 사람의 의도까지 고려하지 않는 장애 특성 때문에 오히려 사람을 믿지 말라는 교육을 받는 웃을 수 없는 현실이다. 이 교육은 효과가 있기도 하고 없기도 하다. 바로 이런 이유 때문이다.

실제로 내가 얼굴을 한두 번 본 적 있던 청년(사람을 함부로 믿으면 안 된다고 철저히 교육받은)을 만나 "OO 씨, 내가 지갑을 놓고 왔어요. 집에 가서 곧바로 돈 보낼게요. 지금 20만 원만 빌려줘요"라고 하면 어떨까. 그는 내 말이 끝나자마자 "안 돼요"라고 소리 높여 외칠 것이다. 그렇게 교육받았다. 가정에서, 학교에서, 기관에서 사람들에게 함부로 돈을 빌려주면 안 된다고 철저히 교육받았다.

그런데 만약 돈을 빌려달라는 사람이 내가 아니라 함께 근무하는 직장 동료라면 어떨까. 밥도 같이 먹고 커피도 같이 마신다. 드물긴 하지만 어쩔 땐 퇴근 후에 동료들과 함께 영화도 보러 간다. 늘 나를 거부하는 것 같은 세상에서 만난, '나라는 존재 자체를 받아주는 것 같은' 몇 안 되는 사람이다. 이때 상대에게 느끼는 당사자의 내적 친밀감은 우리 예상보다 훨씬 높을 것이다.

이렇게 내적 친밀감이 형성된 상대가 심각한 얼굴로 동생이 교통사고를 당했는데 병원비가 없다고 조심스럽게 얘길 꺼낸다. 다음 달에 월급 받으면 갚을 테니까 150만 원만 빌려줄 수 있겠냐고 묻는다. 교육받은 대로 "안 돼"라고 하고 싶지만 거절하면 애써 연결된 친밀한 관계가 끊길 것 같은 두려움에 용기를 내지 못한다.

김 국장에 따르면 발달장애인이 사기 범죄에 걸려드는 대다수가 이런 식이란다. 생판 모르는 남이 아니라 자신에게 친절함을 베푼 '아는 사람'에게 사기를 당한다고 한다. 스마트폰을 바꾸러 갔을 때 친절하게 인사하고 설명해준 사장님, 아르바이트하러 와서 친구들 노는 데에 같이 끼워준 또래 청년, 처음 사귀어본 비장애인 애인, 종종 먹을 것을 챙겨준 이웃집 사람, 교회나 성당에서 만난 선량한 지인이 발달장애 당사자에게 사기를 친다.

"내가 지금 에어팟을 사야 하는데 카드 한도가 다 됐거든. 네가 스마트폰 소액결제로 이것 좀 대신 결제해주면 안 돼? 먼저 주문하면 내가 나중에 돈 줄게. 엄마가 스마트폰 소액결제 막아놨다고? 이리 줘봐. 이거 앱에 들어가서 풀 수 있어. 내가 푸는 법 알려줄게."

"자기야. 어제 집주인이 갑자기 월세 보증금을 올린다지 뭐야. 나 보증금 못 내면 당장 갈 곳이 없어. 3천만 원을 어디에서 구하지?"

"○○ 씨. 부모님이 남겨주신 돈은 우리가 맡아서 관리해줄게. ○○ 씨 장애인이라고 사기 치고 돈 빼가려는 사람 정말 많을 거야. 그럴 때마다 내가 옆에서 일일이 다 막아줄 수 없잖아. 차라리 내가 관리할 테니까 ○○ 씨는 필요할 때마다 꺼내서 써. 그게 낫지 않겠어? 나 믿잖아. 나만큼 ○○ 씨 생각해 주는 사람이 또 어디 있겠어."

이렇게 사기를 당한다. 거절하는 방법을 몰라서가 아니라 거절 후 발생할 갈등 상황을 마주할 용기가 없어서 "YES"라고 답한다. 친밀한 관계를 깨고 싶지 않은 것이다. 미움받으면 세상이 끝나버리는 줄 아는 것이다.

비장애인도 마찬가지긴 하다. 거절 잘하는 사람은 생각보다 드물다. 하지만 평소엔 거절에 어려움을 느끼던 비장애인도 자신의 삶이 휘청거릴 정도의 선택 앞에선 '용기'를 내 거절을 택한다.

"보증 서면 나 당장 이혼당할 거야. 미안하다."

"내가 현금이 없어. 몽땅 주식에 넣어놨거든. 못 도와줘서 미안해."

비장애인은 어떤 이유든지 생각해내서 자신을 지킬 줄 안다. 하지만 발달장애인은 (여러 이유로) 자기방어력이 약하다. 그렇지 않아도 자기방어력이 낮은 발달장애인은 거절 상황에서 더더욱 약한 모습을 보인다. 갈등 해결 능력이 부족하기 때문인데, 갈등이 발생하는 상황 자체도 두려워한다.

갈등 상황이 발생하면 너무 무서워 얼어버린다. 이 모든 현상의 핵심 원인은 '갈등 해결 능력'을 습득하지 못한 채 어른으로 자랐기 때문이다.

취재하면서 알게 된 자립해서 사는 발달장애인은 기능이 낮아도 자립을 했다. 하지만 갈등 해결 능력이 없으면 자립생활에 빨간불이 켜졌다. 발달장애인의 자립은 '나 혼자 산다'가 아닌 '타인의 지원을 받아 산다'였기 때문이다. 그렇기에 타인과의 관계 맺기 능력은 삶에서 중요한 요소 중 하나가 되는데, 문제는 모든 관계엔 필연적으로 (피하고 싶은) 갈등이 뒤따른다는 점이다.

발달장애인이 자립하기 위해선(어떤 형태의 자립이든) 타인과 어울려 사는 능력을 갖춰야 한다. 그게 핵심이다. 하지만 타인과 어울려 산다는 건 '타인의 말을 잘 듣는다', '지시 따르기를 잘한다'가 아니다. "NO"라고 외칠 수도 있어야 하고, 관계에서 오는 갈등을 능히 직면해 풀어갈 용기도 있어야 하고, 기꺼이 상처를 받을 줄도 알아야 한다. 그런 게 타인과 '진짜' 어울려 사는 것이다.

◆

비장애인인 딸은 아들의 쌍둥이 누나다. 딸의 성장 과정을 지켜보는 건 즐거웠고 심지어 그 어떤 드라마보다 재밌었다. 딸의 세계는 초등학교에 입학하면서 확 넓어졌다. 1학년 때 딸은 반에서 가장 인기 있는 여자아이 두 명과 친해지고 싶었다. 하지만 둘은 같은 어린이집 출신이라 둘만의 세계가 공고한 단짝이었다. 파고들 틈이 없었는데도 딸은 그들 주변을 어슬렁거렸다.

어느 날 그 둘이 딸에게 신데렐라 놀이라는 조건을 내걸었다.

"우리랑 놀고 싶으면 네가 오늘부터 우리 가방을 들고 다녀."

딸이 신데렐라가 되어 두 언니의 수발을 잘 들면 같이 놀아주겠다고 한 것이다. 딸은 그날부터 친구들의 가방을 들고 뒤를 따라다녔다.

2학년이 되면서 딸의 눈이 뜨였다. 하루는 "엄마, 생각해보니까 그때 내가 (둘한테) 호구 잡혔던 것 같아"라고 말했다. 그러더니 단짝을 만들었다. 1학년 때 그 친구들을 보며 단짝의 장점을 알게 된 것이다. 단짝 친구와 잘 지내던 딸이 어느 날부터 양다리를 걸치기 시작했다. 지금의 단짝 친구보다 더 마음이 맞는 새로운 친구가 나타난 것이다. 새 친구와 놀자니 단짝이 질투하고, 단짝이랑만 놀자니 새 친구가 아쉬운 날이 이어지며 딸은 스트레스를 받았다.

"괴로워~"를 외치던 2학년이 지나고 3학년이 됐다. 딸은 무리를 만들었다. 그래. 사람은 과거의 경험을 통해 배워가는 법이지. 그런데 이게 웬일. 세 명이다. 학령기 여자아이들 사이에서 절대로 금기시되는 바로 그 홀수 무리! 그 세 명은 홀로 남지 않기 위해 둘씩 돌아가며 짝을 지어 남은 한 명을 험담했고, 나는 옆에서 그 흥미로운 과정을 낱낱이 지켜봤다.

이런저런 일을 겪으며 딸은 6학년이 됐다. 그동안 쌓인 경험이 빛을 발한 건지 딸은 안정적인 네 명 무리의 일원이 됐다. 게다가 넷 중 한 명은 전교학생회장이었다. 학년 최고의 '인싸'가 포함된 무리의 일원이 되자 딸도 자연스럽게 반에서 인싸가 됐다. 딸은 최고로 신나는 한 해를 보내고 중학교로 진학했다.

딸의 성장을 지켜보면서 내가 어떤 과정을 거쳐 지금의 내가 됐는지 알 수 있었다. 딸이 단짝과의 갈등으로 괴로워할 땐 중학교 2학년 때 단짝이었던 혜영이가 떠올랐다. 딸이 세 명 무리에서 남은 한 명이 되지 않기 위해 발버둥칠 땐 일곱 명이 무리 지어 다니던 고등학교 1학년 시절이 떠올랐다. 가장 안정적인 한 해를 보냈던 딸의 6학년 생활을 지켜보면서는 비슷한 한 해를 보냈던 중학교 3학년 시절이 소환됐다. 나도 딸과 똑같은 과정을 거쳤다. 즐거웠고 힘들었으며 찬란하고 괴로웠던 학창 시절의 모든 경험이 (능숙한 사회성 기술을 지닌) 지금의 나를 있게 만들었다.

학교는 단지 한글과 숫자, 국어와 수학을 배우는 곳이 아니라 인간 세상을 살아가는 데 필요한 사회성 기술을 익히는 훈련장 같은 곳이었다. 그것을 딸을 보며 알았다. 이 사실을 알게 되자 아들이 측은해서 견딜 수 없었다. 딸이 겪고, 내가 겪고, 남편이 겪은 모든 과정을 아들은 하나도 겪지 못하고 있다는 걸 알았기 때문이다.

아들이 학교에 입학하면서 가장 신경 쓴 게 친구 관계였다. 아마 모든 발달장애인의 부모가 같은 마음일 것이다. 아들에겐 공부보다 친구 관계가 백만 배 더 중요했다.

"아들아, 그저 학교 가면 친구들하고 싸우지 말고 잘 지내라. 그러면 더는 바랄 게 없겠다. 제발……. 응?"

학교에서 (사고 쳤다는) 전화가 안 오면 '오늘 하루도 잘 보냈다'고 생각했다. 하교 때 교사가 "동환이 오늘 하루 잘 보냈어요"라고 하면 정말 그런 줄 알았다. 그렇게 안심하곤 혼자 기뻐했다. 그런데 정작 아들은 학교에서 잘 지내고 있지 않았다. 친구하고 싸우지 않아서가 아니라 친구하고 싸울 기회조차 없었기 때문에 잘 보내지 못한 것이다.

알고 보니 아들이 학교에서 하루를 잘 보냈다는 의미는 친구들과 갈등이 일어나지 않게 '잘 보호했다(다른 의미론 잘 고립시켰다)'는 뜻이었는데 아들이 어릴 때는 그 현실을 파악하지 못했다. 아들 옆에 실무사나 사회복무요원이 찰싹 붙어서 애초에 친구들과의 갈등 상황이 발생하지 못하게 차단벽을 만들고 있었을 때도 "호호호. 1 대 1 케어? 아들이 특별 대우를 받는구나" 하며 좋아했다.

가만히 아들과 나를 돌아보고 아들이 사는 세계의 구조와 시스템을 바라봤다. 그러자 비로소 우리 사회가 발달장애인이 갈등 해결 능력을 습득하지 못하도록 오히려 독려하고 있는 게 눈에 보였다. 주변 어른들은 앞장서서 어릴 때부터 아무런 갈등 상황에 노출되지 못하도록 막아서고 있었다. 나 또한 아들을 그렇게 키우면서 내가 그러고 있는 줄도 모르고 살았다.

발달장애인이 왜 갈등 해결 능력이 부족하냐고? 왜 그토록 타인을 대하는 태도가 서투냐고? 그럴 수밖에 없다. 뭘 경험해봤어야, 사람들과 부딪혀봤어야, 그러면서 뭘 배워봤어야 갈등 해결 능력을 기를 수 있지.

갈등을 경험해야 그걸 풀어갈 방법을 배우고 익힐 텐데, 가족 외 사람들과 의미 있는 관계를 맺어봐야 타인과의 올바른 관계 맺기 방법을 체득할 텐데, 아무런 갈등조차 일어나지 못하게 아무런 접촉도 하지 못하게 주변에서 철저히 막고 있는데, 어떻게 갈등 해결 능력을 습득하고 타인과 어울려 사는 법을 배우겠는가. 사회적 영역은 글로 배우고 머리로 익힐 수 있는 게 아니다. 무조건 직접 부딪혀 체득해야 한다. 책으로 연애의 기술을 익힌다고 실제로 연애를 잘하진 않는 것과 같은 이치다.

1학년 때 '호구'로 시작해 또래와의 갈등 상황에 계속 노출되면서 스스로 깨닫고 성장한 딸처럼 아들도 학령기

동안 학교라는 사회 울타리 안에서 이런저런 일을 경험해볼 수 있는 기회가 제공되어야 했다. 그것이 학습만큼 중요한, 아니 어쩌면 학습보다 훨씬 더 중요한 '학교에 다니는 가장 큰 의미'여야 했다.

✦

    2020년 11월 26일, 국제구호개발 비정부기구(NGO)인 세이브더칠드런이 서울대학교 사회복지연구소와 함께 〈2020 한국 아동의 삶의 질〉 심포지엄을 열었다. 이날 심포지엄에선 '장애가 있는 아동의 삶의 질' 연구 발표도 있었는데 연구 내용 중 의미 있는 항목이 몇 개 있었다.

    이 연구에서 '친구가 충분히 많다'(100점 만점) 항목에 그렇다고 답한 비장애 아동은 47.6퍼센트, 장애 아동은 16퍼센트였다. '나에게 문제가 생겼을 때 도와줄 친구가 있다'(100점 만점)에선 비장애 아동은 44.7퍼센트, 장애 아동은 15.2퍼센트만이 그렇다고 답했다.

    장애 아동은 친구도 없고 도와줄 친구는 더더욱 없다고 느끼고 있었다. 반면 장애 아동은 비장애 아동에 비해 학교폭력에 노출되는 빈도가 낮았다. '학교폭력 경험'(100점 만점)과 관련해 '어떤 아이로부터 맞은 적이 있다'는 항목에 비장애 아동은 83.2퍼센트, 장애 아동은 69.4퍼센트가 그렇다고 답했다. '나를 따돌렸다'는 항목에서는 비장애 아동의 91.6퍼센트, 장애 아동의 76.6퍼센트가 그렇다고 답했다.

가장 주목해야 할 부분은 여기다. 학교 환경에 대한 주관적 평가 영역(60점 만점)에서 '우리 반 친구들은 자주 다투지 않는다'는 항목에서 11퍼센트의 비장애 아동만이 그렇다고 답했는데, 장애 아동은 39.5퍼센트가 그렇다고 답했다.

이 연구 결과에서 어떤 흐름이 보이는가. 내 눈엔 통합교육 환경에서 장애 아동이 고립되고 있는 것이 보였다. 비장애 아동에 비해 학교폭력과 따돌림에 노출되는 비율이 적은 것을 보면 분명 보호는 받고 있었다. 하지만 장애 아동은 비장애 아동보다 거의 네 배나 높게 '우리 반 친구들은 자주 다투지 않는다'고 생각했다. 절대 반길 일이 아니다. 툭하면 싸우고 삐치고 돌아섰다가 다시 화해하고 친해지면서 인간관계의 기본 틀을 익혀가는 게 학창 시절에 마땅히 배워야 할 일인데, 장애 아동은 그 마땅한 일을 경험할 기회조차 없었다는 뜻이기 때문이다. 반 친구들이 친구로 인정조차 하지 않고 보호하거나 배제해야 할 '장애인'으로 대했다는 뜻이다. 가정과 학교에서 그런 방향으로 양육과 교육시스템이 작동하고 있다는 뜻이다.

특수학교의 상황은 다를까. 특수학교 안에서도 차별과 배제가 존재한다. 게다가 학생들 사이에서 갈등 상황이 일어나는 것을 방지하고자 아예 서로 접촉조차 하지 못하도록 막아서는 분위기가 갈수록 심화되고 있다(교사가 없는 쉬는 시간이면 아예 밖에서 교실 문을 걸어 잠그는 특수학교도 있다. 이탈을 막기 위해서이기도 하지만 다른 반, 타 학년 학생들과 부딪히지 않기 위한 조치라고 한다).

  이런저런 이유로 사회적 영역을 '경험해본 적 없는' 성인 발달장애인의 갈등 해결 능력은 비장애인 유아보다도 낮다. 발달장애인이라서 사회성이 낮은 게 아니다. 그렇지 않아도 사회성 발달이 더딘데, 배우고 익히며 경험하지 못해서 애당초 낮았던 사회성이 도통 발달할 기회가 없는 것이다. 그렇게 사회성을 익히지 못해 갈등 해결 능력이 없는 존재로 성장하게 되니 거절 상황에 약하다. 사람 대하는 법이 서툴기 그지없고 어쩌다 갈등 상황에 직면하면 바짝 얼어버린다. 이렇게 성장한 발달장애인은 향후 삶을 살아가는 데 있어 크고 작은 문제에 부딪힌다. 그리고 가끔은 그 문제가 당사자의 자립생활을 넘어 삶 전체를 뒤흔드는 파괴력을 지니기도 한다.

✤ 기꺼이
　　함께하고 싶은 사람

앞서 말했던 경기도의 한 장애인 종합복지관은 가장 절실한 지원으로 '친구'를 꼽았던 당사자들의 요구를 받아들여 관련 사업을 고민하기 시작했다. 어떻게 하면 당사자들에게 친구를 만들어줄 수 있을까? 단지 얘기를 나눌 친구만 있으면 되는 걸까?

　　사회복지사들은 이 사업이 결혼과 육아에서 어려움을 겪고 있는 여성들에게 실질적인 도움이 되길 바랐다. 그래서 멘토-멘티 사업을 구상했다. 결혼과 육아 경험이 있는 비장애 여성과 발달장애 여성을 1대 1로 매칭해 발달장애 당사자들에게 대화를 나눌 '친구'와 필요한 조언을 얻을 수 있는 '인생 선배'라는 존재를 한 번에 연결하기로 한 것이다.

멘토 역할을 맡은 비장애인 지원자는 특정 종교단체에서 추렸다. 종교단체에서 지원자를 뽑은 이유는 평소에도 '베푸는 삶'이나 '사랑' 등에 큰 가치를 두고 살아가는 이가 많을 것이라는 전제 때문이었다. 그렇게 시작된 비장애인 멘토와 발달장애인 멘티 매칭 사업은 어떻게 됐을까. 기대만큼 성공적이지 못했다고 한다. 매칭 횟수가 늘어가면서 멘토들이 하나둘씩 백기를 든 탓이다.

"더는 못하겠어요."

중도 포기한 멘토들은 멘티들의 태도 때문에 더는 못하겠다고 했다. 멘티들은 새벽이든 늦은 밤이든 얘기하고 싶으면 때와 장소를 가리지 않고 멘토들에게 연락했다.

'나는 장애인이거든. 당신은 장애인을 도와야 하는 비장애인이잖아. 그러니까 지금 나랑 얘기해.'

만났을 때도 마찬가지였다.

'나는 이것도 먹고 저것도 먹을래. 다 사줘. 정해진 금액이 넘어가도 그냥 사줘. 나는 장애인이잖아. 당신은 나한테 잘해줘야 하잖아. 빨리 사줘.'

이 얘기를 들으면서 발달장애 여성들이 그동안

어떤 삶을 살아왔는지 어렴풋이 알 수 있었다. 그들은 한평생을 장애인으로만 살아왔을 것이었다. 사람이기에 앞서 장애인이었고, 장애인이라 혐오의 대상이 되거나 동정의 대상이 되는 것에 익숙했으리라. 멘티들의 안하무인식 태도는 아마 여태까지의 삶에서 나온 결과이지 않을까 하는 생각이 들었다. 그들이 알고 있는 세상(타인)과 관계 맺는 유일한 방법은 장애인의 위치에서 비장애인의 위치에 있는 타인과 관계를 맺는 방법뿐이었을 것이다.

✦

경기도의 한 종합복지관에서 근무하는 사회복지사가 고민을 털어놨다. 복지관 이용자 중 20대 여성이 있는데 그 여성이 남성 사회복지사를 좋아한다고 했다. 좋아하는 감정이 문제가 아니라 그 마음을 너무나 솔직하게 몸으로 표현해서 문제라고 했다.

남성 사회복지사는 자신의 일에 충실했다. 이용자들이 오면 반갑게 인사하고 안부를 건네며 말을 걸었다. 그 여성은 사회복지사의 친절을 자신에 대한 관심으로 오해했다. 인간 세상에서 늘 있는 일이다. 나도 20대 때는 단순한 친절과 호감을 잘 구분하지 못했다. 내 친구에게 관심이 있어서 나에게 친절했던 남자를 제멋대로 오해해 헛발질한 적도 있다. 내일모레 오십을 바라보는 지금은 단순 친절과 호감을 헷갈리지 않는다. 나이를 먹어가며 사람의 마음을 파악하는 일이 수월해진 덕이다. 수많은 경험이 켜켜이 누적되며 쌓인 빅데이터가 작동하고 있는 중이다.

다시 복지관으로 돌아가보자. 심장이 뜨겁게 타오르는 이 20대 여성은 사회복지사만 보면 좋아서 어쩔 줄을 몰랐다. 사회복지사와 몸이 닿기라도 하면 찌릿찌릿 전기가 통하는 것 같은 기분도 느꼈다. 그 느낌이 너무 좋았던 여성은 몸을 더 가까이하기 시작했다. 사회복지사가 곤란해해도 아랑곳하지 않고 그의 팔에 자신의 가슴을 밀착했다. 그때마다 사회복지사가 좋게 말하며 몸을 떼어내려 했지만 쉽지 않았다.

"이런 경우는 어떻게 해야 하나요?"

이는 비단 이곳의 일만이 아니다. 이 경우는 장애인 여성이 남성 사회복지사에게 다가간 사례지만 현실에선 장애인 남성이 여성 사회복지사에게 다가가는 경우가 더 많아 보인다. 젊은 여성 사회복지사가 비슷한 고민을 털어놓는 얘길 종종 듣는데, 발달장애인 성비가 6 대 4 정도로 남성의 비율이 높은 것도 이유 중 하나일 것으로 짐작한다.

"애인이 있다고 말해도 지금 옆에 있는 건 아니지 않냐며 계속 데이트하자고 해요."

"자꾸 개인 연락처로 밤늦게 전화해요."

◆

　　한 사회적 기업으로부터 연락을 받은 적이 있다. 발달장애인 일자리 창출에 앞장서는 모범 기업으로 잘 알려진 곳이었는데, 그곳에서 일하는 비장애인 근로자들과 편하게(딱딱하지 않게) 얘기 나눌 사람이 필요하다고 했다.

　　방문 전에 발달장애인 근로자들과 일하면서 갖게 된 궁금함이나 애로사항에 대한 사전 질의를 달라고 했다. 비장애인 근로자들의 고민은 크게 두 가지로, 업무적인 고충과 관계의 어려움이었다. 업무적인 고충은 장애 특성을 고려한 세심한 외부지원(업무 쪼개기, 매뉴얼화, 시각 자료 제공, 근로지원인 파견, 전문가 연계 등)으로 돌파구를 찾을 수 있을 듯했다.

　　문제는 관계적인 부분의 어려움이었다. 발달장애인의 '서툰 사회성 기술'은 직장생활에서도 여러 문제에 부딪혔다. 이날 비장애인 근로자들은 입을 모아 "발달장애인에게 거절 의사를 확실하게 밝혀도 되느냐"고 물었다. 동료로 일하다 보면 종종 부담스러운 상황이 발생하는데 그럴 때 선을 긋고 확실히 거절하면 죄책감에 시달린다고 했다. "장애인에게 이래도 되는 건가" 하는 죄책감이었다. 그렇다고 "발달장애가 있으니 전부 다 이해하고 넘어가자"고 하면 그로 인한 스트레스가 너무 크다고 했다. 비장애인 근로자들은 어찌해야 좋을지 몰라 발만 동동 구르고 있었다. 그러는 동안에도 발달장애인 근로자에 대한 불만은 나날이 쌓여가고 있었다.

인간은 혼자서 살아갈 수 없다. 고립되지 않고 세상 속에서 산다는 건 수많은 타인과 관계를 맺고 살아야 한다는 뜻이다. 언젠가는 엄마와 이별해 남은 생을 엄마 없이 살아가야 하는 발달장애인에게 '타인의 지원'은 선택이 아닌 생존의 필수 조건이다. 그때 중요한 건 자신을 지원하는 타인과 제대로 된 관계를 맺을 수 있는 '능력'이다. 자신의 삶에 들어온 이들과 잘 지낼 수 있는 능력이 있어야 한다.

발달장애는 단점이 아니지만 특권도 아니다. 발달장애가 있다고 세상만사에 '장애인 프리패스권'을 사용하게 되면 오히려 당사자는 사회로부터 거부당하게 된다. 이는 '타인의 지원'이 생존의 절대적인 요소인 성인기 삶 자체가 위협받는 상황에 직면하게 된다는 뜻이다.

그렇다면 발달장애인을 지원하는 주변 비장애인이 해야 할 일은 명백하다. 당사자의 사회성이 향상될 방법을 찾거나, 사회성이 늘지 않으면 사회성 기술이라도 익히고 배울 수 있도록 경험할 기회를 제공해야 한다. 당사자만을 위해서가 아니라 발달장애인과 관계 맺는 모든 타인을 위해서이기도 하다. 그러한 경험을 냉정한 사회 속이 아닌 발달장애인에 대한 '옹호 집단' 속에서 먼저 익히고 배우도록 해야 한다. 예를 들면 학령기 학교 같은 사회적 공간 속에서 말이다.

✦

강서퍼스트잡지원센터의 이은자 센터장은 발달장애인 딸을 둔 엄마이자 발달장애인 취업 분야의 전문가다. 퍼스트잡지원센터는 발달장애인의 진로를 설계하고 취업을 연결하는 발달장애인 전용 고용센터다. 국가 사업이나 지자체 사업이 아닌 구 사업이라 서울시 스물다섯 개 구 중 세 곳(강서, 강동, 강북)에만 퍼스트잡지원센터가 있다(2024년 2월 기준).

'만나면 인사하는 사이' 정도였던 이 센터장과 하루는 영상 제작 업무를 같이 하게 됐다. 오랫동안 수다를 떨면서 "아~ 이런 분을 국회로 보내야 하는데" 하며 혼자 아쉬워했다. 그만큼 이 센터장은 발달장애인의 삶에 대한 통합적 사고 능력이 뛰어났다. 그를 통해 발달장애인 취업 현황에 관해 많은 얘기를 들었다.

"부모님들이 물어요. 어떻게 하면 취업이 잘 되냐고. 경증 장애가 있으면 취업이 잘 되고 중증 장애가 있으면 취업이 안 되는 것으로 생각하는데 실제로는 그렇지 않거든요."

이 센터장이 장애 정도가 취업의 주 요소가 아니라고 하는 건 근로지원인서비스 덕분이었다. 근로지원인서비스는 장애인 근로자가 취업 현장에서 장애로 인해 겪는 어려움을 지원하기 위해 만들어진 제도다. 지원 한도는 하루 8시간 주 40시간 이내이며, 이용자는 시간당 300원의 본인 부담금을 사업수행기관에 납부해야 한다. 일상생활에선 활동지원사의 지원을 받듯 취업 현장에선 근로지원인의 지원을 받는다고 생각하면 된다. 근로지원인서비스 이용은 (활동지원서비스처럼) 개인의 선택 사항이다. 아들의 경우엔 근로지원인이 있어야만 직장생활이 가능하겠지만 혼자서 맡은 업무를 능히 처리할 수 있는 경우엔 오히려 근로지원인이 성장의 방해 요소로 작용할 수 있다.

경우에 따라선 활동지원사가 근로지원인 자격을 취득해 한 명의 발달장애인을 집에서 직장으로, 직장에서 집으로 연속 지원하기도 한다. 이렇게 하면 활동지원사 입장에선 이용인이 직장에 있는 동안 '비는 시간' 없이 근로지원인으로 계속 근무할 수 있어 안정적인 소득이 보장된다는 장점이 있다. 당사자에겐 익숙한 사람이 집만이 아니라 직장에서도 함께 있으니 마음의 안정감을 얻을 수 있다는 장점이 있다. 물론 그로 인한 정반대의 단점도 존재한다.

성인기 발달장애인 삶의 구조, 하다못해 기능이 절대적일 것이라고 생각했던 직업생활마저도 타인의 지원을 받는 시스템 덕분에 장애로 인한 격차는 중요한 요소가 아니게 돼버렸다. 그렇다면 무슨 능력을 갖춰야, 어떻게 해야 취업이 잘 되는 것일까?

"주변 사람들에게 사랑받는 사람이 돼야 해요. 주변 사람들과 잘 어울릴 수 있는 에티켓(예의, 사회성) 있는 사람이 돼야 해요. 그러면 일할 수 있는 곳이 정말 많아져요. 우리도 그렇잖아요. 아무리 일을 잘해도 같이 일하기 싫은 사람이 있는 반면, 일은 못해도 함께 있는 것만으로 좋은 사람이 있잖아요. 우리 자녀들도 똑같아요."

이 센터장에 따르면 발달장애인의 주변 사람들은 당사자에게 장애가 있다는 것을 잘 알고 있다. 장애의 특성으로 인한 어려움이나 개개인의 역량을 이미 알고 있는 상태에서 당사자를 만난다. 그렇기에 손 떨림이 있는 뇌병변 장애인(자폐 동반)이 사무실에서 복사물을 옮기다가 쏟았다고 해서 뭐라고 하는 사람은 없다. 손 떨림은 예의를 차린다고 멈출 수 있는 것도 아니다. 그럴 때 주변 지원인은 당사자가 조금 더 편하게 복사물을 옮길 수 있는 방법을 찾아서 지원한다. 장애 정도에 따른 당사자의 역량 차이는 타인의 지원을 받는 데 큰 문제가 아니라는 뜻이다. 하지만 예의가 없으면, 타인에게 못되게 굴면, 사회성 발달이 제대로 이뤄지지 않으면 그때는 문제가 발생한다.

"혼자서 버스 타고 출퇴근하고, 자기결정 능력도 높고, 돈 관리도 잘하고, 의사소통도 잘 되는 당사자가 있다고 생각해봐요. 기능이 엄청 좋은데 사람들에게 심술 맞게 굴고, 무례하고, 예의 없이 행동하면 누가 그와 함께 있고 싶겠어요. 누가 그와 함께 일하고 싶겠어요. 그가 어려움을 느끼는 부분을 누가 나서서 지원하려고 하겠어요. 기꺼이 함께하고 싶은 사람이 돼야 해요. 주변에서 배려하고 지원할 마음이 생기는 사람, 사랑받을 수 있는 사람이 돼야 합니다."

◆

언젠가 누군가 물었다.
"발달장애인은 왜 그렇게 애정을 갈구하나요?"
어느 해에는 누군가가 아들이 끊임없이 관심과 애정을 갈구하는 행동을 하는 게 '귀찮다'고 했다.
발달장애인 입장에서 생각해봤다. 대체 왜 많은 발달장애인이 끊임없이 상대방의 사랑과 애정, 관심과 호의 등을 확인받고 싶어 하는 것일까. 인간관계에서 지켜야 할 선을 빈번하게 넘어버리면서까지 무엇을 확인받고 싶은 것일까. 그러다 "발달장애인으로 살면서 그동안 얼마나 많은 관계에서 거절을 경험해봤을까?"라는 질문에 닿았다. 대답은 아마 '거의 없다'일 것이다.
물론 사회로부터 '거부'당하는 경험은 수시로 했을 것이다. 느낌으로만 알 수 있는 간접적 거부의 경험까지 더하면 그 횟수는 헤아리지 못할 정도로 많을 것이다. 하지만 친밀함을 느끼는 가까운 관계에서 거절당한 경험은 거의 없다고 봐도 무방하지 않을까. '장애인에겐 친절해야 한다'는 생각을 가진 비장애인은 장애인에게 거절하면 나쁜 사람이 된다는 죄책감 때문에 거절보다 차라리 도망가는 편을 택했을 것이다. 그냥 멀어져버리면 죄책감도 덜하고 상대에게도 상처를 덜 준다고 생각했을 것이다.

주변에 있던 사람들이 조금 가까워졌다 싶으면 어느새 말도 없이 떠나서 없어지는 이유를 남겨진 자는 모를 것이다. 멘티들은 멘토들이 왜 자신의 전화를 받지 않는지 이유를 명확히 이해하지 못할 것이고, 복지관 이용자는 자신이 좋아하던 사회복지사가 왜 부서를 바꿨으며 더 이상 만날 수 없는지 이유를 짐작할 수 없을 것이다.

그럴 때 당사자들은 어떤 감정을 느끼게 될까. 친밀함을 느끼는 대상을 순식간에 상실해 마음속이 텅 비어버릴 것이다. 이유도 모른 채 혼자 남겨진 이는 마음의 허기에 시달릴 수밖에 없다. 구멍 난 마음의 공허함을 채울 수 있는 방법은 새로운 대상으로 그 자리를 메꾸는 것뿐이다.

"나랑 친하게 지내자. 나를 사랑해줘. 나를 예뻐해줘."

새로운 대상을 찾아 나선다. 가슴의 구멍을 메워줄 새로운 대상을 끊임없이 찾아 나선다. 아마 그래서 발달장애인이 그토록 애정을 갈구하고, 확인받고 싶은 것처럼 보이는 게 아닐까.

나는 사회복지사들에게 단호하게 거절해달라고 말했다. 비장애 근로자들에게도 단호하게 거절해도 된다고 말했다. 아니, 그래야만 한다. 거부하지 말고 거절해야 한다. 이렇게 해서라도 발달장애인 당사자들은 거절당하는 경험을 쌓아야 한다. 그렇게 사람과 사람과의 관계에서 어떤 예의가 필요한지 배워야 타인과 어울려 살 수 있다. 타인과 어울려 사는 능력을 기르지 못한 채 성장해버리면 성인기에 접어들어서는 고립될 수밖에 없다. 고립된 세계의 끝엔 필연적으로 죽음만이 기다리고 있다. 나는 발달장애인 주변의 비장애인들에게 이런 호소밖에 할 수가 없었다.

15만 원어치의 책임

나는 어렸을 때부터 자기결정권이 높은 아이였다. 스스로 선택하지 않은 일에는 어쩜 저러나 싶을 정도로 관심이 없었고 어른들의 말도 따르지 않았다. '공부지상주의' 집안에서 보란 듯 공부에 손을 놔버린 것도 그랬고, 부모님이 말리는 장래 희망만 고수한 것도 그랬다.

  그래서인지 나는 내 딸이 자기결정권이 있는 사람으로 자라기를 바랐다. 무엇이든 스스로 선택하는 주체성 있는 인간이 되라고 했다. 그 덕분에 학원 가기 두 시간 전까지 숙제를 하나도 안 했어도 딸은 자기결정권을 발휘해 꿋꿋하게 웹툰을 마저 읽었다. 낄낄대며 스마트폰을 들여다보느라 거북이처럼 목을 빼고 있는 모습을 보면 부아가 치밀어오른다. "누구 닮아 저럴꼬" 하며 성질이 나는데 날 닮아 그런 걸 어쩔꼬. 원래 사춘기 자식은 남의 집 자식 보듯 해야 한다는 선배 부모들의 조언에 따라 당겨오는 뒷목만 붙잡고 있다.

딸은 자기결정권이 있는 사람으로 자라길 바라면서 아들에겐 그 어떤 선택권도 주지 않은 채 오랜 시간을 살았다. 아들이 어렸던 어느 날 그 사실을 문득 깨달았다. 선택권을 '주다'니……. 딸과 달리 아들에겐 내가 가진 부모로서의 '위력'을 당연시하고 있었다. 그 사실을 깨달은 다음부턴 아들의 의사를 존중하기 위한 '의도적인' 노력을 해야 했다.

"오늘은 어떤 옷 입을래? 이 옷이 더 좋아? 저 옷이 더 좋아?"

아무 관심도 없는 아들.

"이 장난감 사줄까? 아니면 저 장난감 사줄까? 갖고 싶은 것 있으면 동환이가 골라봐."

역시나 아무런 관심도 없는 아들. 관심사가 한정적인 아들이 자기결정권을 행사하고 부모인 내가 그것을 존중한다는 건 생각보다 훨씬 어려운 일이었다. 대신 너석은 먹는 것에 있어서만큼은 호불호를 확실히 드러냈다. 그래. 이

점을 활용하자!

편의점이나 마트에 갈 때마다 아들에게 먹고 싶은 과자를 스스로 고르게 했다. 그랬더니 이 녀석, 과자에 있어서는 거침없이 주체성을 드러내며 자기결정권을 드높게 발휘했다. 계란과자가 1순위였는데 지금까지 산 계란과자 값을 모두 더하면 진즉에 차를 바꾸고도 남을 정도다.

하지만 이 과정에서 문제가 발생했다. 아들은 그곳이 어디든 매대에 전시된 계란과자를 전부 쓸어와야 직성이 풀렸다. 편의점에선 기껏해야 서너 개 정도인데 마트에 가면 스무 개 넘는 계란과자가 켜켜이 쌓여 있곤 했다.

처음엔 모든 걸 허용했다. 중요한 건 아들이 스스로 선택한다는 거니까 그 자체를 존중하기 위해서였다. 실제로 자신의 선택이 존중받는 경험을 지속적으로 한 덕인지 아들은 이제 길을 걷다 목이 마르면 편의점에 들어가 물을 골라 들고, 출출하면 도시락을 손에 든다. 그리고 계란과자만이 아닌 뽀로로 과자, 참크래커 등 자신이 먹고 싶은 것을 고르는 청소년으로 자랐다.

여기까지는 좋다. 그런데 몇 년이 지나도 매대에 있는 모든 제품을 싹쓸이하는 습관은 고치지 못했다. '선택'을 가르치는 건 성공했지만 그다음에 뒤따라야 할 절제력, 궁극적으로는 '책임'을 가르치지 못한 탓이었다.

✦

　　사회적 기업(협동조합)에서 일하는 발달장애인
당사자(20대 후반에서 30대 중반 청년 십여 명)들을 만나러
갔다. 이곳에서 일하는 당사자들은 여건이 좋은 편이었다.
장애 정도가 심하지 않았고, 자식 일에 발 벗고 나선 부모들이
꾸린 든든한 협동조합에서 안정적으로 근무하고 있었다.
조합은 잘 운영되고 있었다. 근무 내용과 직무 배치는 당사자
장애 정도에 따라 적합하게 이뤄졌고, 그들은 그곳에서 일도
하고 친구 관계도 유지하며 평온한 날을 보내고 있었다.

　　모든 상황이 완벽해 보였지만 한 가지 문제가 있었다.
부모가 늙어가고 있었다. 그것이 유일하면서도 가장 큰
문제였다. 이는 곧 그들이 부모 사후를 대비해야 한다는
뜻이었다. 기능도 좋고 직장도 탄탄한 자녀를 둔 부모들은
자식을 시설에 보내고 싶어 하지 않았다.

　　이 협동조합을 꾸린 부모들은 자신들이 살아 있는 동안
자식이 자립하고 그 과정에서 발생하는 여러 문제를 함께
풀어가고 싶어 했다. 하지만 당사자들이 자립하지 않으려 해서
고민이라 했다. 나는 그 당사자들을 만나 이야기를 들어보기로
했다.

　　"여러분 안녕하세요~ 저는 초등학생 아들을 키우는
엄마예요. 만나서 반갑습니다."

　　우와~ 하는 소리와 함께 박수가 터지며 한마디씩

하는데 어찌나 말들을 잘하는지 깜짝 놀랐다.

'아, 내 아들과 확실히 다르구나. 이것이 바로 경증의 세계구나!'

말 잘하는 당사자들과 티키타카 대화를 주고받으며 수다를 떨다가 슬쩍 질문을 던졌다.

"여러분, 지금 부모님하고 같이 살고 있죠. 솔직히 엄마가 밥하고 빨래해주니까 편하고 좋죠?"

누군가가 "좋은데 싫어요"라고 말하자 모두 그 말에 동의한다는 뜻 까르르 웃었다. 그리고 이 시간을 기다린 것처럼 너나 할 것 없이 엄마와 같이 사는 고충을 털어놓았다.

"엄마는 잔소리가 너무 심해요."

"맨날 옷 걸어놓으래요."

"방 치우라고 계속 말해요."

"참견을 많이 해요."

"방귀 냄새가 심해요."

그러면 엄마랑 같이 살지 않고 혼자 살고 싶냐고 물었더니 다들 우렁차게 "네!"라고 대답했다. 호오~ 그렇단 말이지? 혼자 살면 뭘 하고 싶은지 물었다. 늦잠을 자겠다, 방을 어질러놓고 치우지 않겠다, 주말마다 놀이동산엘 가겠다, 매일 외식을 하겠다 등 여러 답변이 쏟아져나왔다. 슬슬 분위기가 잡힌 것 같다.

"그러면요. 우리가 바라던 것들을 다 하면서 살 수

있는지 혼자 살기 연습을 해볼래요?"

그토록 시끄러웠던 실내가 순식간에 고요해졌다. 누구 하나 입을 열지 않았다. 방금 전과 180도 다른 분위기에 당황스러운 마음이 들려는 찰나, 맨 앞에 앉아 있던 청년이 용기를 내 말을 꺼냈다.

"근데 무서워요."

청년의 말이 끝나자마자 모두가 동의하며 무섭다고 웅성거렸다. 혼자 살면 얼마나 위험하고 무서운 일이 많은지 떠들기 시작했다. 무엇이 무서운지 물었다. 귀신도 무서웠고 사람도 무서웠지만 이들은 어떻게 살아야 할지 몰라서 무섭다고 했다. 밥 하고, 설거지하고, 빨래하고, 청소하는 등의 일상생활 자조기술은 잘 훈련돼 있는데 실제의 삶은 일상생활 자조기술만으로 이뤄지는 게 아니었다. 무엇을 어찌해야 할지 모르는 막막함이 가장 큰 두려움이었다.

막막함이라……. 이 막막함의 진짜 정체가 뭘까? 음……. 혹시? 어떤 생각이 떠올랐다.

"잠깐만요. 뭐 좀 물어보고 싶어요. 혹시 지금 월급 관리는 누가 해요?"

한 명도 예외 없이 엄마가 한다고 했다. 당사자들은 용돈을 받아서 생활하고 있었다. 신용카드도 아닌 체크카드에 매달 엄마가 15~20만 원씩 용돈을 넣어줬다. 그 돈을 어디에 쓰냐고 물으니 점심시간에 카페에 가서 커피를 마신다고 했다.

퇴근 후 집에 가기 전에 빵집이나 편의점에 들러 간식을 사기도 한다고 했다. 상황을 알고 나자 이들이 느끼는 두려움의 정체를 파악할 수 있었다.

사실 이날 만난 청년들은 발달장애계에서 상위 1퍼센트라고 해도 될 정도로 장애 정도가 경했다. 혼자서 출퇴근하고, 말(언어)로 의사소통도 잘 되고, 일상생활 자조기술도 높고, 직장도 탄탄한 이들이 자립하지 않는다면 누가 자립할 수 있겠나 싶을 정도였다. 그럼에도 이들은 자립을 두려워했다. 단순히 혼자 살게 되면 시간별로 무엇을 어떻게 해야 할지 몰라서 느끼는 두려움이 아니었다.

그렇기에 이들이 느끼는 막막함의 정체를 파악하기 위해선 한 발 더 들어가야 했다. 이들은 자신의 인생을 스스로 책임지는 것에 대해 막막한 두려움을 느끼고 있었다. 한 번도 그렇게 해본 경험이 없었기 때문이다.

용돈부터가 그랬다. 용돈의 액수와 사용처가 이들의 상황을 잘 설명해주고 있었다. 이들은 스물 몇 해, 서른 몇 해를 살면서 15만 원어치의 책임만 지고 살았다. 그 이상의 책임을 져본 일이 없었다. 15만 원 안에서는 자신의 선택에 따른 책임을 질 줄 알았다. 만약 오늘 카페에서 평소처럼 캐러멜마끼아또만 마셨으면 4,300원을 사용했을 텐데 갑자기 당근 케이크까지 먹는 바람에 9,700원을 사용했으면 이달 말에 하루 정도는 카페에 가지 않고 사무실에서 믹스커피를 마셔야 한다는 정도의 책임은 질 줄 알았다.

하지만 자립한다는 건 커피 한 잔이 아닌 자신의 삶 전반을 온전히 책임져야 한다는 뜻이다. 월급 관리도 여기에 포함된다. (순차적으로 책임을 넘겨받긴 하겠지만) 110만 원이든 200만 원이든 이들은 자립하면 수입과 지출 관리도 스스로 해야 한다. 자립이란 그런 것이다. 내 선택에 따른 책임은 엄마가 아닌 내가 져야 한다. 한 번도 그렇게 살아본 적 없는 이들에겐 책임을 진다는 게 막막하고 두려운 일일 수밖에 없었다. 그리고 이들이 느끼는 두려움은 정당했다. 실제로 자신의 선택에 책임지는 게 두려웠던 당사자가 자립생활에서 실패한 사례가 있었다.

한 사회복지사를 만났을 때 그는 자신이 근무하는 시설에서 자립해 나간 승필 씨의 사연을 전했다. 승필 씨는 시설의 말년 병장 같은 존재였다. 시설생활이 길었던 탓에 일상생활 자조기술만큼은 확실했고 성격도 워낙 능글맞아서 어디 가서든 잘 살아낼 캐릭터였다.

"승필 씨는 잠자는 곳만 바뀌면 그게 바로 자립이야."

시설 근무자들이 이렇게 입을 모을 정도였다.

그렇게 승필 씨의 자립생활이 시작됐다. 하지만 한 달도 안돼서 승필 씨가 살려달라고 SOS를 쳤다. 다시 시설에 들여보내달라고 울부짖었다. 이유가 기가 막혔는데, 바로 배가 고파서였다. 이 부분은 승필 씨의 일상생활 자조기술이 좋았다는 점에 주목해서 생각해야 한다. 승필 씨는 살아가는 데 있어 타인의 지원 없이 능숙하게 많은 일을 해낼 수 있었다. 당연히 밥도 잘하고 요리도 웬만큼 한다. 그럼에도 배가 고파서 다시 시설에 들여보내달라고 한 것이다.

일상의 매 순간은 사소한 선택의 합으로 이뤄진다. 승필 씨는 "오늘 저녁밥으로 무엇을 먹을까?"라는 질문 앞에서 선택을 해야 했다. 카레를 먹을까, 감자채볶음을 먹을까. 하나의 메뉴를 선택해야 했고, 감자채볶음으로 메뉴를 정했으면 감자를 사서 집에서 요리해 먹을지, 반찬가게에서 감자채볶음을 사올지 정해야 했다. 집에서 만들어 먹기로 결정했어도 또 다시 선택의 기로에 섰다. 조금 먼 거리에 있는 마트에 가서 한 봉지에 2,380원 하는 감자를 사올지, 가까운 가게에 가서 3,500원짜리 감자를 사올지 정해야 했다.

자립해서 사는 삶은 매 순간 스스로 선택하고 그 선택에 대한 책임을 져야 한다. 하지만 평생 시설에서만 살아서 그런 선택과 책임을 져본 적 없던 승필 씨에겐 모든 선택이 낯설고 두렵게 느껴졌다. 결국 밥을 해 먹을 줄 알면서도 밥만 먹고 살 순 없으니 배가 고파 다시 시설에 들어가게 해달라고 울부짖었다.

♦

　　발달장애계에 자기결정권이라는 말이 유입된 건 고작 십몇 년 전이라고 한다. 그전까진 "발달장애인이 혼자서 무슨 결정을 해"라는 분위기가 일반적이었고, 더 과거엔 '발달장애인은 아무것도 못하는 수동적 존재'라는 인식이 지배적이었다고 한다.

　　관련 정책도 그런 인식에 기반해 '시설 수용'에 집중돼 있었다. 십몇 년의 시간이 지나면서 지금은 발달장애인의 자기결정권이 인권의 중요 요소로 자리 잡았다. 변화된 인식에 맞게 정책에서도 많은 변화가 있었고, 지자체별 자립지원시스템이 강화되는 한편 국가 차원에서도 자립지원정책을 가시화하기 시작했다.

　　이젠 어디에서나 자기결정권이란 말을 들을 수 있다. 정책에서도, 교육에서도, 양육지원방법에서도, 일상생활지원에서도, 심지어 개별 재활치료 현장에서도 당사자의 자기결정권을 거론한다. 그런데 한 가지 주의할 게 있다. 결정만 잘한다고, 스스로의 의지로 선택할 수 있다고 해서 자기결정권을 발휘하는 게 아니라는 사실을 모두가 명확히 인식하고 있어야 한다.

　　아들이 편의점이나 마트에서 계란과자를 고르는 건 자기결정권의 반만 실행한 것이었다. 자기결정권이 온전히 실행되기 위해선 매대에 있는 계란과자를 싹쓸이한 것에 대한 책임도 질 줄 알아야 했다. 부모인 내가 이런 방법을 써서라도 아들에게 책임진다는 것의 의미를 가르쳐야 했다.

"한 번에 계란과자 스무 개를 샀어?"

나는 어쩔 수 없이 계란과자 스무 개를 서랍에 정리해두는 게 아니라 아들을 앞에 앉혀두고 커다란 쟁반을 꺼내 그 위에 계란과자를 모두 까서 몽땅 쏟아붓는다.

"먹을 수 있는 데까지 먹어봐."

아마 처음엔 신나서 달려들 것이다. 하지만 곧 배가 부르고 물려서 5분의 1도 먹지 못하고 쟁반을 밀어내겠지. 그러면 나는 아들이 보는 앞에서 일부러 과장된 몸짓으로 남은 계란과자를 음식물 쓰레기 봉투에 담아 버리는 것이다.

"이것 봐. 네가 다 안 먹어서 버리는 거야. 과자는 먹을 수 있는 만큼만 사는 거야. 그리고 오늘 일주일 먹을 분량을 다 샀으니까 일주일 동안은 과자를 먹을 수 없어."

그리고 이 과정을 반복한다. 먹을 수 있는 만큼만 사야 한다는 걸 아들이 몸으로 깨달을 때까지 버려지는 계란과자 비용을 아까워하지 말아야 한다. 내가 했어야 할 일은 그런 것이었다.

협동조합에서 일하고 있는 청년들도 마찬가지라는 생각이 들었다. 매달 스스로 월급을 관리하면서 순식간에 탕진해 빈털터리가 되는 시행착오를 여러 번 겪어야 한다. 갑자기 큰돈이 생겼다고 매일 외식하는 것으로 월급을 몽땅 써버리면 날이 추워졌을 때 점퍼를 사고 싶어도 살 돈이 없다는 것, 점심 식사 후 카페에 가서 커피 한 잔을 마실 여유도 없다는 것, 월말에는 아무것도 못 먹고 쫄쫄 굶어야 한다는 것을 체득해야 한다. 15만 원이 아닌 150만 원어치의 책임을 지는 법을 배워야 한다.

그런데 당사자가 이렇게 자기결정권(선택, 절제, 책임까지 아우르는)을 제대로 발휘하기 위해선 부모가 먼저 마음을 바꿔야 한다. 그것이 선결 조건이다. 자식 일에 발 벗고 나서서 무엇이든 대신 결정해주고 앞장서서 해결해주는 '슈퍼맨'이 아니라, 자식을 위해 '해결하고자 하는 마음'을 내려놓을 줄 아는 용기가 필요하다.

서울시 지원주택사업은 처음엔 탈시설 장애인을 위한 것이었다. 하지만 몇 년 전 처음으로 지원주택에 공실이 생겨 드디어 재가 장애인 중에서도 지원주택에 입소할 사람을 모집하기 시작했다. 경쟁률이 치열할 것으로 생각했는데 웬걸. 통 모집이 되지 않았다고 한다. 보다 못한 관련 단체가 나서서 성인기 자식과 함께 사는 부모들에게 전화를 돌렸지만 똑같은 답변만 들었다고.

"아직 준비가 안 됐어요."

준비가 안 된 건 자식이 아니라 그들의 부모였다(2024년 현재, 지원주택 경쟁률은 3 대 1 정도로 높아졌다고 한다).

연세대학교 사회발전연구소 정병은 교수님과 아들인 지환 씨(자폐성 장애)를 처음으로 만난 것은 2018년이었다. 내가 첫 책(《사양합니다, 동네 바보 형이라는 말》)을 출간했을 때 북콘서트에 와서 인사를 나눴다. 그 당시 지환 씨는 아직 학생 티가 나는 앳된 청년이었는데, 지금은 공동체주택에 자립해 사는 어엿한 어른으로 성장했다.

공동체주택은 빌라 안에 공동 부엌과 공동 회의실 등을 반드시 갖춰야만 하는 셰어하우스 형태로, 공동체생활에 관심 있는 이들이 모여 시세보다 싼 값에 분양받아 살 수 있는 장점이 있는 주거 형태다. 타인과의 관계 맺기가 절실한 성인기 발달장애인 삶에서 이웃과 크고 작은 도움을 나누며 사는 공동체주택시스템은 지환 씨에게 잘 맞아 보였다.

지환 씨의 집에서 정 교수님을 만나 이런저런 얘기를 나눴다. 교수님은 발달장애인 당사자의 자립을 위해선 여러 가지 준비도 필요하지만 무엇보다 '엄마의 내려놓기'가 필요하다고 말했다.

"지환이가 처음으로 이 집에서 혼자 자던 날이었어요. 나는 가슴이 콩닥콩닥하지, 잘 지내고 있나, 불편한 건 없을까 걱정되지. 전화를 걸었더니 곧바로 끊어요. 그러더니 안 받는 거예요. 여러 번 걸었는데 안 받다가 한참 후에야 전화를 받더라고요. 뭐 하고 있는지 물었더니 맥주를 마시고 있다는 거예요. 그 말만 하고 전화를 또 끊어버리는 거야."

자립해서 사는 첫날, 내 집에서 나 혼자 보내는 첫날, 지환 씨도 여느 청년들처럼 자유로운 기분을 느끼고 싶었을 것이다. 이사 정리를 끝낸 후 소파에 앉아 마시는 차가운 맥주 한 잔. 캬~ 이게 바로 성공한 도시 남자의 삶이지. 지환 씨는 자신이 할 수 있는 마땅한 일을 했다.

하지만 부모 마음은 자식과 다른 법. 교수님은 맥주를 마신다는 얘길 듣는 순간 당장 차를 끌고 지환 씨네 집으로 가고 싶은 욕구를 참느라 힘들었다고 했다. 혼자서 술을 마시고 취해서 사고가 나진 않을까, 내일 제때 일어나 스케줄을 잘 소화할 수 있을까 걱정하는 마음을 내려놓는 게 그렇게 힘들었다고 했다. 그러다 지금 내려놓지 못하면 앞으로도 계속 그럴 것이라는 사실을 깨닫곤 눈을 질끈 감았다고 한다.

'내려놓자. 자립해서 살기로 한 이상 본인 행동에 스스로 책임져야 한다.'

다행히 걱정하는 일은 일어나지 않았다. 지환 씨는 다음 날 책임감 있게 자신이 할 일을 잘 소화했다.

자식은 부모가 믿는 만큼 성장한다고 한다. 교수님의 든든한 믿음을 등에 업은 지환 씨는 지금 누구보다도 행복한 '타인과 어울려, 나 혼자 산다'의 삶을 누리고 있다.

불안함을 줄여주는
돌발 상황

아들은 평소에 활동지원사와 함께 하교한다. 가끔 내가 데리러 가기도 하는데, 출입문 안쪽에서 엄마를 발견하는 날이면 팔짝팔짝 뛰면서 세상에서 제일 행복한 웃음을 터트린다.

    수년 전 그날도 '깜짝 선물'처럼 활동지원사 대신 내가 마중을 나간 날이었다. 일찍 도착해서 학부모 대기실에 앉아 있었는데 사람들이 하나둘씩 모이기 시작했다. 아는 얼굴이 없기에 타 학년 부모들인가 했는데 대화 내용을 들어보니 전부 활동지원사들이었다. 알고 보니 하굣길에는 암묵적 룰 같은 게 있었는데, 활동지원사들은 휴게실 안에서 학생을 기다리고 부모들은 출입구 바로 앞에서 자녀를 기다린다고 했다. 간간이 학교에 가느라 이 암묵적 룰을 몰랐던 나는 떡하니 활동지원사 영역에 혼자 앉아 있었던 것이다.

아무렴 어떠랴. 우리가 서로 내외할 사이도 아니고. 스마트폰을 보면서 시간을 보내고 있는데 활동지원사들이 나누는 대화 소리가 들려왔다. 활동지원사들은 맡은 학생의 강박에 관한 이야기를 하고 있었다. 아니, 더 정확히 말하면 자녀의 강박을 대하는 '부모의 태도'에 관해 말했다.

"애 엄마가 그러는 거야. 얘는 꼭 가는 길로만 다니는 애라고. 요 앞에 내려갈 때도 반드시 오른쪽 벽에 붙어가야 한대. 안 그러면 난리가 난다고. 사람도 많고 차도 많은데 그게 지켜지나. 정신없고 그러니까 왼쪽 벽에 붙어서 간 적 있었지. 그런데 난리가 나긴 뭔 난리가 나. 아무렇지도 않더만. 그 다음부턴 왼쪽, 오른쪽 신경 안 쓰고 그냥 다녀."

활동지원사들이 맞장구치며 '엄마들이 유난'이라고 했다. 꼭 그러지 않아도 되는 일에 너무 예민하게 반응하는 측면이 있다고 했다. 속으로 뜨끔했다. 나도 활동지원사에게 아들은 이렇고 저렇고 요렇다는 얘기를 수없이 했기 때문이다. 아들은 일정한 행동 패턴이 있기에 주의 깊게 살펴달라는 당부였다.

"동환이는 이런 상황에선 이렇게 행동하니까 그럴 땐 요렇게 해주시면 돼요."

그런데 실제로 해당 상황에 직면했을 때 아들이 보인 행동은 내 앞에서 보인 행동과 다를 때가 있었다. 활동지원사들도 그런 이야기를 하는 것 같았다.

아들은 왜 다른 반응을 보였을까? 엄마랑 갈 때는 맨날 오른쪽 벽으로만 가던 아이는 왜 활동지원사랑 갈 때는 오른쪽과 왼쪽을 상관하지 않고 다녔을까? 아마 사람이 달랐기 때문이었을 것이다. 요 녀석들이 상대를 보고 다리를 뻗어도 되겠다 싶으면 다리를 뻗고, 그런 게 통하지 않겠다 싶으면 다리를 뻗지 않은 것이다. 한마디로 간을 본 셈이다. 허허허. 사람 간도 볼 줄 아는 요 똑똑한 녀석들.

상대방의 각기 다른 반응도 한몫했을 것이다. 서로 상호반응할 수밖에 없는 인간은 어떤 상황에서든 늘 같은 방식으로 대응하는 로봇이 아니다. 상대의 반응에 따라 내 반응도 달라진다. 그렇다면 엄마인 내가 일정한 패턴(또는 강박)이라고 생각했던 게 진짜 패턴이 아닐 수도 있는 것이다. 내가 늘 같은 반응을 보였기 때문에 아들도 늘 같은 반응으로 대응했던 것일 수도 있다.

✦

돌이켜보면 나는 운이 좋은 편이었다. 애초에 글을 쓰는 직업이었고, 쌍둥이 육아로 전업주부가 돼 "내 인생은 끝났다"며 절망할 때 살려고 움켜쥔 동아줄이 '쓰는 행위'였던 덕분에 작가라는 이름으로 제2의 삶을 살게 됐다. 이 얼마나 운 좋은 일이란 말인가. 늘 감사하는 마음이다.

남들이 "작가님~"이라고 불러주는 삶을 산다는 건, 단지 '동환이 엄마'를 넘어 '류승연'이라는 이름으로 불리는 것 이상의 의미가 있었다. 작가로 사는 덕분에 전국을 다니며 많은 사람을 만나고 다양한 삶을 경험할 수 있었다.

많은 사람을 두루두루 깊이 만난 덕분에 그동안 내가 아들을 키우는 데 있어 무엇을 놓치고 있었는지 깨닫게 된 게 대략 5~6년 전이다. 내가 놓치고 있던 건 방향성이었다. 방향성에 따라 양육과 교육의 방법론이 달라지게 되고, 이것이 20년 후에는 전혀 다른 결과를 가져온다는 것을 알게 됐다.

'자립'이라는 방향성을 잡은 난 이제 내가 가야 할 길을 먼저 걸어간 이들의 발자취를 쫓기 시작했다. 감사하게도 내 주변엔 '자립'을 목표로 정하고 그 길을 향해가는 선배맘이 많았다.

철수 씨(20대 남성, 자폐성장애)도 자립을 위해 나아가는 청년이었다. 철수 씨는 엄마인 영숙 씨의 든든한 지원을 등에 업고 자립을 위한 연습을 열심히 하고 있었다. 철수 씨의 일상을 가까이에서 지켜보기 위해 영숙씨와 약속을 잡았다.

철수 씨는 매일의 루틴이 정해져 있었다. 요일별로 스케줄이 일정했고 그에 따라 같은 길과 같은 공간을 다니며 그 과정에서 만나는 사람들과 교류하고 소통하는 방법을 차근차근 익혀가고 있었다.

내가 도착한 날 철수 씨는 동네에 있는 작은 가게에서 오전 근무를 하고 있었다. 손님을 맞이하고 물건을 정리하며 인사를 건네는 철수 씨를 보자 부러운 마음이 솟았다. 아들도 이렇게 자랄 수 있다면 얼마나 좋을까. 철수 씨는 오전 근무를 마치고 근처 시장으로 향했다. 점심을 먹기 위해서였다. 철수 씨는 항상 가던 분식집 앞에 멈췄다. 그리고 종류별로 가득 쌓인 메뉴 중에서 본인이 먹고 싶은 것을 골랐다.

시장 분식점에서 음식을 산 후 우리는 근처에 있는 공용 식당으로 향했다. 공용 식당 테이블에서 점심을 먹고 오후 스케줄을 하러 가는 게 그날 철수 씨의 루틴이었다. 식당 한쪽에 자리 잡은 우리는 주섬주섬 까만 비닐봉지를 풀었다. 음식 냄새가 올라오자 허기가 느껴졌다. 꼴까닥 넘어가는 침.

"잘 먹겠습니다."

이제 먹기만 하면 되는데 맞은편에 앉은 철수 씨 호흡이 순간적으로 거칠어지는 걸 느꼈다.

"허억허억허억, 허억, 허억, 허어억, 허어어억, 허어어어억, 우와! 우와! 우와와와악!"

"왜 그래요! 무슨 일이야!"

순식간에 소리를 지르고 손바닥으로 테이블을 쾅쾅 두드리는 청년과 마주하니 솔직히 무서웠다. 그때만 해도 아들이 초등학교 저학년일 때라 성인 발달장애인을 자주 볼 수 없어 낯설었던 탓도 있다. 하지만 나도 발달장애인의 엄마잖아. 놀란 티를 내서는 안 돼. 아무렇지 않은 척 의연하게 앉아 있고 싶었지만 나도 모르게 의자를 슬그머니 뒤로 뺐다. 옆 테이블에 앉아 있던 젊은 여성들은 "어머나"를 외치며 멀찍한 곳으로 도망간 뒤였다.

나는 정신이 하나도 없는데 흥분한 철수 씨를 앞에 두고 침착하게 식탁 위를 살피던 영숙 씨가 "이쑤시개!"라고 외쳤다.

"이쑤시개가 세 개야!"

이쑤시개 개수가 문제였다. 철수 씨의 평소 루틴대로 시장에서 먹거리를 사 공용 식당에서 식사를 하려던 것까진 좋았다. 그런데 분식집 사장님이 평소대로(늘 그랬기 때문에) 이쑤시개를 세 개(철수 씨, 영숙 씨, 영숙 씨 친구 영애 씨 몫)만 넣어준 게 문제였다.

사람은 네 명인데 이쑤시개는 세 개였다. 이쑤시개와 사람의 숫자가 맞지 않았고 이 상황은 (정해진 대로 해야만 하는) 강박 패턴을 갖고 있는 철수 씨를 불안하게 만들었다. 식당 내 카페에 있던 사장님이 달려와 "철수 씨, 여기 포크 있어요. 포크 하나 더 줄게!"라고 외쳤다. 그 말이 끝나자마자 나와 영숙 씨와 영애 씨는 앞다퉈 "내가 포크로 먹을게"라고 소리쳤지만 '한 명은 포크로 먹는다'는 해결책은 철수 씨의 강박에서 오는 불안감을 해소하지 못했다.

그때 영숙 씨가 말했다.

"가자. 가서 이쑤시개 하나 더 받아오자."

딩동! 원하던 해결책이 등장했다. 영숙 씨의 말에 철수 씨 마음에서 불안감이 사라졌다. 더 이상 소리를 지르지도, 테이블을 두드리지도 않았다. 영숙 씨가 영차~ 하고 일어나 철수 씨의 손을 잡고 아까 들렀던 분식집을 향해 되돌아갔다.

이쑤시개 하나를 찾아 떠나는 나이 든 엄마와 장성한 발달장애인 아들. 나와 아들의 미래 모습을 보는 것 같았다. 한참의 시간이 흐른 후 이쑤시개 하나를 손에 들고 영숙 씨와 철수 씨가 돌아왔다. 떡볶이와 순대는 식어 있었다.

이날 소동을 겪으며 많은 생각이 휘몰아쳤다. 발달장애인의 자립생활을 지원하기 위해 빈틈없이 꽉 짜인 루틴을 형성하는 것만이 어쩌면 '정답'은 아닐 수도 있겠다는 것, 오히려 중간중간 루틴을 깨는 '돌발 상황' 경험도 누적해서 쌓을 필요가 있다는 것을 처음으로 알게 됐다.

내가 살아 있는 동안에는 괜찮다. 사실 내가 살아서 옆에 있는 동안에는 무엇이든 괜찮다. 어떤 일이 벌어지든 내가 슈퍼맨처럼 등장해 해결해줄 테니까. 하지만 나는 영원히 살 수 없고 아들은 반드시 어떤 순간엔 타인의 지원을 받으며 살아야 한다. 하지만 그 타인은 나만큼 아들에 대해 잘 알지 못한다. 이날만 해도 철수 씨의 불안감이 올라온 이유가 이쑤시개에 있었다는 걸 알아챈 사람은 엄마인 영숙 씨뿐이었다.

 그리고 세상 역시 그 자리에 그대로 있지 않는다. 몇 년 뒤 단골 분식집이 폐업할 수도 있고, 늘 다니던 미용실이 마라탕집으로 바뀔 수도 있고, 매번 다니던 병원이 이전하거나 의사가 나이 들어 퇴직할 수도 있다.

 세상은 끊임없이 바뀌고 변한다. 아들을 잘 이해하고 있는 내가 세상에 없는 상태에서 아들이 갑자기 변화된 환경에 불안감을 덜 느끼게 하려면 늘 하던 대로만 하려는 '정해진 패턴'을 깨려는 시도도 필요하고, 돌발 상황을 덜 불안해하며 받아들이는 경험도 있어야 한다는 것을 처음으로 알았다.

◆

 마침 그런 생각을 하고 있을 즈음부터 여행을 다니기 시작했다. 아들이 초등학교 3학년 때 제주도를 간 게 첫 가족여행이었다. 그전까지 여행은 엄두도 내지 못했다. 아들이 워낙 예민하고 불안도가 높았기 때문이다. 명절에 친정이나 시댁에서 지내는 시간이 조금만 길어져도 아들은 울고 불기 일쑤였다. 그래서 좋기도 했다. 양가 부모님이 "너희는 어서 집에 가라"고 말해서. 최고의 효자!

아들과 함께 간 첫 가족 여행. 택시도 없는 우도 한가운데서 아들이 분노발작을 일으켰고 하도 울어대는 통에 버스도 탈 수 없었다. 남편이 우는 아이를 업고 선착장까지 걸어가려고 했지만 얼마 지나지 않아 남편도 탈진해버렸다. 결국 지나가는 경찰차를 막아서며 "살려주세요" 호소했고, 경찰차를 타고 선착장에 도착해 무사히 배를 타고 숙소로 돌아갈 수 있었다.

사흘 내내 개고생도 그런 개고생이 없었지만 어쨌든 아무도 죽지 않고 무사히 제주도까지 다녀왔다는 것 자체로 여행에 대한 두려움은 많이 사라졌다. 그리고 그때쯤 남편이 '아빠 모임'에 나가기 시작했다. 발달장애인 자녀를 둔 아빠 여섯 명이 "술이나 먹자"고 시작한 모임이었다. 처음엔 수시로 만나 정말 술만 마시더니 어느 순간부터는 여섯 가족이 함께하는 여행 모임으로 성격이 바뀌었다. '아빠 모임', 아니 여섯 가족의 여행 모임 덕분에 집이 아닌 다른 곳에서 잠자고, 집이 아닌 다른 곳에서 밥 먹고, 가족이 아닌 낯선 사람들과 함께하는 시간이 아들에게 축적되기 시작했다.

그러던 중 코로나19 팬데믹이 발생했다. 한창 '거리 두기'가 시행 중인데 여섯 가족이 우르르 뭉쳐 돌아다니기엔 눈치가 보여서 비장애 형제자매가 있는 세 가족만 단출하게(?) 여행을 다니기 시작했다. 코로나 시기였던 3년 동안 세 가족은 전국 곳곳을 여행했다.

첫 가족 여행 때 모두를 힘들게 했던 아들. 일상을 벗어난 낯선 환경에 온몸으로 불안감을 토로했던 아들이 지금은 땅끝마을인 해남까지 가는 차 안에서도 소리 한 번을 안 지르고, 비행기를 타서도 떼쓰지 않고 이륙 시간을 기다릴 줄 아는 청소년이 됐다. 어디 그뿐이랴. 아무 식당에 들어가도 밥만 잘 먹고, 벌레가 한가득 나오는 펜션이든 푹신한 침대가 있는 호텔이든 머리만 대면 잠도 잘 잔다. 누적된 경험 덕분에 낯선 환경, 돌발 상황에 대한 불안감이 많이 사라진 것이다(이젠 명절에도 양가 할머니 집에서 잘 지낸다. 슬프다).

언젠가부터 아들은 수시로 여행 가방을 현관 앞에 가져다놓기 시작했다. 빨리 또 여행 가자고, 서울과는 다른 초록초록한 풍경을 보며 먹고, 자고, 놀고 싶다고 행동 언어로 말한다. 지금도 한 달에 한두 번은 꼬박꼬박 현관 앞에 여행 가방이 놓여 있다.

아들이 어렸을 땐 불안감을 낮추기 위해 매일의 루틴을 형성하고 안정감을 느낄 수 있는 환경을 구축하는 게 중요했다. 만나는 치료사마다 강조했던 게 바로 일정한 환경 구축과 루틴의 중요성이었다. 당사자가 어릴수록 그런 환경을 만드는 건 중요하다. 발달장애의 특성상 어린 나이일수록 세상에 대한 이해가 '혼란'으로 다가올 텐데 자신을 둘러싼 환경까지 들쭉날쭉 불규칙적이면 마주한 세계에 대한 불안감도 가중될 테니 말이다.

그래서 아들도 어릴 때는 정해진 일과대로만 살았다. 그러다 '어떤 깨달음(아들이 살아갈 곳은 치료실 안이 아니라 세상 속이다)'을 얻게 된 뒤부터는 정해진 일상에서 벗어나 수시로 시내 곳곳을 돌아다니기 시작했다. 몇 시간에 불과한 일탈이었지만 의미가 있었다. 생각해보면 그 몇 시간의 일탈로 아들이 돌발 상황에 대한 경험을 쌓기 시작했다. 그러다 여행을 다니면서 아들 인생에 큰 변화가 생겼다. 1박 2일, 2박 3일, 5박 6일. 그 기간 동안에는 일상으로 돌아가고 싶어도 갈 수가 없다. 기존엔 접해보지 못한 돌발 상황만이 아들의 시간을 채운다.

처음에는 아들도 큰 불안감을 느꼈다. 여섯 가족이 제부도 펜션에서 처음으로 같이 자던 날, 함께 여행 간 이들은 밤새 아들이 질러대는 고성을 들어야만 했다. 하지만 한 번, 두 번 경험이 쌓이면서 아들은 여행의 재미를 알게 됐다. 처음에는 모든 것이 낯설어 불안했지만 경험이 누적되면서 불안해하지 않아도 된다는 것을 체득했다. 여행 횟수가 많아질수록 돌발 상황과 낯선 환경에서 느끼는 불안감의 역치가 높아졌다. 경험을 통해 달라지고 있는 것이다.

사람 명수와 이쑤시개 개수가 맞지 않아 불안감을 느꼈던 철수 씨도 몇 년의 시간 동안 아들과 비슷한 과정을 거친 것으로 보인다. 여러 경로를 통해 철수 씨의 근황을 전해 들었는데 그동안 철수 씨의 세계도 많이 확장된 것 같았다.

이전 같으면 불안감이 솟아났을 일에도 철수 씨가 무던히
넘기는 사례가 많아진 듯했다. 삶이 꼭 정해진 대로만 흘러가는
게 아니라는 것을, 정해진 대로 흐르지 않는다 해도 크게
불안해할 필요가 없다는 것을 철수 씨도 그동안의 다양한
경험을 통해 체득한 것 같았다.

  발달장애인의 자립생활에서 매일의 루틴을 형성하는
건 여전히 중요한 과제다. 잘 형성된 루틴은 개인의 삶을
건강한 방향으로 이끈다. 하지만 때로는 일부러라도 루틴을
깨고 돌발 상황에 놓일 필요도 있다. 당사자의 불안한 마음을
다독여줄 엄마가 살아 있는 동안에, 살아서 옆에서 "괜찮다"고
말해줄 수 있는 동안에 그 작업이 시작돼야 한다. 그렇게 돌발
상황에서 느끼는 불안의 역치를 높일 필요가 있다. 그런 경험을
쌓음으로써 돌발 상황에 불안해하지 않고 대처할 수 있는
능력치 레벨을 올려야 한다.

  누구에게나 그렇듯 세상만사는 자신의 뜻대로만
돌아가진 않기 때문이다. 그 자명한 인생의 진리를 아들과 철수
씨를 비롯한 모든 발달장애인도 깨달아야 한다. 몸으로 직접
부딪히며 체득해야 한다.

✢ 2부

똑같은 사람,
똑같은 마음

✤ 같은 마음을
가지고 있는 사람

아이들이 초등학교 3학년이었을 때 공놀이를 하러 딸이 다니는 초등학교 운동장에 갔다. 대육근과 소근육(미세근육)도 느리게 발달하는 아들은 공을 뻥~ 하고 힘 있게 차지 못했다. 발 앞에 공을 가져다주면 발로 건드리는 정도가(건드려라도 주면 다행이다) 아들이 할 수 있는 최대의 공차기였다.

남편과 내가 번갈아 가며 공을 차는 시범을 보였지만 당시만 해도 아들은 모방행동을 할 줄 몰랐기에 우리 행동을 따라 하지 못했다(모방행동이라 할 만한 게 처음 나온 건 6학년 때다). 결국 남편이 아들의 발을 손으로 잡고 들어 공을 차는 행동을 반복했다. 몇 번 그랬더니 어느 순간 아들이 공을 차기(건드리기) 시작했다. 톡 하고 차자 공이 50센티미터쯤 굴러갔다.

남편과 나는 박수치고 환호하며 아들에게 폭풍 칭찬을 쏟아부었다. 격렬한 부모 반응에 힘을 얻은 것일까. 처음에는 무표정했던 아들의 얼굴에 점점 흥미가 생기는 게 보였다. 발 앞에 공이 놓일 때마다 톡, 톡, 톡. 처음엔 공이 50센티미터쯤 굴렀다면 횟수가 거듭될수록 발에 힘이 들어가면서 어느새 공이 1미터도 넘게 굴러가기 시작했다.

그때마다 아빠, 엄마가 재롱잔치라도 온 듯 온갖 호들갑을 떨며 환호하자 칭찬받은 아들 마음에 자신감이 쑥쑥 올랐다. 공차기를 재미난 놀이로 인식하게 된 아들이 신나는 마음을 온몸으로 표현하기 시작했다.

"우이~ 우이~"

높은 톤으로 소리를 지르면서 폴짝폴짝 제자리 뛰기를 했다. 그렇게 뛰다가 공이 앞에 놓이면 톡 차고 또 펄쩍펄쩍 뛰다가 다시 공이 놓이면 한 번 톡 찼다.

즐거운 공차기가 이어지고 있을 때 저 멀리서 줄넘기하던 딸이 갑자기 "엄마~"를 외치며 전속력으로 달려왔다. 원래 줄넘기 천 개를 하고 난 뒤 공차기에

합류하기로 했는데 아빠, 엄마, 동생이 신나게 노는 모습을
보니 같이 놀고 싶어진 것이다.

　　　어? 어! 어어어! 딸은 말릴 새도 없이 순식간에 달려와
아들 앞에 놓인 공을 뻥~ 차버렸다. 힘차게 날아간 공이 골문을
철렁 흔들었다.

　　　"예에~ 고올(GOAL)~"

　　　아들 곁에서 껑충껑충 뛰며 딸이 기쁨의 환호성을
지르는데 남편과 나는 딸에게 장단을 맞추면서도 아들의
눈치를 살폈다. 그동안의 빅 데이터에 따르면 이런 상황에서
아들은 누나가 자기 노는 걸 방해했다며 한바탕 성질을 부릴
것이었다. 순간적으로 딸의 머리끄덩이라도 낚아챌까 봐
조마조마했는데 전혀 예상하지 못했던 반응이 나왔다. 그
모습에 나는 말문이 막혀버렸다.

　　　바로 직전까지 팔짝팔짝 뛰면서 공놀이를 즐기던
아들은 공이 나뒹굴고 있는 골대를 한참 동안 바라봤다.
그러더니 서서히 고개를 돌려 운동장을 둘러보더니
미끄럼틀에 시선을 고정시켰다. 그리곤 목적지를 정한 듯
이내 미끄럼틀을 향해 조용히 발걸음을 옮겼다. 마치 자기는
처음부터 공 따위엔 아무런 관심도 없었다는 듯, 조용히 그
자리를 벗어나버린 것이다.

　　　그 순간 아들도 마음의 방어기제를 사용한다는
것을 알았다. 그동안 나는 아들이 느리게 성장하는

발달장애인이기에 1차원적인 반응에 따른 본능적인 행동만
하는 줄 알았다. 그런데 알고 보니 아들도 나와 똑같은 마음의
작동 방식을 가진 '사람'이었다. 그 명백한 사실이 너무도
당연하게 눈에 보여서 온몸에 전율이 돋았다.

✦

　　방어기제는 무의식적으로 작동하는 심리적
메커니즘으로 자신의 마음을 보호하기 위해 사용하는 심리적
전략이다. 쉽게 말해 자기 마음을 편하게 하려고 사용하는
일종의 태도 같은 것이다. 방어기제 유형으로는 억압과 억제,
부정, 동일시, 승화, 투사, 보상, 전이, 합리화, 반동형성, 해리,
퇴행, 주지화, 이타심, 유머 등이 있다. 자주 사용하는 방어기제
유형에 따라 성격 형성도 달라진다.
　　방어기제에 따라 성격 형성이 달라진다는 건 이런
의미다. 예를 들어 방어기제 중에서 반동형성을 주로 사용하는
사람이 있다고 하자. 반동형성은 '금지된 충동을 억제하기
위해 그 반대의 경향을 강조함으로써, 스스로 수용하기 어려운
충동을 제어하려는 심리적 태도 또는 습성을 말한다'라고
지식백과에 나와 있다. 시방 뭔 소린지 모르겠다. 내가 이해한
대로 풀어본다.
　　A는 B를 싫어한다. 생각만 해도 싫어 죽겠다. 그런데

대놓고 싫어하면 안 되는 '상황'으로 엮여 있다. 그런 상황에서 A가 B를 만났는데 A의 태도가 놀랍다. 싫어하기는커녕 오히려 엄청나게 친절하고 다정한 모습이기 때문이다. A의 속사정을 뻔히 아는 C는 기가 막히다.

'아니 싫어 죽겠다며! 그러면 그냥 평범하게 대하라고! 눈웃음까지 살랑거리면서 오히려 더 다정하게 구는 건 너무한 거 아니야? 허허 참. 겉과 속이 다른 사람일세.'

C의 입장에서는 A가 위선적으로 느껴질 수 있다. A가 자주 사용하는 방어기제를 그 사람의 성격으로 인식해버리는 것이다. A의 입장에서도 반동형성이라는 방어기제를 자주 사용하다 보면 자신도 모르는 사이에 그것이 당연한 대인관계 패턴으로 정착해버릴 수 있다. 실제 성격의 일부분이 돼버리는 것이다.

방어기제는 인간 발달의 전 영역에서 나타나는 자연스러운 심리 현상이다. 모든 사람은 위급하다고 여기는 상황에서 저마다 다른 방어기제를 사용한다. 방어기제는 무의식을 기반으로 작동하기 때문에 개인은 자신이 지금 방어기제를 사용하는 중인지 아닌지 인식하지 못한다. 이 방어기제는 어른만 사용하는 게 아니다. 영유아가 부모에게 혼나는 도중 웃음으로 상황을 무마시키려는 행위도 방어기제임을 감안하면(두려움을 느낀 아이가 충격 완화를 위해 '웃음'이라는 행동으로 상황을 모면하려는 것이라고 한다)

방어기제는 인간 발달의 전 영역에서 나타나는 자연스러운 심리 현상이다.

다시 운동장에서 공놀이하던 순간으로 돌아가본다. 그날 아들이 사용한 방어기제는 합리화인, 즉 신 포도 반응이었다. 실망을 주는 현실에서 도피하기 위해 그럴듯한 구실을 붙인 것이다. 신 포도 반응은 《이솝 우화》〈여우와 신 포도〉이야기에서 유래했다. 이 이야기 속의 여우는 키가 작아서 높이 매달려 있는 포도를 먹지 못하게 되자 이렇게 말했다.

"흥! 저 포도는 아직 익지 않아서, 시어서 안 먹을 거야."

키가 작아서 먹지 못하는 상황을 스스로 안 먹는 상황으로 (자신도 의식하지 못한 채) 바꿔버린 것이다.

아들도 그랬다. 공놀이가 좋았다. 방금 전까지만 해도 신나고 재밌어서 정수리가 하늘에 닿을 것처럼 껑충껑충 뛰었다. 그런데 누나가 등장해 산통을 깼다. "자. 봐라~ 이게 진짜 축구라는 것이지!"라고 말하듯 자신 있고 멋진 발놀림으로 공차기의 진수를 선보였다.

아들이라고 톡 차고 싶었을까. 뻥 차고 싶었겠지. 누나처럼 하고 싶은데 기능적으로 할 수 없는 상황에 아들 마음이 일렁였을 것이다. 이런 상황에서 공차기를 계속하면 누나와 다른 자신의 무력함이 두드러질 수밖에 없고, 아들 마음은 점점 위축되고 초라해졌을 것이다. 아들의 무의식은 상처 입은 마음을 보호하기 위해 전략을 짜기 시작했겠지. 상처 부위에 얼른 밴드를 갖다 붙이자. 무슨 밴드를 붙일까. 부정? 퇴행? 유머? 아니야. 지금 이 순간 필요한 건 합리화야. 공차기 따위는 시시하게 만들어버리자. 자 얼른 '여우와 신 포도' 출동!

"흥! 나는 공차기를 못 해서 안 하는 게 아니라 공차기가 싫어서 안 하는 거야. 나는 처음부터 미끄럼틀을 타려고 했어. 아빠랑 엄마 때문에 억지로 공을 찬 거야."

말 못 하는 아들은 행동으로 자신의 마음(방어기제)을 고스란히 드러냈다.

이날 나를 놀라게 한 것은 또 있었다. 바로 아들이 자신의 '장애'를 인식하고 있다는 점이었다. '장애'라는 단어, '장애인'이라는 단어를 정확히 인지하고 있는지 여부는 지금도 모른다. 무발화 상태에 가까운 아들은 말을 하지 않으니 말이다. 하지만 아들은 자신이 누나와 '다르다'는 것을 알고 있었다. 자신은 누나처럼 할 수 없다는 것을 알기에 더 이상 공차기를 하지 않는 것으로 누나와 '다른' 자신의 현실을 받아들이고 인정해버렸다.

◆

아들은 발달장애인 중에서도 인지발달이 낮은 편에 속한다. 그렇기에 그전까지 나는 아들이 자신의 정체성에 대해 모르는 줄 알았다. 그런데 아들은 다 알고 있었다. 개념적 이해까진 못할지 몰라도 자신이 타인과 다르다는 것을 온몸으로 느끼고 깨닫고 있었다. 그렇게 다 아는 아들은 '비교'에서 오는 '좌절감'에서 벗어나기 위해 어떤 행위를 '하지 않는 것'으로 자신의 마음을 보호하고 있었던 것이다.

     이날의 경험을 통해 아들도 '방어기제'를 사용한다는 것, 나와 똑같은 마음의 작동 방식을 가진 '사람'이라는 것, 아들이 자신의 '다름'을 이미 다 알고 현실을 받아들이고 있다는 것을 알게 되면서 아들의 많은 행동이 한 번에 이해되기 시작했다. 그러자 그동안에는 개별적 사안으로 보이던 몇몇 상황에서의 문제행동이 같은 맥락에서 출발했다는 것도 파악할 수 있었다.

     아들은 자전거 타는 걸 좋아했다. 아빠랑 2인용 자전거를 타거나 엄마가 옆에서 보조를 맞춰주며 혼자 네발(또는 세발)자전거를 탈 때는 생글생글 웃으며 좋아했다. 그런데 방과후 자전거 교실은 수업에 참여하는 시간이 (70분 수업 중 모두 다 합해) 5분도 되지 않았는데 아예 수업 받는 강당으로 들어가지 않으려고 맨바닥에 드러눕기 일쑤였다.

     외부 기관에서 진행했던 단체 특수체육 프로그램에 처음 등록했을 때도 마찬가지였다. 아들 입장에선 생애 처음으로 하게 된 외부 단체 활동이었는데 그때도 아들은 혼자만 활동에 참여하지 않고 바닥에 주저앉아 있었다.

     그리고 아들은 학교에서 교실을 이동할 때마다 그렇게

교사들의 애를 먹이곤 했다. 음악, 실과, 체육, 정보 등 교과목 선생님이 가르치는 교과 시간엔 교과실로 이동해 수업을 받아야 했는데 담임 선생님과의 수업이 이뤄지는 교실에서 꼼짝하지 않고 버티며 교과실에 가지 않으려 했던 것이다.

얼핏 보면 각각의 원인에 따라 대처를 달리해야 하는 개별적인 사안으로 보인다. 그런데 이날 이후 가만히 관찰해 보니 내 눈에는 같은 맥락이 보였다. 이 모든 '문제행동'의 공통점이 '비교 상황'에 있었던 것이다. 아들은 특수학교 안에서도 소수에 속하는 중증 장애인이다. 어느 정도 말도 하고, 어느 정도 한글과 숫자도 알고, 어느 정도 학습 수행 능력이 있는 친구들에 비해 아들은 기능적으로 할 수 있는 게 많지 않다.

다 알고, 다 느끼고, 전부 깨닫고 있었던 아들은 친구들의 모습을 보면서 실패감, 좌절감, 무력감과 같은 감정을 지속적으로 느꼈던 것 같다(비록 그때의 감정이 실패감, 좌절감, 무력감이라는 개념적 이해는 못할지라도). 그런 감정을 느끼는 게 괴로웠던 아들이 할 수 있는 일은 하나였을 것이다. 아들의 무의식은 '하지 않음'을 선택함으로써 마음을 보호하지 않았을까. 마음이 힘들어지지 않도록 애초에 원인을 제공하지 않는 방법을 사용한 것이다. 그것만이 아들이 할 수 있는 최선이자, 유일하게 자신을 지키는 방법이었을 것이다.

방과후 자전거 교실에선 아들의 자전거 실력이

최하위였다. 남들은 씽씽 달리는데 아들은 한 발 한 발 천천히 공들여 밟으며 천천히 나아갔다(때론 페달을 뒤로 돌리기도 했다).

단체 특수체육에선 아들만 공 던지기를 할 줄 몰랐다. 친구들의 공은 농구 골대를 통과하진 못하더라도 골대 근처까지 도달하곤 했는데 아들은 공을 위로 던지는 방법조차 모르는 상태였다(공을 위로 던지는 것조차 단계별로 자세를 잡아가며 가르쳐주지 않으면 스스로 따라 하지 못한다).

교과 선생님들이 수업하는 교과 수업 시간엔 아들 수준에 맞는 개별화교육이 사실상 이뤄질 수 없었다. 여러 학년의 여러 반을 동시에 맡아 수업하는 교과 선생님들은 담임 선생님만큼 아들에 대해 잘 알고 있진 못했다. 게다가 교과 시간엔 진도가 중요했기 때문에 아들 학습 수준을 잘 알고 있는 교과 선생님이라 해도 수업을 아들에게만 맞출 순 없었다. 그러다 보니 수업은 중간 수준에 맞춰 이뤄졌고 그런 수업이 아들에겐 너무 어려웠을 것이다. 아들 입장에서는 수업 시간마다 큰 무력감을 느꼈을 것이었다.

이렇게 아들 마음이 이해되기 시작하자 아들의 문제행동을 바라보는 출발점이 바뀌었고 그러자 문제 해결을 위한 접근 방법도 달라졌다. 이전에는 아들의 '행동'에 집중해 결과를 바꾸려 했다면 이 시점 이후로는 아들의 '마음', 즉 심리적 영역을 먼저 고려해 '행동'은 자연스럽게 따라오는 결과가 되게끔 유도했다.

만약 발달장애인의 마음이 궁금한 이들이 있다면 발달장애 관련 전문서적을 읽는 게 아니라 그냥 일반 심리학부터 공부해볼 것을 권한다. 아들의 마음과 내 마음이 다르지 않기 때문이다. 특히 발달장애인의 문제행동 때문에 고민이라면 방어기제 공부 먼저. 나는 흔히 말하는 발달장애인의 문제행동이 관계와 상황에서의 '반응행동', 한 발 더 나아가 그 속에서 자신을 지키려는 '방어행동'의 일환이라고 생각한다. 다시 말하지만 문제행동을 바라보는 출발점이 바뀌면 같은 결과를 지향하더라도 접근 방식이 달라진다.

게다가 방어기제는 심리학에 대한 깊은 이해가 없어도 잘만 관찰하면 어느 정도 파악이 용이하다는 장점이 있다. '발달장애인 전용'이 아니라 사람이라면 누구나 갖고 있는 공통적인 심리 기제이기 때문이다.

입문용 도서로는 《마음의 문을 닫고 숨어버린 나에게》(더퀘스트, 2019)를 추천한다(현재는 절판됐지만 2025년에 다시 나온다고 한다). 몇 년 전 정신건강의학과 전문의와 함께하는 심리독서모임에서 읽게 된 책인데 나 자신에 대해 더 깊이 알고 싶어 공부를 시작했다가 아들에 대한 이해까지 인식을 확장하게 해준 고마운 책이다.

✦

　　1부에서 언급했던 2020년 세이브더칠드런과 서울대학교 사회복지연구소가 함께한 〈2020 한국 아동의 삶의 질〉 심포지엄이 의미가 있었던 건, 비장애 아동만이 아닌 '장애가 있는 아동의 삶의 질'에 대한 연구도 함께 이뤄졌다는 점이었다. 연구 결과를 듣기 위해 대한민국 유수 대학의 사회복지학과 교수진은 다 모인 것 같았다.

　　나는 그날 포럼에 패널로 참석했는데 진지한 얼굴로 연구 결과를 듣다가 마무리 발언에 참담함을 느꼈다. 사회자가 포럼에 참석한 교수님들을 향해 말했다.

　　"장애인의 욕구가 비장애인의 욕구와 같다는 것을 알게 된 것만으로도 이번 연구의 큰 성과라고 생각합니다."

　　그 말이 끝나자 우레와 같은 박수가 터져나왔다. 사람들의 박수 소리를 들으며 점점 더 혼란스러워졌다. 지금이 2020년 맞나. 내가 타임머신을 타고 1980년대로 가 있는 건 아닐까.

　　'단지 발달장애가 있을 뿐인 사람이, 단지 발달장애가 없을 뿐인 사람과 똑같은 욕구와 똑같은 마음을 갖고 있다는 건 너무나 당연한 거잖아요. 이 사실을 대한민국 최고 엘리트 집단인 최고 대학의 최정예 교수들이 왜 몰라요? 일개 엄마에 불과한, 대학을 7년 만에 가까스로 졸업한 무식한 나도 알고 있는 사실인데요. 왜 그렇게 박수를 쳐요? 그런 걸 갖고 의미

있는 성과라고 박수 치고 그러면 안 되는 거잖아요.'

온갖 생각이 휘몰아쳤다. 눈물을 참느라 빨개진 눈과, 빨라진 심박수와, 벌게진 얼굴은 쉽게 진정되지 않았다.

생각해보면 우리는 발달장애인의 '마음'에 그토록 야박할 수가 없다. 비장애인인 우리들의 마음은 그토록 소중하게 생각하면서 말이다. 서점마다 마음을 다독이는 책이 넘쳐나고, 관련 강연과 모임이 판을 치고, 관련 콘텐츠가 TV와 유튜브 등 온갖 미디어를 도배하고 있는데 발달장애인에 대해선 유독 '행동'만을 부각하고 행동의 근거가 되는 '마음'은 마치 존재하지도 않는 것처럼 등한시해버리곤 한다.

발달장애인의 성인기 삶을 취재하면서 알게 된 사실은 발달장애인이 성장할수록 삶에서 '기능'보다 '사회성'이 중요하다는 것이었다. 그런데 사회적 영역은 심리적 문제와 별개일 수 없었다. 너무 당연한 얘기다. 우리 마음이 천국과 지옥을 오가는 건 대부분 타자(대상)와 나의 관계적인 문제가 원인이 되기 때문이다. 성인기 자녀와 함께 사는 부모 중 "과거에 치료를 한 과목이라도 더 시킬걸" 하며 후회하는 사람은 본 적 없지만 "사회적 경험을 더 쌓게 할걸"이라며 후회하는 사람은 수두룩했다.

그렇다고 발달장애인 자식을 양육하는 데 있어 (마음을 살피지 않은 상태에서) 사회성이나 사회적 경험을 강제로 부여하려고 하면 답이 안 나왔다. '마음'은 외면한 채 사회성

교육이라는 이름으로 일방적으로 외부의 압력이 가해지면 '행동의 문제'로 터져나왔다.

그동안 발달장애인은 단지 발달장애인이라는 이유로 인간으로서 갖는 당연한 마음까지도 부정당하거나 외면당하곤 했다. 그것이 내가 마주한 '진짜' 현실이었다. 다르지 않다. 아니, 똑같다. 아들과 나는 똑같은 마음을 가진 사람이다. 그냥 하는 말이 아니다. 홍은전 작가가 쓴 책의 제목처럼 장애가 있든 없든 우리는 모두 '그냥, 사람'이다. 이것을 아는 것부터 시작해야 한다.

변화는 극적인 사건을 겪은 후 하루아침에 이뤄지기도 하겠지만 그런 영화 같은 일이 내 인생에 일어났던 적은 없다. 만약 아들이 어릴 때의 '동환이 엄마'와 지금의 '동환이 엄마'가 다른 부분이 있다면 그 변화는 여러 상황과 경험, 만남, 시행착오를 통한 수많은 파동이 꾸준히 쌓이고 더해져 이뤄진 결과물이다.

발달장애인 성인기 삶에 대한 취재가 한창일 즈음, 때마침 아들의 심리적 영역에 관심을 기울이게 된 공차기 사건이 일어날 무렵, 아들과 우리 가족의 삶에 큰 영향을 미친 만남을 갖게 됐다. 바로 특별했던 어느 해, 아들의 담임을 맡았던 특수교사 선생님을 만난 것이다. 나는 그해를 보내며 이후의 삶을 살아가는 데 있어 나침반이 될 큰 깨달음과 배움을 얻었다. 특히 아들의 심리적 영역, 사회적 영역에 대한 인사이트는 모두 그 선생님 덕분이라 해도 과언이 아닐 정도다.

앞으로 풀어갈 내용은 특별했던 어느 해에 관한 아주 긴 이야기다. 성인기의 삶을 위한 학령기의 과제, 성인기와 학령기의 연결, 학령기 특수교육의 현실을 이야기하기 위해선 이해에 아들에게 일어난 일을 먼저 언급하고 지나가야 한다. 그 안에 '정답'은 아닐지 몰라도 분명 '해답'은 숨어 있기 때문이다.

✦ **가해자의
엄마**

초등학교 3학년이 끝날 무렵 아들은 자해와 타해가 최고조에
이르러 있었다. 특수학교로 전학 가면 드디어 행복해질 수 있을
줄 알았는데 아들은 학교에서 매일 울고불고 드러누워 비명을
지르며 자해와 타해를 일삼았다.
　　하루는 하교 시간에 맞춰 아들을 데리러 갔는데
출입문에 아무도 보이지 않아 연락했더니 "어머니 교실로
오세요!"라는 담임 선생님의 다급한 대답이 들려왔다. 학교

안으로 들어가자마자 강도 10으로 터져버린 아들의 울음과 비명 소리가 온 복도에 쩌렁쩌렁 울리고 있었다. "동환아~"라고 부르며 교실로 뛰어갔더니 눈물과 콧물이 범벅된 채로 바닥에 드러누운 아들이 있었고 자해와 타해를 못하게 아들을 힘껏 누르고 있는 담임 선생님과 실무사와 보안관이 보였다.

집에 와서 보니 아들 옷에 밝은 노란색 손톱 두 개가 매달려 있었다. 진짜 손톱이 아니라 네일아트 받은 담임 선생님의 손톱이 떨어져 아들 옷에 달라붙은 것이었는데, 그 손톱이 뜯길 정도로 힘겨운 격투가 있었음을 알 수 있었다.

✦

당시 아들이 어땠는지 기억을 조금 더 더듬어보면, 일단 툭하면 머리를 박았다. 그 당시에 바꾼 TV만 해도 여러 대다. 하도 TV를 바꾸다 보니 TV 사이즈와 사양은 날이 갈수록 저하됐다. 나중엔 중고거래 사이트에서 출시된 지 10년 넘은 TV를 들여놓기까지 했다. 어차피 몇 달 후면 또 바꿀 거 좋은 거 사봐야 의미 없다, 의미 없어.

"아 놔. 머리를 박으려면 좀 싼 거에다 박지 왜 맨날 TV래."

불행 중 다행은 TV보다 더 비싼 냉장고가 아니라는 것 정도랄까. 그렇게 TV와 거실 창문(거실 창문도 여러 번 깼다)에 수없이 머리를 박았어도 다행히 아들 머리는 말짱했다. 부모 지갑만 얇아질 뿐.

하지만 방귀를 자주 뀌다 보면 언젠간 똥이 나오는 법이다. 5학년 때 학교 유리창에 머리를 박다가 유리가 와장창 깨지며 아들 이마가 찢어졌다. 열한 바늘을 꿰맸는데 응급실에서 진을 뺀 경험이 무서웠던지 그 다음부턴 머리를 박으려다가도 정작 머리가 닿는 순간엔 은근슬쩍 속도를 줄인다. 이 얍삽하고도 기특한 녀석 같으니. 차도와 인도를 구분하지 않던 자폐성장애 청년이 교통사고를 한 번 당한 뒤부턴 꼬박꼬박 인도로 다닌다는 얘길 들은 적이 있는데, 이런 걸 보면 역시 경험이 약인가 싶기도 하다.

자해를 일삼았던 아들은 주변을 향한 타해도 거침없었다. 가까이 있는 사람에게 팔을 뻗었고 누워 있는 상태에선 다리를 휘둘렀다. 어른들에게 팔다리를 제압당하면 박치기를 시도했다. 상대가 누구든 상관없었다. 이 세상 모두가 무찔러야 할 적인 것처럼 아들은 학교만 가면 자신을 둘러싼 온 세계를 향해 무차별적으로 저항했고 책상을 마구 흔들며 울부짖었다. 반 친구들이 돌아가며 아들 손톱에 긁혔고 그때마다 교사, 특수교육지원인력, 관리자, 학교 보안관 등이 총출동해 온몸으로 아들을 막았지만 그럴수록 공격행동은 더 커져만 갔다.

이 겨울방학이 지나면 아들은 곧 열한 살이 될

것이었다. 여태까지는 '그래도 어린애'라는 이유로 사람들의
관용을 기대해볼 수 있었는데 앞으론 어림도 없을 것이다.
이 상태가 지속되면 아들은 어디에서도 받아들여지지 않을
것이다. 어떡하지? 이제 어떻게 해야 할까. 이런 불안감이 잔뜩
쌓인 상태에서 아들의 4학년 생활이 시작됐다.

     개학하고 2~3주쯤 지났을까. 담임 선생님에게 연락이
왔다. 아들이 점심시간에 옆 반 친구를 때렸다고 했다. 그렇지
않아도 그 며칠 전에 아들이 책상을 밀어버리는 바람에 책상이
쓰러지면서 친구의 발등을 찍어 골절상을 입힌 뒤였다. 친구는
한 달 동안 휠체어를 타고 다녔다. 그런데 이번엔 교실도 아닌
식당에서 옆 반 친구까지 건드렸다니.

    "'이 새끼'를 데리고 콱 죽어버려야 하나."

    미칠 것만 같았다.

    피해자의 엄마에게 연락했다. 그와 대화를 나누며
알게 됐는데 피해자의 엄마도 내 아들에게 맞은 적이
있다고 했다. 아들이 다니는 특수학교는 초등학교 건물이
장애인복지관과 마주 보고 있는 구조다. 아들은 학교가 끝나면
곧바로 활동지원사와 복지관에 들러 언어치료를 받았는데
언젠가부터(머리가 커지기 시작하면서) 언어치료실에 가는 걸
극도로 거부했다. 치료실에 가기 싫으니 학교 문을 나서는 순간
일단 바닥에 주저앉았다. 하교 시간 교문 앞은 학생과 교사,
학생을 기다리는 부모와 활동지원사로 왁자지껄하고 정신없다.

그런 복잡한 상황 한가운데에서 아들은 주저앉아 버티고 울기 일쑤였던 것이다.

담임 선생님과 활동지원사가 아들을 일으키려고 팔을 잡아끌면 아들은 소리를 지르면서 냅다 드러누워버렸다. 그리고 무차별적으로 팔다리를 휘둘렀다. 특정한 대상을 정해 공격하는 게 아닌 '가까이 있는 사람 아무나 걸려라' 식의 마구잡이 공격이어서 범위가 크고 넓었다. 그러던 중에 아들이 피해자 엄마의 가슴을 때린 것이었다.

"맞는 순간 숨이 턱 하고 막히더라고요. 아직 어리다고 해도 우리 애들이 힘 조절을 하는 것도 아니고. 어른인 나도 이렇게 아픈데 우리 애가 어땠을까 생각하면……."

피해자의 엄마가 울었고 가해자의 엄마인 나도 울었다.

당시 이 사태는 피해자 엄마의 선처로 일단락됐는데 학기 초부터 애간장 끓는 일을 연달아 겪으면서 나는 더 이상 물러설 데가 없다는 자각을 확실히 하게 됐다. 점점 심해지는 아들의 문제행동을 여기서 바로잡아야 한다. 지금 사생결단을 내지 않으면 우리 앞에 '미래'는 없을 것이다. 이대로 자라버리면 아들은 세상으로부터 고립될 수밖에 없다. 그렇게 고립된 채 생활하게 되면 아들과 내 미래를 장식할 키워드는 '뉴스 → 사건/사고 → 안타까운 소식 → 한강'이 될 것이었다. 주먹을 꼭 쥐었다.

"더는 안 돼!"

'단호한 결의'를 다지며 학부모 상담(IEP, 개별화교육회의)을 위해 학교로 향했다. 똑똑똑. 노크를 하고 "안녕하세요" 인사하며 교실로 들어갔는데 책상 배치가 눈에 확 들어왔다. 다섯 개의 책상이 나란히 붙어 있고 책상 한 개만 따로 떨어져 있었다.

"선생님. 떨어져 있는 저 자리가 동환이 자리인가요?"

그렇다고 했다. 학기 초부터 친구들과 문제가 생기면(이미 생겼다. 두 번이나) 1년의 학교생활이 힘들어지기에 어쩔 수 없이 거리를 뒀다고 했다.

"학습적인 부분은 선생님이 알아서 해주세요."

지금 아들에게 중요한 건 한글을 쓸 줄 알고, 숫자를 익히고, 가위질을 하는 게 아니다. 엄마인 내가 이러쿵저러쿵 요청하지 않아도 학습적인 부분은 전문가인 특수교사가 어련히 알아서 하겠지. 대신 나는 다른 것을 부탁했다. 바로 아들의 사회성 부분이었다. 이대로 성장해 어느 순간 아무도 감당 못할 괴물이 되어버리지 않을 수 있도록.

"도와주세요, 선생님. 올해 제가 생각하는 개별화교육회의 목표는 사회성 발달, 이것 하나입니다."

나는 담임 선생님에게 아들의 문제행동이 극대화된 이유가 '관계에서의 고립' 때문인 것 같다고 말했다. 자해와 타해가 최고조에 이른 시기를 지나면서 아들의 행적을 돌아보니 그동안 아들은 주변 사람과 갈등이 발생할 때마다 공격행동을 하는 것으로 '순간 대응'만 해왔다는 것을 알 수 있었다. 그런 순간들이 누적되면서 학교 안에서 유명한 괴물(기피 대상) 취급을 받고 있었다.

집에서는 보고만 있어도 꿀이 떨어질 만큼 예쁜 짓만 골라서 하는 아들인데 학교만 가면 괴물이 되는 것을 보면서 그 이유에 대해 오랫동안 고민했다. 그러다 생각이 미쳤다. 아들이 아는 타인과의 관계 맺기 방식이란 무엇일까. 혹시 아들은 타인을 대하는 데 있어서 순간적인 공격행동이 아닌 다른 방식으로 대응할 수도 있다는 사실을 모르고 있는 건 아닐까. 만약 그렇다면 배워야 한다. 더 커버리기 전에, 수염이 무성한 10대 청소년이 되기 전에, 아무도 감당 못 하게 되기 전에 배워야 한다.

담임 선생님에게 책상을 붙여서 앉게 해달라고 했다. 친구들과 나란히 앉아 모든 관계 속에서 일어나는 갈등을 온전히 경험하게 하고, (혼자만의) 개별행동수정이 아닌 사람들과의 관계 안에서 그 갈등을 풀어가는 방법을 배울 수 있게 해달라고 했다.

담임 선생님은 곤혹스러워했다. '동환이의 엄마'인 내 마음은 충분히 이해하지만 다른 학생도 생각해야 한다고 했다. 학기 초부터 내 아이가 반 친구에게 맞기라도 하면 다른 부모들의 마음은 얼마나 아프겠냐고 했다. 맞는 말이다. 내 아이가 다른 아이에게 맞고 오는 걸 그냥 두고만 볼 부모는 없다. 하지만 나는, 아들과 나는, 아들과 우리 가족은 더 이상 물러설 데가 없었다.

"그러니까 우리 반 엄마들한테 동의를 받아오면 되는 거죠? 그러면 아들도 책상을 붙여서 친구들과 함께 앉게 해주실 거죠?"

담임 선생님이 한숨을 쉬었다. 학기 초는 적응 기간이니까 조금 떨어져 앉았다가 어느 정도 적응한 후에 천천히 책상을 붙여 앉자는 담임 선생님과, '고립'이 공고해지면 나중에 더 큰 대가를 치러야 하니 처음부터 고립되지 않는 환경에서 적응을 시작해야 한다는 내가 팽팽히 맞섰다. 책상을 붙여 앉을 것이냐 떨어져 앉을 것이냐. 상담은 한 번에 끝나지 않았고 이 문제의 결론을 내기 위해 그 후로도 세 번 정도 더 담임 선생님과 만났던 것으로 기억한다.

◆

당시 나는 발달장애인의 성인기 삶을 취재하고 다니면서 '고립'이 당사자의 삶에 미치는 영향에 대해 막연하게나마 문제의식을 느끼고 있었다. 그런 상황에서 아들을 바라보니 아들도 학교에서 고립돼 있다는 걸 알 수 있었다. 그런데 아이러니한 건 아들이 실제로는 고립이 아니라 챙김을 받고 있었다는 점이다. 아들은 아들의 문제행동으로 인해 사실상 학교에서 '특별 대우'를 받고 있었다.

이전 해 담임 선생님은 아들이 학교생활에 많은 어려움이 있으니 사회복무요원을 아들 전담으로 붙이겠다고 했다. 그렇게 하면 나머지 다섯 명의 학생을 선생님이 혼자서 봐야 하지만 그래도 아들을 위해 그 힘듦을 감수하겠다고 했다. 아들만 어른의 1 대 1 케어를 받는 상황이었다. 고맙고 기뻤다. 그렇게 '특별대우' 받는 아들이었는데 이상하게도 그해를 지나면서 아들의 문제행동은 극에 달했다. 대체 왜? 발달장애인의 성인기 삶을 취재하면서 사회적 영역과 심리적 문제에 눈이 뜨이기 시작한 덕분이었을까. 이전과는 다른 그림이 보였다. 아들은 학교에서 챙김을 받고 있었지만 실제로는 고립되고 있었다.

아들에게 학교는 어떤 곳일까. 아들의 입장에서 아들의 일상을 쫓기 시작했다. 그랬더니 이전에는 미처 보지 못했던 다른 풍경이 보였다. '꿔다 놓은 보릿자루'가 된 아들의 모습, 붕 떠 있는 섬에 혼자만 갇혀 있는 듯한 모습이 보인 것이다.

등교하는 순간부터 아들 옆에는 사회복무요원이 있다. 수업 중에도 담임 선생님은 제시하고 리드할 뿐, 구체적인 작업 활동은 사회복무요원이랑 한다. 교과실 이동도 사회복무요원이랑 하고, 화장실도 사회복무요원이랑 가고, 현장학습을 나가도 사회복무요원과 짝이 된다. 아들이 학교에서 관계를 맺고 살아가는 유일한 사람은 사회복무요원뿐이다.

　아들이 사회복무요원과 '단둘의 세상' 속에 있는 동안 반 친구들은 선생님과 공부하고, 선생님과 화장실에 가고, 선생님 손을 잡고 현장학습을 다닌다. 수업 중에도 자신을 뺀 나머지 친구들은 나란히 책상을 붙여 앉아 수업과 놀이를 함께 하는데 친구들과 아들 사이는 사회복무요원이 가로막고 있다. 사회복무요원이라는 '높은 벽'으로 인해 아들은 반 친구들 사이에 동등한 존재로서 낄 자리가 없다.

　그런 상황에서 사회복무요원이 휴가나 조퇴, 교육 등으로 자리를 비우기라도 하면 아들의 문제행동은 어김없이 더 심해졌다. 그런 날은 늘 학교에서 전화가 걸려왔다. 아들 입장에서 아들의 학교생활을 찬찬히 둘러보니 아들의 마음을 알 것 같았다.

　혹시 나만 배제된 것 같고 아무도 나를 반기지 않는 모임에 가본 적 있는가? 또는 자기들끼리 이미 친해서 그 자리에 내가 끼는 것 자체가 가시방석인 모임 말이다. 생각만 해도 불편하고 싫지만 안 갈 순 없는 모임이다.

　그럴 때 개인은 그 상황을 감당하기 위해 의식적으로든 무의식적으로든 '태도'를 선택한다. 시간이 가기만 기다리며 조용히 버틸 수도 있고 오히려 더 당당하고 뻔뻔한 태도로 모두에게 자신의 존재감을 드러낼 수도 있다. 기질에 따라 사람마다 다른 선택을 할 텐데, 아마 나라면 두 번째 태도를 택할 것 같다. 모두가 나를 배제한다고 느낄 때 일부러 더 다가가서 "여~ 오랜만이네. 다들 잘 지내지?"라며 오히려 존재감을 드러내는 것이다.

내 경우에 대입해보니 혹시 아들도 그런 건 아닐까 하는 생각이 들었다. 하지만 아들은 내가 아니다. 설령 같은 마음이더라도 사회화가 잘 돼 있고 유창한 언어를 사용해 타인에게 유려한 대응을 할 줄 아는 나와 달리 말 못 하는 아들은 삐친 마음, 화난 마음, 친해지고 싶은 마음을 "왜 나를 끼워주지 않아!"라며 공격행동으로 드러냈을지 모른다는 생각이 들었다.

이 생각을 조금 더 확장해봤다. 나를 빼고 자기들끼리만 친한 모임에 매일 나가야 한다. 그나마 그 모임을 계속 이어갈 수 있는 건 나랑 친한 누군가가 한 명이라도 있기 때문이다. 그 사람 한 명에게 심적으로 의지하면서 불편한 마음을 버티고 견딘다. 그런데 어느 날 그 한 명이 아파서 일찍 가버리거나 개인 사정이 있다며 결석을 해버린다. 그럼 그 불편한 모임의 분위기를 온전히 혼자 감당해야 하는 하루가 된다. 불안은 쭈욱 올라가고 신경은 예민하게 날이 선다. 그런 상황에서 누가 살짝이라도 심기를 건드리면 "옳지, 감사합니다. 울고 싶었는데 때마침 뺨을 때려 주셨네요" 하며 감정이 폭발하진 않을까.

'아들 전담 사회복무요원'은 아들을 위한 조치였다. 하지만 이런 관점에서 들여다보면 오히려 아들에게 고립감과 소외감을 느끼게 했을 것이라는 확신이 들었다. 그게 '고립감'이라는 것을 인식하지 못했을 아들은 자신의 불편한 감정을 가장 강력한 수단으로 표현했을 것이다. 소리를 지르고, 책상을 흔들며, 머리를 박고, 타인에게 팔다리를 휘두르는 공격행동으로 말이다. 그렇게라도 해야 자신의 마음을 알아줄지 모르니까. 하지만 그럴수록 아들은 '평화로운 교실의 안전'을 해치는 문제아가 되었고, 반 친구들이 피해를 입지 않는 것과 동시에 아들이 가해자가 되지 않게 배려한 어른들에 의해 아들은 더 강력한 거리 두기형, 더 철저한 고립형에 처해졌다.

고립된 상황 속에서 아무런 사회성도 배우지 못했기에 열한 살의 아들은 타인과의 관계에서 순간적인 반응밖에 하지 못하는 '괴물'이 돼버린 것 같다는 생각이 들었다. 물론 가설에 불과했다. 하지만 이 가설이 맞다면 나는 아들이 친구들과 책상을 붙여 앉을 수 있도록 해야 했다. 그게 시작이어야 했다. 아들의 문제행동을 교정하기 위한 학교 차원의 시도(PBS, 긍정적행동지원), 개별행동수정은 초등학교 2학년부터 해왔지만 별 효과를 보지 못했다. 그렇다면 이번엔 이전과는 다른 방식으로 접근해봐도 되지 않을까. 가설을 적용해볼 차례다. 난감해하는 담임 선생님 앞에서 단호한 결의를 보이며 같은 반 엄마들의 연락처를 수소문해 개별적으로 연락을 했다.

"드릴 말씀이 있어요."

학교 앞 카페에서 같은 반 엄마들이 모였다. 처음 보는 엄마도 있었고 이전에 같은 반이었던 엄마도 있었다. 인사를 건네고 엄마들을 소집한 이유를 차근차근 설명했다. 이러이러해서 나는 아들의 책상을 붙여서 앉히고 싶은데 그러려면 어머니들의 동의가 필요하다고 말했다.

결과는 어땠을까? 반은 찬성했고 반은 반대했다. 당신들의 자녀들과 어울려 지내며 내 아들이 관계 속에서 갈등을 풀어가는 방법을 배우게 해달라는 건 '(예비) 가해자의 입장'만을 고려한 일방적 요구였기 때문이다.

'하지만 나는 갈 데가 없어. 이대로 고립 상황이 이어지면 이 생의 마지막 기억은 차가운 한강 속이 될 판이거든.'

나는 아들 문제를 아들 개인의 문제로 치부하지 말아 달라고 했다. 아들의 문제는 아들 혼자만의 문제가 아닌 '담임 선생님의 문제'와 '친구들의 문제'를 넘어 '반 전체의 문제'이자 '학년 전체의 문제'가 될 것이라고 했다.

"지금은 그나마 열한 살이니까 괜찮아요. 그런데 2년 뒤에는요? 키가 커지고 힘이 더 세질 텐데 그때도 이러면요? 중학생이나 고등학생이 되면요? 그때는 키가 180센티미터가 넘고 몸무게도 80킬로그램이 넘어갈 텐데 그 덩치로 친구들을 때리거나 책상을 밀면 그땐 어떡할까요? 저는요. 제 아들 전학 안 시킬 거예요. 동환이는 무조건 이 학교에서 졸업할 겁니다.

동환이는 절 때리지 않아요. 집에서는 그런 일이 없어요. 왜냐하면 동환이가 집에서는 가족들과 친밀하게 관계 맺는 법을 알고 있기 때문이에요. 제 아들이 지금 학교에서 배워야 할 것들(사회적 영역)을 배우지 못해서 진짜 괴물이 돼버리면 그 피해는 제 아들이 아닌 지금 같은 학년으로 같이 학교를 다니는 여러분의 자녀들이 입게 될 거예요. 여러분의 자녀들은 졸업할 때까지 돌아가면서 제 아들과 같은 반이 될 테니까요. 그러니까 부탁합니다. 부탁드립니다. 지금이라도 아들이 친구들과 어울리는 법을 배울 수 있게 해주세요. 더 커버리기 전에, 진짜 감당 못 하게 되기 전에요. 처음 3개월 정도는 이런저런 갈등이 있을 거예요. 하지만 담임 선생님만이 아니라 저도 진짜 많이 노력할게요. 가정에서도 이 부분에 사활을 걸고 제가 진짜 많이 노력할게요. 도와주세요."

그렇게 수명의 1년 정도를 쓴 듯한 에너지를 쏟아부은 뒤 반 엄마들의 동의를 얻는 데 성공했다. 그리고 다음 날 담임 선생님에게 이 사실을 전하며 아들도 친구들과 책상을 붙여 같이 앉게 해달라고 했다. 이토록 끈질긴 엄마라니. 선생님이 결국 승낙했다. 책상을 붙여 앉히고 아들에게 이전과는 다른 방식의 접근을 해보기로 했다. 하지만 담임 선생님 입장에서도 믿을 만한(?) 담보는 하나쯤 있어야 했다. 학교에 '긍정적행동지원'도 신청하기로 했다.

나 역시 각오를 다졌다. 학교에서만 노력한다면

아들에게 변화가 일어나지 않을 것이다. 가정에서도 아들의 변화를 위해 할 수 있는 모든 노력을 하기로 했다. 아들이 가정에서의 스트레스를 학교로 갖고 가지 않도록, 학교에서 쌓인 스트레스가 있다면 모두 가정 안에서 풀고갈 수 있도록 매일 저녁 아들이 좋아하는 코스로 산책하는 루틴을 지키고 주말에는 외출이나 여행을 통해 행복한 경험을 누적시키기로 했다. 더불어 아들이 격렬하게 거부하는 치료 수업을 중단하고, 중단한 치료 수업을 대신할 더 재미있는 활동을 찾아보기로 했다.

아들의 사회성 발달에 초점을 맞춘 1년이 시작됐다. 체감으론 10년쯤 지난 것 같은데 그때는 겨우 3월이 지났을 뿐이었다. 정말이지 길고 긴 한 달이었다.

신뢰로 녹인
방어벽

아들은 학교에서 밥을 먹지 않았다. 모두가 그런 것은 아니지만
많은 발달장애인이 저마다 다른 감각의 어려움을 갖고 있는데
아들은 미각의 예민함이 특히 두드러졌다. 3~5세까지 3년
동안 천 끼가 넘는 식사를 김치전(또는 김치)과 흰쌀밥만으로
해결했다. 다른 반찬은 입 근처에 오지도 못하게 했고 눈으로
보기만 해도 헛구역질을 했다. 한창 자라야 할 시기에 영양소를
골고루 섭취하지 않으니 팔다리는 나뭇가지처럼 얇고 힘이

없었다.

　　아들과 함께 외출할 때면 처음 보는 동네 할머니들이 혀를 차며 한마디씩 했다.

　　"아이고~ 엄마가 아들은 밥 안 주고 자기만 먹었나 보네."

　　헐. 아니거든요. 나는 굶어도 아들은 굶긴 적 없거든요. 아들이 안 먹어서 괴로운 건 바로 나거든요. 그리고 나 그렇게 많이 안 먹거든요. 밥 차려 먹을 기력이 없어서 맨날 라면 끓여 먹고 파인애플 통조림으로 끼니 때우다 살찐 것뿐이거든요!

　　물론 이런 얘기는 속으로만 하고 겉으로는 "헤헤헤" 웃어넘겼다. 아들 밥 뺏어 먹는 돼지 엄마가 성질까지 더러운 쌈닭이라는 소문이 동네에 퍼져봤자 좋을 게 하나 없어서였다.

　　그렇게 아들은 밥 안 주고 엄마만 많이 먹는 '나쁜 엄마'라는 오명을 벗게 된 건 유치원 때 만난 특수교사 덕이다. 식사 지도에 대한 선생님의 의지는 강력했고, 김치전만 먹던 아들은 선생님 덕분에 드디어 다른 반찬도 먹을 수 있게 됐다. 먹을 수 있는 반찬이 많아지면서 식사량이 확 늘었고 그때부터 아들은 쑥쑥 크기 시작했다.

　　그런데 집에서는 밥그릇이 아닌 국그릇에 고봉밥을 먹는 녀석이 학교에만 가면 통 먹질 않아서 문제였다. 학교에서 밥 안 먹는 루틴은 성인기가 되면 센터나 직장에서도 밥 안 먹는 루틴으로 이어질 가능성이 있었다. 어른인 나도 배고프면 예민해지는데 아들은 오죽할까. 아들의 학교생활은 복합적인 난제가 얽혀 있었다.

'사회성 향상'이라는 과제와는 별도로 특별했던 이해 담임 선생님은 아들의 식사 지도에도 관심을 가졌다. 오전 7시 30분에 아침밥을 먹고 등교하는 아들(스쿨버스를 한 시간 동안 타야 해서 집에서 일찍 나간다)이 하교하는 오후 3시까지 쫄쫄 굶으면 얼마나 힘들고 배가 고플까 하는 마음이 컸다.

집에서는 밥을 잘 먹는다는 말에 담임 선생님은 내게 직접 학교에 와서 급식지도를 해보면 어떻겠냐고 제안했다. 혹시 아들에게 밥을 먹이는 '엄마만의 비법'이 있을까 생각했던 것 같다. 나도 집에선 고봉밥을 먹는 녀석이 왜 학교에만 가면 밥을 안 먹는지 궁금했다.

드디어 급식지도를 하기로 한 날이다. 학교 식당은 아무나 출입할 수 없어서 담임 선생님이 미리 영양사와 학교 측에 허가를 받아놓았다. 식당 앞을 서성이며 기다리고 있는데 담임 선생님의 손을 잡고 내키지 않는 마음으로 식당을 향해 오는 아들이 보였다.

식당에서 엄마를 확인한 아들은 1초 정도 어리둥절하다가 이내 좋아서 방긋방긋 웃으며 뛰어와 내 얼굴에 자기 얼굴을 비비고 난리가 났다. 나는 예뻐 죽겠는 내 새끼를 꼭 껴안고 둥가둥가 하고 싶었지만 학교니까 꾹 참고 평소처럼 아들에게 밥을 먹이기 시작했다.

담임 선생님이 아들 앞에 식판을 놓았다. 나는 반찬을 스캔 후 오늘 식단에선 아들이 생선구이와 김치찌개로 밥을 먹겠다는 걸 알았다. 생선을 먹기 좋게 가위로 자른 후 "동환이가 밥 떠"라고 했다. 엄마가 와서 기분이 좋은 아들은 숟가락으로 밥을 한아름 떠 먹고 생선구이도 야무지게 먹었다. 밥에 빨간 국물(김치찌개)도 살짝 끼얹어 먹었다. 중간중간 엄마가 온 게 너무 좋아서 까르르 웃고 뺨을 부비고 애교를 부리는 건 덤이었다.

집에서처럼 밥을 먹고 있는데 지켜보던 담임 선생님이 아들에게 말을 걸었다.

"김동환. 민망하게 잘 먹으면 어떡해. 빨리 평소처럼 해봐. 당황스럽게 오늘 갑자기 왜 잘 먹어."

혹시 엄마가 온 첫날이라 아들도 정신이 없어서 본인의 평소 모습을 잊고 얼떨결에 밥을 잘 먹은 걸지도 몰라 하루 더 급식지도를 하기로 했다.

다음 날엔 더 좋아했다. 역시나 나를 보자마자 방긋방긋 웃기부터 하는 아들. 밥 먹는 내내 기분 좋은 감정을 숨기지 않더니 밥을 다 먹고 나선 나와 함께 식판을 직접 들고 개수대로 가 정리까지 하고 자리에 앉았다. 지금 생각해보면 이때 담임 선생님이 나와 함께 있는 아들의 모습을 보고 어떤 '힌트'를 얻은 것 같다. 급식지도 후 이어진 대화에서 '신뢰'라는 단어를 처음으로 사용했기 때문이다.

"동환이가 어머니를 신뢰하기 때문에 어머니가 주신 밥도 잘 먹고 식당에서 그렇게 잘 있었던 것 같아요."

이날 이후였는지, 이날 이전부터였는지는 모른다. 확실한 건 담임 선생님이 아들의 '신뢰'를 얻기 위해 교육적 접근에 앞서 '친해지기'를 먼저 시도했다는 것이다. 학기 초마다 모든 교사는 모든 학생들과 라포(친밀한 유대관계)를 형성하기 위한 작업에 들어간다. 그런데 발달이 느린 아들은 라포 형성에도 더 많은 시간이 필요했던 것인지 그동안 교사들에게 쉽게 마음을 열지 않았다. 그런데 이해 담임 선생님은 기어코 아들의 신뢰를 얻어낼 때까지 포기하지 않았다.

◆

아들이 다니는 특수학교 도서관은 신발을 벗고 들어가는 구조다. 아들은 도서관에 가면 늘 벌러덩 눕기부터 했다. 이해 담임 선생님은 "바르게 앉자"며 굳이 아들을 일으키지 않았다고 했다. 대신 "선생님도 같이 눕자"며 아들 옆에 함께 드러누웠다고 했다. 그리고 하나 더.

"선생님은 머리 아프니까 동환이가 선생님 팔베게 좀 해줘."

처음엔 아들도 당황했을 것이다. 왜 선생님이 내 옆에 누워? 어랏? 내 팔까지 벤다고? 그런데 아들의 팔을 베고 누운 선생님의 머리가 아들 얼굴을 간지럽힌다. 유독 간지럼에 민감한 녀석이 팔을 빼려고 하면 "아니야, 더 해줘"라며 깊숙이 파고드는 선생님. 그럴수록 얼굴과 목, 겨드랑이가 더 간질간질 더더더 간질간질간질. 아들은 웃음이 터질 수밖에 없었을 것이다. 그렇게 아들이 선생님과 함께 웃는 일이 많아지기 시작했다.

아들은 입으로 바람을 불어 "뿌우~" 하고 방귀 소리 내는 걸 재밌어했다. "뿌우~" 소리만 나면 까르르 웃었다. 아마도 〈방귀대장 뿡뿡이〉를 수천 번 반복 시청한 영향이 있지 않을까 싶다. 학기 초 상담 시에 이 얘길 했었는데 담임 선생님이 그 점을 기억하고 "뿌우~"를 통해 아들에게 장난을 걸기 시작했다. 담임 선생님이 아들 손등에 입을 대고 "뿌우~" 하면 아들이 까르르 웃었다.

"선생님이 한 번 했으니까 동환이도 선생님 손등에 한 번 해줘."

아들이 담임 선생님 손등에 "뿌우~" 그러면 다시 순서를 바꿔서 담임 선생님이 아들 손등에 "뿌우~" 순서를 바꿔서 다시, 다시, 다시(아들은 중학교 3학년인 지금도 상대와 함께 놀고 싶을 땐 자기 손등에 "뿌우~"를 한 뒤 상대방에게 손을 내민다. 자기 손등에 "뿌우~"를 해달란 뜻이다. 같이 "뿌우~"를 하며 놀자는 뜻이다. 이때 담임 선생님과 뿌우 놀이를 했던 경험이, 그때 느꼈던 감정이 그만큼 깊고 많은 여운으로 아들 몸에 남아 있다는 뜻이다).

친해지기 위한 담임 선생님의 노력이 빛을 발하기까진 오랜 시간이 걸리지 않았다. 비법이랄 것도 없었다. 장난을 쳤다. 장난치고 놀기부터 했다. 정말 그랬다. 단지 그랬을 뿐인데 아들이 변했다. 학교에만 가면 온 세상이 무찔러야 할 적인 것처럼 굴면서 그토록 굳게 닫고 있던 아들의 마음은 예상보다도 훨씬 빨리 활짝 열렸다. 이토록 쉬운 남자였나 허무할 정도였다.

이 당시 아들의 심리 변화는 등굣길 발걸음으로 알 수 있었다. 아침마다 학교 가기 싫다고 길 한가운데서 꼼짝도 않고 버티던 아들이 어느 날부터는 생글생글 웃으며 빠른 걸음으로 스쿨버스를 타러 가곤 했다.

장난치고 놀아주는 선생님이 좋다. 선생님이 좋으니 학교 가는 게 즐겁다. 학교도 얼마든지 즐거울 수 있는 공간이다. 아들은 발걸음이라는 '행동'으로 자신의 '마음'을 표현하고 있었다. 선생님을 향해 마음의 문을 연 아들은(정말이지 허무할 정도로 빠르게) 이제 학교에서도 온전한 자기 자신의 모습으로 있기 시작했다. 바짝 날을 세우고 주변 모든 것을 경계하는 '비상시 전투 모드'가 아니라 어깨의 힘을 빼고 상황을 편하게 받아들이는 '평화 모드'로 태도를 전환한 것이다. 마침내 아들이 학교에서 웃기 시작했다.

아들은 웃음이 많다. 집에서는 웃다가 침이 넘어가 사레가 들릴 정도로 웃음이 많은 녀석이지만 그 전까지 학교에선 아들이 웃는 모습을 본 사람이 거의 없었다. 항상 무표정하거나 화내거나 울거나 소리 지르는 모습만이 모두가 알던 아들의 평상시 모습이었다. 물론 어쩌다 웃는 날도 있었는데 입꼬리가 쓰윽 올라간 미소가 최대치로 웃는 모습이었다고 했다.

그랬던 아들이 학교에서도 집에서처럼 소리 내 웃기 시작했다. 이 변화가 얼마나 천지개벽할 일이었던지 당시 다른 학부모들과 학교 옆 복지관에서 일하는 사회복지사와 치료사가 놀라서 내게 전화와 문자를 하곤 했다.

"지금 지나가다가 동환이를 봤는데요. 동환이가 글쎄 웃고 있었어요!"

그 즈음 담임 선생님으로부터 사진을 한 장 받았다. 아들이 체육실에서 활짝 웃고 있는 사진이었다. 학교에선 처음 보는 함박웃음이었다.

"다른 아이들도 마찬가지지만, 동환이랑 지낼수록 예쁜 구석도 귀여운 면도 많더라고요."

마음이 찌잉, 눈물이 찔끔. 아들이 사고 쳤다는 연락이 아니라 예쁜 구석이 있다는 연락을 받은 게 얼마 만이던가. 아니, 어쩌면 학교생활에선 처음 있는 일이었을 것이다.

'선생님 덕분이에요. 자신을 지키려는 아들이 센 척하는 가면을 쓰지 않아도 되도록 선생님이 다가가는 걸 포기하지 않아 주셨기 때문이에요. 차갑게 쌓아올린 아들 마음의

방어벽을 선생님이 따뜻한 온기로 녹여주셨기 때문이에요.'

　활짝 웃는 사진을 받고 3일 뒤 아들이 학교에서 닭볶음탕에 밥을 맛있게 먹었다는 연락을 받았다. 그것도 두 번이나 갖다 먹었다고 했다. 담임 선생님 말대로라면, 아들이 선생님을 '신뢰'하기 시작한 방증이었다. 나보다 담임 선생님이 더 기뻐했음은 말할 것도 없다.

친구와 노는 재미

반 친구들과 책상을 붙여 앉아 물리적인 거리감은 줄였지만 아들은 반 친구들과 어울리지 못하고 있었다. 친구들이 아들을 무서워했기 때문이다. 그동안 친구들 눈에 비친 아들은 화내는 아이, 울면서 소리 지르는 아이, 자주 발버둥치고 툭하면 공격하는 아이였다.

"아휴, 무서워. 쟤 옆엔 가지 말아야지."

아들은 '위험'을 대표하는 어떤 존재로서 친구들에게

심리적 낙인이 찍혀 있었다.

아들 입장에서도 친구들과 어울리지 못하는 이유가 있었다. 어울리는 방법을 몰랐다. 그동안 어른과의 상호작용만 해왔기 때문에 또래에게는 별 관심이 없었다. 그만큼 아들의 사회성은 더딘 속도로 발달하고 있었다. 하지만 3~4학년이 되면서부턴 슬슬 또래에도 관심을 보이는 정황이 포착되기 시작했다.

놀이터에 갔는데 또래가 한 명도 없고 운동하는 할머니들만 있으면 아들의 에너지는 급속도로 다운됐고 그대로 의자에 누워버리곤 했다. 집에는 안 가고 의자에 누운 채로 놀이터에서 버텼는데 그러다 보면 시간이 흘러 동생들, 친구들, 형님들이 놀이터에 하나둘 모이기 시작했다. 그러면 아들은 벌떡 일어나 "아꺄꺄꺄꺄꺄" 하는 기쁨의 함성을 지르며 뛰거나 걸어 다니곤 했다. 비록 함께 놀진 않아도 또래가 그 공간을 가득 채우기를 기다렸던 것이다.

"이제 어른들은 싫어. 나도 친구가 제일 좋은 나이야."
아들은 행동으로 말하고 있었다.

하루는 동네 산책을 하고 있었는데 또래 아이들이 우르르 모여 있는 게 보였다. 태권도 차량을 기다리는 초등학생들이었다. 그 모습을 본 아들이 방향을 틀어 또래가 모인 곳으로 갔다. 그리고 한가운데 자리를 잡더니 제자리에서 하늘 높이 폴짝폴짝 뛰기 시작했다. 또래들이랑 같이 있으니 기분 좋다는 뜻이었다. "얘는 누군데 이러나~"라는 호기심 어린 눈길도 잠시였다. 태권도 차량이 도착하자 아이들이 차례로 차에 올랐다. 아들도 자연스럽게 태권도 차에 타려고 했다.

"어어! 동환아, 우리 차 아니야. 우리는 집에 갈 거야."

막무가내로 차에 함께 오르려는 아들과 이상하게 쳐다보는 또래 아이들, 난감한 차량 지도 선생님, 아들의 팔을 붙잡고 차에서 끌어내면서 갑자기 아들이 어떤 마음일지 느껴져서 너무 슬퍼져 버린 나. 아들은 자기만 남겨두고 떠나는 차를 보며 끝내 울음을 터트렸다. 아들은 성장하고 있었고 자연스러운 인간 발달 단계에 따라 또래 친구를 찾고 있었다.

하지만 마음과 달리 행동은 너무나도 서툴렀다. 친구와 뭘 어떻게 하며 놀아야 하는 건지, 어떤 태도로 어떻게 다가가야 하는지 아무것도 몰랐다. '노는 법'을 가르쳐준 적 없어도 유아기부터 자연스럽게 또래와 어울리기 시작한 비장애인 딸과의 가장 큰 차이점 중 하나였다.

◆

4월이 시작되고 얼마 지나지 않았을 때 담임 선생님이 영상을 하나 보내왔다. 쉬는 시간 풍경이라고 했다. 플레이 버튼을 누르자 "까르르르~ 까르르르르르~" 아들이 숨넘어갈 듯 웃어대는 소리가 들렸다. "아악, 아악, 아악!" 아주

기분 좋은 상태임을 뜻하는 일명 돌고래 소리도 들렸다. 아들은 친구와 복도에서 '잡기 놀이'를 하고 있었다.

　　아들이 한쪽으로 도망가자 친구가 따라와 목 뒤를 간지럽혔다. 아들은 까르르르 웃으며 목을 움츠렸다. 이번엔 저쪽으로 도망간다. 친구가 또다시 따라가 목 뒤를 간질간질. 둘은 쫓기고 쫓는 와중에도 계속 눈을 마주 보며 숨이 넘어가게 웃고 있었다. 웃느라 지쳐 도망갈 힘이 없었는지 아들이 갑자기 몸을 돌려 친구 손을 잡았다. "아악, 아악, 아악!" 기분 좋은 돌고래 소리를 한껏 발사한 다음 친구의 양손을 자신의 허리에 갖다 댔다. 안아달라는 뜻으로, 그만큼 상대가 좋다는 의미였다. 아들의 몸짓 언어를 알 리 없는 친구는 다시 간지럼 태울 준비를 했고 아들이 까르르 웃으며 도망가는 장면에서 영상이 끝났다.

　　이날 아들과 잡기 놀이를 한 친구는 두 살 위 누나인 은지라는 아이였다. 은지는 담임 선생님이 전 해에 맡았던 학생으로 다운증후군 특유의 빛나는 밝음이 돋보였다. 사족을 붙이자면 나는 다운증후군이 있는 친구들이 정말 사랑스럽다. (개인별 차이는 있겠지만) 타인에 대한 호기심 많은 밝은 성격은 특수학교처럼 사회성 발달에 어려움을 보이는 학생이 많은 공간에서 빛나는 존재감을 나타낸다.

　　이 친구들은 사회성 발달이 더딘 친구들을 톡톡 건드려준다. 타인에 대한 사랑도 많고, 궁금한 것도 많고,

참견하고 싶은 것도 많은 이들은 "나 여깄어. 나 좀 봐봐. 너 뭐해?"라는 마음을 가감 없이 드러내며 친구들을 세상 속으로, 사회적 관계 속으로 끌어낸다.

쉬는 시간이면 은지가 아들의 담임 선생님을 찾아왔다고 했다. 지난해 담임 선생님이었지만 그만큼 친밀감이 컸다는 뜻일 것이다. 작년 담임 선생님 반에 놀러 온 은지는 '용감하게도' 아들에게 관심을 보였다. 학년이 달라 선입견이 없었기 때문이었는지 아니면 타인에게 관심 많은 특유의 다정함 때문이었는지 이유는 모른다.

어쨌든 은지가 아들과 함께 놀기 시작했다. 중간 과정이 어땠는지 알 길은 없지만 아마 처음부터 둘이 복도를 뛰어다니며 잡기 놀이를 하진 않았을 것이다. 유추해보자면 그 당시는 담임 선생님이 아들과 친해지기 위해 쉬는 시간마다 "뿌우~" 하며 방귀 놀이를 하고 있을 때였다. 그 모습을 보던 은지가 자연스럽게 방귀 놀이에 합류하면서 아들과 놀기 시작한 건 아니었을까 짐작만 할 뿐이다. 그리고 그 과정에서 아들의 상호작용이 '어른'인 담임 선생님을 넘어 또래인 '은지 누나'로 자연스럽게 확장됐을 것이다. 그렇게 아들은 선생님(어른)만이 아닌 또래 친구와의 관계에서도 (예전처럼) 항상 화를 내는 것보다 함께 웃으며 노는 게 훨씬 즐거운 일이라는 걸 체득했을 거라는 생각이 들었다.

아들 인생에서 은지 누나의 존재는 굉장히 중요했다.

'또래와 노는 재미'를 처음으로 알게 해준 대상(타자)이었기 때문이다. 무엇이든 처음이 있어야 다음도 있는 법이다.

이후로도 담임 선생님은 종종 은지에 대해 얘기했다. 아들이 은지를 찾았기 때문이다. 쉬는 시간에 은지가 교실로 오지 않는 날이면 아들이 은지가 있는 6학년 교실로 가서 서성댔다고 했다. 눈치는 있어서 차마 4학년 동생이 6학년 형님들 교실에 들어갈 용기는 내지 못하더라고 했다. 대신 벽에 기대 창문으로 교실 안을 엿보며 은지가 나오기를 기다렸다고 했다.

다음 해 은지가 중학생이 되면서 건물이 달라져 둘은 오랫동안 만나지 못했다. 그러다 바로 작년 여름 등굣길에 우연히 은지를 만났다. 나는 반가운 마음에 은지에게 인사하며 아들에게도 인사를 시켰다.

"동환아, 은지 누나 있다. 은지 누나 기억하지? 옛날에 동환이랑 친하게 놀았잖아."

은지도 아들을 보자 반가운 마음이 들었는지 눈을 맞추며 인사를 건넸다. 둘이 잡기 놀이를 할 때 키가 비등비등했는데 지금 아들은 은지보다 30센티미터는 더 컸다. 훌쩍 커버린 아들이 자신에게 인사를 건네는 은지를 내려다봤다. 그러더니 천천히 얼굴을 숙여 은지의 두 손을 잡아 자신의 양 볼에 갖다 댔다.

아들은 은지 누나를, 은지 누나와의 추억을, 은지 누나에 대한 감정을 온전히 기억하고 있었다. 은지는 익숙한 듯 아무 말 없이 아들 양 볼을 두 손으로 꼭 감쌌다. 그 모습을 보고 있는데 내 심장이 두근두근, 코끝이 찌잉.

이 감동의 순간이 어떤 결말로 이어질까 기대하고 있는데 아들이 갑자기 몸을 획 돌리더니 학교 안으로 뚜벅뚜벅 걸어가버렸다. 은지의 갈 곳 잃은 두 팔만 허공에 남았다.

"아이고~ 이 녀석아, 인사라도 하고 가야지!"

아들 대신 은지에게 인사를 건네고 교실로 향하는데 왜 그렇게 웃음이 나는지. 웃음이 실실 나면서 눈물도 날 것만 같았다.

돌이켜보면 그해 담임 선생님의 교육 활동에는 유독 야외 활동이 많았다. 사회성은 책상에 앉아 교과서로 배우는 게 아니라 타인과 어울리면서 직접 체득해야만 배울 수 있다. 운 좋게도 이해에 아들은 야외 활동의 중요성을 아는 선생님을 만났고 덕분에 반 친구들과 함께 어울릴 기회가 그만큼 많았다. 야외 활동이라 해서 거창한 무엇은 아니었다. 학교 뒷산을 자주 산책했고, 놀이터에 가서 시소를 타기도 했으며, 맞은편 복지관 내에 있는 실내 놀이터도 자주 이용했다.

하루는 담임 선생님에게 전화를 받았다. 반에 진현이란 친구가 있는데 진현이가 아들의 따귀를 때렸다고 했다. 벌써 두 번째 일어난 일이라 나도 알고 있어야 할 것 같아서 연락했다고 말했다.

"선생님, 싸움이 일어났나요?"

처음에도 그렇고 이번에도 그냥 한 대 맞은 아들이 울면서 상황이 종결됐다고 했다. 나는 웃었다.

"선생님, 그냥 지켜보시죠. 아들도 자기가 그동안 친구를 때렸으니 친구에게 맞는 게 얼마나 아픈 일인지, 얼마나 놀라는 일인지 본인도 알아야죠. 잘됐어요. 요놈. 이번 기회에 좀 배워야죠."

며칠 후 담임 선생님에게 또 연락이 왔다. 이번엔 정반대의 상황이었다.

"동환이가 며칠 동안 마음속에 품고 있었나 봐요. 오늘 둘 사이에 아무런 상황도 발생한 게 없었거든요. 그런데 동환이가 화장실 가는 길에 느닷없이 진현이 뒤통수를 한 대 때리고 도망가더라고요."

아. 뒤끝 작렬! 이 녀석, 뒤끝 있는 성격이었구나. 며칠 동안 호시탐탐 기회를 노리고 있었구나. 싸움이 일어났냐고 물었더니 뒤통수를 한 대 맞은 진현이가 우는 것으로 상황이 종결됐다고 했다. 동환이와 진현이는 '어떤 상황'을 주고받았다. 과연 두 사람의 앞날은 어찌될 것인가. 둘은 앞으로도 이 끝없는 뒤끝 작렬의 복수혈전을 이어가게 될 것인가.

며칠 후 담임 선생님이 사진을 보내왔다. 야외 활동을 나간 아들과 진현이가 손을 잡고 걷고 있었다. 담임 선생님이 일부러 아들과 진현이를 짝으로 붙여놓은 듯했다. 그 전엔 놀이터에서 아들과 진현이가 짝을 이뤄 뺑뺑이를 함께 탔다고도 했다. 아하~. 상황이 머릿속에 그려졌다.

그것 아는가? 썸 타는 남녀가 실제 커플로 이어질 가능성을 높이려면 놀이기구를 함께 타라는 말이 있다. 긴장감 때문에 높아진 심박수를 두근거림이나 설렘으로 착각하면서 상대방에 대한 호감도가 올라가기 때문이란다. 같은 맥락으로 함께 공포영화를 봐도 비슷한 효과가 일어난다고 한다.

아들과 진현이가 뺑뺑이에 오른 상황을 떠올려봤다. 중심을 잡기 위해 둘은 정반대편에 자리를 잡은 상태에서 서로를 마주 보고 있었을 것이다. 담임 선생님이 빙글빙글 뺑뺑이를 돌리기 시작했겠지.

'어엇~ 몸이 밖으로 밀려나려고 해.'

둘은 떨어지지 않기 위해 손에 힘을 주며 몸의 긴장도를 높였을 것이다. 빙글빙글빙글빙글. 가속도가 붙기 시작하면서 몸은 자꾸 밖으로 벗어나려 하고, 스릴은 배가 되고, 참으려 해도 웃음이 막 터져나올 것이다.

'어어억. 꽉 잡아. 떨어지면 안 돼.'

입이 절로 벌어지면서 웃음이 터져나오는데 마침 맞은편엔 누가 있어? 바로 며칠 전까지 복수극의 당사자였던 친구가 있다. 떨어지지 않기 위해 몸의 긴장감을 유지한 상태에서 어쩔 수 없이 서로를 바라보며 까르르 와르르 깔깔깔 하하하 웃을 수밖에 없다. 그렇게 한바탕 마주 보고 웃고 나면 이게 상황 때문에 웃은 건지, 상대 덕분에 웃은 건지 그런 건 아무런 상관도 없어질 것이다.

"자. 학교로 돌아가자."

담임 선생님이 아들과 진현이를 짝꿍으로 맺었어도 둘이 맞잡은 손에 불편함은 없었을 것이다. 왜냐면 이미 서로 얼굴을 마주 보고 웃어버린 사이이기 때문이다.

이 무렵 나는 여러 사람을 통해 아들이 교내에서 여러 친구와 손잡고 다니는 사진을 받았다. 담임 선생님은 선생님대로 사진을 보냈고, 일이 있어 학교에 갔던 다른 학부모도 아들이 친구와 손잡고 이동하는 모습, 아들이 친구와 웃고 있는 모습을 보면 깜짝 놀라 사진을 찍어 보내주곤 했다.

그동안 아들 짝꿍은 언제나 어른이었다. 아들은 늘 담임 선생님이나 실무사 또는 사회복무요원의 손을 잡고 이동했다. 아들에게 있어 학교 친구들은 항상 자신을 소외시키는 '무찔러야 할 적'이었고, 친구들에게 아들은 '예비 가해자'였다. 아들이 언제 친구들에게 공격행동을 할지 모른다는 '어른들의 불안감'은 아들 옆에 어른을 붙이는 '빠른 해결책'으로 나타났다. 그랬던 아들이 어른의 손이 아닌 친구의 손을 잡고 걸어 다니기 시작했다는 건 아들의 학교생활이, 아들이 학교에서 관계 맺는 범위가, 이전과는 확연히 달라졌음을 알리는 방증이었다.

✦

또래와의 상호작용이 활발해지면서 아들의 감정도 폭발적으로 확장했다. 그리고 인생의 첫 번째 사랑이 찾아왔다. 수현이는 속눈썹이 길고 예뻤다. 딸이 수현이의 사진을 보고선 "와~ 속눈썹이 진짜 예술이다" 하며 부러워했을 정도였다. 5월쯤 됐을까. 담임 선생님에게서 아들이 수현이를 좋아한다는 말을 들었다. 친구로서 좋아하는 것과 다른 감정으로 좋아한다고 했다. 나는 웃음을 터트렸다.

당시 아들에겐 친하게 지내는 두 명의 여사친이 있었다. 쉬는 시간이면 복도에서 만나 신나게 노는 은지 누나와 아들의 달라진 모습에 용기 내 다가온 같은 반 예은이였다. 오히려 수현이와는 이렇다 할 상호작용이 없었다. 수현이는 전형적이라 할 만한 자폐증 양상이 강한 아이여서 아들에게 큰 관심이 없었다. 그런데 정작 아들 마음속에 몽실몽실 피어나는 사랑의 감정은 평소에 잘 놀아주는 다정한 누나, 같이 놀자고 다가오는 적극적인 친구가 아닌 인형처럼 속눈썹이 길고 예쁜 수현이에게 향했다.

아들의 최대 장점은 투명하다는 것이다. 도무지 '사회적 가면'이라는 것을 쓸 줄 모른다. 속마음과 겉마음이 그냥 똑같다. 담임 선생님은 수현이만 보면 "네가 좋아"라는 감정을 온 표정과 행동으로 드러내는 아들이 그렇게 웃기고, 귀엽고, 재미있다고 했다.

하루는 현장학습을 가기 위해 스쿨버스에 오르는데 아들이 수현이 옆자리에 떡하니 앉았다고 했다. 보통 스쿨버스에선 나란히 앉지 않고 한 명씩 앉는다. 혹시라도 이동 중에 버스 안에서 친구끼리 시비라도 붙으면 위험한 상황이 될까 봐 웬만하면 한 명씩 앉힌다. 아들도 그 사실을 잘 알고 있다. 게다가 그동안 아들 옆자리엔 늘 어른이 앉곤 했다. 담임 선생님이나 사회복무요원이 아들 옆자리 전담이었다. 그런 상황을 알고 있는 아들이 버스에 올라 수현이를 보자마자 천연덕스럽게 옆자리를 먼저 차지한 것이다.

담임 선생님은 시키지도 않았는데 수현이 옆에 앉은 아들이 너무 웃기고 귀여워서 "동환아~ 수현이 좋아? 수현이가 좋아?"라고 물었다고 했다. 아들은 '수현이'라는 이름이 나올 때마다 방긋방긋 웃었다고. 이 얘기를 들은 후엔 나도 집에서 종종 수현이 얘기를 했다. 아들은 집에서도 '수현이'라는 이름이 나올 때마다 방긋방긋 웃었다. 수현이는 아들을 웃게 만드는 마법의 묘약이었다.

사랑이 시작될 때는 상대를 위해 모든 걸 다 내어주고 싶다. 이른바 콩깍지 시기다. 아들도 똑같았다. 평생 타인의 도움을 받는 데만 익숙하던 아들이 수현이라는 '대상'이 생기자 타인을 위한 이타적 행동을 하기 시작했다.

어느 날인가 수현이가 자기 팔을 긁었다고 했다. 그 모습을 지켜보던 아들이 수현이 옆으로 가서 팔을 같이

긁어줬다고 했다. 하지만 힘 조절을 할 줄 모르고 언제까지
긁어야 하는지 감도 못 잡는 녀석. 수현이 팔이 빨개질 때까지
열심히 긁는 바람에 담임 선생님이 수현이 엄마에게 상황을
설명해야 했다. 얘기를 전해 들은 수현이 엄마는 기분 좋게
웃으며 넘어가줬다.

    앞서 말했듯 학교 도서관은 신발을 벗고 들어가는
구조인데 아들은 도서관에 들어가면 양말도 함께 벗었다.
'실내에선 양말을 벗고 편하게 있는 것'이란 인식(입력된 패턴)이
머릿속에 박혀 있어서다. 그런 아들이 도서관에 가면 자기
양말을 벗은 뒤 수현이에게도 양말을 벗으라 했단다. 그리고
수현이가 양말을 벗으면 그걸 수현이 신발 위에 얹어놓기까지
했다. 아들 딴엔 수현이가 도서관에서 자기처럼 편하게 있도록
배려한 것이다.

    시간이 흐르면서 아들의 애정 공세는 더 적극성을
띠었다. 수현이의 '가방 받이'까지 자처한 것이다. 하교 시간에
모두가 가방을 메고 집에 갈 준비를 하는데 갑자기 아들이 자기
가방은 안 메고 수현이 옆으로 가 수현이 가방을 손에 들고
기다렸다고 했다. 아들 기능상으로는 타인에게 직접 가방을
매주는 섬세한 작업까진 할 수 없다. 그 대신 자신이 할 수 있는
최선, 즉 가방을 들고 기다리는 것으로 수현이를 향한 마음을
표현한 것이다.

    그 소식을 들은 날 얼마나 웃었는지 모른다. 짐이 많은

엄마 좀 도와달라며 감자 한 봉지를 손에 쥐어주면 무겁다고 길바닥에 버리고 오는 녀석이 좋아하는 여자를 위해선 뒤에서 가방을 들고 기다린다고? 에라이, 이 녀석아. 고맙다. 사랑한다. 질투 하나도 안 난다.

　　　1학기를 마치고 수현이가 전학을 갔다. 방학을 보내고 왔더니 교실에 수현이가 보이지 않았다. 며칠 뒤 담임 선생님이 사진을 한 장 보내줬다. 아들이 분필로 칠판에 낙서하고 있는 사진이었다.

　　　미세근육 발달이 더딘 아들은 손가락에 힘주는 활동을 싫어한다. 그림 그리기, 선 긋기, 칠판에 낙서하기 등은 아들이 싫어하는 작업 활동이다. 그런데 아들이 분필을 쥐고 칠판에 무언가를 그리려 하고 있었다.

　　　수현이는 마음 안에 꽃밭을 담고 사는 아이였다. 쉬는 시간마다 교실 앞으로 나가 칠판 가득 꽃을 그려놓곤 했단다. 그랬던 수현이가 없는 날이 이어지면서 아들이 칠판 앞으로 가 수현이 대신 칠판에 뭔가를 끄적이기 시작한 것이었다. 동그라미도 그릴 줄 모르는 녀석이라 수현이처럼 꽃을 그릴 순 없었다. 대신 분필을 빙빙 돌리며 칠판에 무언가를 그리려 하고 있었다.

　　　사진을 보자마자 알았다. 아들이 수현이의 흔적을 쫓고 있구나. 수현이를 찾고 있구나. 담임 선생님도 그런 것 같다고 했다. 아들은 생애 첫 상실감과 마주하고 있었다. 대상을 상실한 것에 따른 그리움을 표현하고 있었다. 마음이 싸하게 아프면서도 수현이에게 고마웠다. 아들이 상실감을 알게 해줘서, 그런 의미 있는 존재가 돼줘서 고마웠다.

    아들은 상실감을 배워야 한다. 살면서 부딪히는 수많은 상실감에 마음이 타들어가는 경험을 하고, 그 상실감을 애도하는 과정을 통해 슬프고 괴로운 감정도 받아들일 수 있는 연습을 해야만 한다. 그래야 아주 먼 훗날 엄마인 내가 없어져도 아들의 세상이 무너지지 않을 수 있다. 나의 부재를 애도하면서 상실감을 그 자체로 받아들일 줄 알아야 자신의 남은 생을 꿋꿋이 살아갈 수 있다. 아들은 이해, 수현이를 통해 생애 첫사랑과 생애 첫 상실감을 배우고 있었다.

행동으로
하고 있는 말

학기 초 아들이 온 세상을 적으로 여기고 있을 때, 비록
친구들과 간신히 책상은 붙여서 앉았지만(처음엔 책상을 붙이긴
하되 친구들과 아들 사이에 사회복무요원이 앉아 있는 단계부터
시작했다) 아들은 여전히 교실 안에서 위협적인 존재였다. 특히
음악, 실과, 체육 등 교실을 이동하는 교과 시간을 격렬하게
거부했는데 어느 날인가부터 '큰 사고' 없이 교실을 이동해
수업한다는 얘길 전해 들었다. 오잉? 책상을 흔들지도 않고

아무도 때리지 않고 순순히 교실을 이동한다고요? 대체 어떻게 하신 거예요?

나는 첫 상담 날 담임 선생님에게 말했었다.

"선생님은 행동수정 전문가신가 봐요. 동환이를 맡아주신 걸 보니."

아들이 학년 최고의 골칫덩어리 취급을 받는 것도 알고 있었고, 교사들이 아들의 담임을 맡길 꺼린다는 사실도 알고 있었다. 그런 상황에서 아들의 담임을 맡을 정도면 학생의 문제행동에 있어 엄청난 전문성을 갖고 있지 않을까 싶었던 것이다.

선생님은 손을 저으며 "호호호호. 아니에요. 저 그런 거 하나도 몰라요"라고 말했다. 오잉? 행동수정 전문가도 아닌데 어떻게 아들의 담임을 맡게 되신 걸까? 담임 선생님은 "교장 선생님이 맡으라고 해서……"라며 말을 흐렸다.

아이고, 우리 선생님. 부담이 얼마나 크셨을까. 관리자가 맡으라고 해서 어쩔 수 없이 동환이 담임을 맡았는데, 동환이 엄마는 첫 상담부터 책상을 붙여서 앉게 해달라지를 않나, 학부모들의 동의를 받아오겠다고 하질 않나. 아이고, 새삼 더 고마운 '우리 선생님'이다. 어쨌든 행동수정 분야의 전문가도 아닌 선생님인데 아들이 교실 이동을 수월히 할 수 있도록 마법을 부렸다고 하니 신기하기만 했다. 비법을 알면 앞으로 다양한 상황에서 유용하게 써먹을 수 있을 것 같았다.

담임 선생님이 말했다.

"동환이는 속상하거나 화날 때 자기 마음을 공감해주면 금세 행동이 달라지더라고요. 자기 마음을 알아주고 읽어주는 것만으로도 위로받고 위안되는 게 있는지……."

아들이 이동하기 싫다고 버티기 시작하면 담임 선생님은 아들에게 다가가 마음을 먼저 읽어줬다고 했다.

"동환이 지금 이동하기 싫어? 이동하기 싫어서 짜증 나고 화났어? 동환이가 지금 하기 싫은 걸 해야 해서 마음이 안 좋겠구나."

담임 선생님이 아들 마음을 읽고, 읽은 마음을 그대로 전달하면 아들이 갑자기 울기 시작했다고 한다. 이전처럼 책상을 흔들거나 옆자리 친구를 때리면서 "우와왕~" 하며 우는 게 아니라 갑자기 "흐윽~" 하며 무너지듯 선생님의 품에 안겨 흐느꼈다고 했다.

아마 아들이 말할 줄 알았다면 "흐윽. 선생님은 내 맘 알죠? 내가 음악실 가기 싫어하는 거 선생님은 알죠? 그렇죠?"라고 했을 것이다. 담임 선생님은 그런 아들이 귀여워서 웃음이 나는 걸 꾹 참으며 흐느낌으로 전하는 말을 기꺼이 들어줬다고 했다. 이 얘기를 듣고 나서 나는 아주 오랫동안 깊은 생각에 잠겼다.

◆

　　아들은 늘 하던 대로 행동했다(교실을 이동하지 않았다).
하지만 그 행동은 일명 '문제행동'이었고 모두가 그렇게
생각했다. 그런데 담임 선생님은 아들의 문제행동 속에서
마음을 읽었다고 했다. 선생님은 아들이 하는 모든 행동(그것이
문제행동이라 하더라도)을 말로 이해하고 있었던 것이다.
그래야만 이 모든 상황을 설명할 수 있었다.
　　무발화 상태인 아들은 이전에도 '행동으로 말하는
아이'였다. 과자가 먹고 싶으면 과자가 있는 서랍장 방향으로
내 손을 잡아 들어 올렸다. 배가 고프면 다용도실에서 즉석밥을
가져와 싱크대 위에 올려놓았다. 소변이 마려우면 바지 내리는
시늉을 하는 것으로 "나 화장실~"이라는 말을 대신했다.
　　이렇게 아들은 말을 대신하는 특정한 몇 개의 행동
언어가 있었고, 나는 새로운 교사나 치료사를 만날 때마다
아들이 하는 특정한 행동 언어를 설명하곤 했다.
　　"이런 상황에서 이런 행동이 나오면 이렇다는
뜻이에요."
　　그런데 일명 문제행동이라 부르는 것들은 내가
설명해야 할 사항에 포함되지 않았다. 문제행동은
문제행동이니까. 그건 의미를 부여하는 게 아니라 그냥,
반드시, 기필코 '잡아야만' 하는 것이니까. 그런데 담임
선생님은 아들이 문제행동을 하고 있을 때조차 그 속에서

행동의 의미를, 행동이 전하는 진짜 말의 의미를 찾아 읽은 것이다.

담임 선생님은 말 못 하는 아들 마음을 어떻게 읽었을까. 눈으로 봤으니 눈으로 읽었겠지. 잠깐! 잠깐만 기다려봐. 머릿속에 갑자기 불이 번쩍 켜졌다. (보이지 않는) 마음을 (행동으로 보이는) 눈으로 읽는다고? 그러려면 특정한 몇 개의 행동 언어만이 아닌 아들이 하는 모든 행동이 '몸으로 하는 말'이라는 전제가 있어야 했다. 그래야만 아들 마음을 눈으로 읽고 들을 수 있었다.

내 관점을 바꿔보기로 했다. 단편적이고 특정한 몇 개의 제스처가 아니라 아들이 매 순간 온몸으로 말하고 있다는 가정 하에 아들을 관찰해봤다. 그랬더니 세상에! 진짜 말하고 있었다. 말 잘하는 비장애인 딸보다 더한 수다로 아들은 매 순간 자신의 마음과 감정과 생각을 눈빛으로, 표정으로, 발 까딱임으로, 손가락 동작으로, 의성어로, 목소리의 높낮이로, 뛰고 달리고 소리치는 것으로 넘치도록 표현하고 있었다. 그 사실을 알게 되면서 그동안 왜 아들의 문제행동이 잡히지 않았는지, 아니 오히려 문제행동이 더 강화되기만 했는지 이유도 짐작할 수 있었다.

일반적으로 사람들은 말은 '듣고' 문제행동은 '잡는'다. 그런데 만약 아들이 하는 모든 행동이 말하는 중이었다면, 아들 입장에선 단지 말하고 있는데 어른들이 잡으려 한다고 느꼈을 것이다.

상황을 머릿속에 그려본다. 아들도 처음엔 작게 말했을 것이다. 교실 이동하기 싫다는 의미로 "으응 으으응~" 하고 말이다. 그런데 아무도 자신의 말을 안 듣고 못 듣는다. 그럼 더 크게 얘기해야지. '선생님. 교실 이동하기 싫어요!'라는 말 대신에 "우와와와 아아앙~" 그런데 다가온 어른들이 여전히 자신의 말을 하나도 안 들었다. 지금 이동하기 싫다고 분명히 얘기했는데도 어깨를 토닥이며 어서 일어나자고 한다.

'내 말이 안 들렸나? 그렇다면 더 크게 알아듣도록 말해야지.'

책상을 덜컥덜컥 흔들고 고래고래 소리를 지르면서 '선생님, 저는 교실 이동하기 싫다고요!'라는 말 대신 "우와와와 아아아아아악~!"

그러면 어김없이 어른들이 출동해 아들의 몸을 강한 힘으로 제압했다. 책상을 고정하고 아들의 양쪽 어깨를 붙잡으며 "안 돼!" 하고 외쳤다. 만약 아들이 정말 몸으로 말하고 있는 중이었다면 아들 입장에선 (붙잡힌 건 어깨지만) "말하지 마!"라며 입이 틀어막힌 느낌을 받았을 것이다. 그래서였을지도 모른다. 문제행동 발발 시 꽤 많은 상황에서 분노발작 단계까지 곧바로 이어졌던 이유가 말이다.

부부 싸움할 때 가장 열 받는 순간 중 하나는 남편이 내 말을 가로막고 자기 말을 할 때다. 사람은 상대가 자신의 말을 듣지 않을 때, 아니 아예 어떤 말조차 할 수 없도록 외부 압력을 가하며 묵살할 때 저세상에서부터 올라오는 '깊은 빡침'을 느낀다.

나와 '똑같은 마음'을 가진 아들도 마찬가지였을 것이다. 아들의 문제행동이 '몸으로 말하고 있는 중'이었다면, 말을 안 들어주니 크게 말하고 있는데 더 이상 말하지 말라고 입을 틀어막았다고 느낀다면, 아들은 저세상으로부터 올라오는 깊은 빡침의 분노발작 단계로 들어갈 수밖에 없었을 것이다. 일단 분노발작 단계에 들어가면 아들의 안전과 타인의 안전을 위해 주변 어른들은 아들의 몸을 강하게 제압했을 것이다. 얼마의 시간이 지난 후 진정이 됐겠지만 그건 아들의 마음이 바뀌거나 행동의 잘못을 뉘우쳐서 그런 게 아니다. 말 그대로 진이 빠져서 진정된 듯이 보이는 것뿐이다. 그리고 아들 마음엔 사람들이 자신의 말을 하나도 듣지 않았다는 사실만이 남고, 이 정도 크기로 말해선 어림도 없으며 오히려 더 크게 말해야 한다는 걸 학습했을 것이다. 이 가정이 맞다면 그토록 많은 이들이 애를 썼는데도 아들의 문제행동이 잡히기는커녕 갈수록 더 강화되어 점점 '괴물'이 되어간 이유가 이해가 갔다.

하지만 이해 담임 선생님은 초동 대처가 달랐다. 중요한 메시지니 한 번 더 들여다본다.

"동환이는 속상하거나 화날 때 자기 마음을 공감해주면 행동이 달라지더라고요. 자기 마음을 알아주고 읽어주는 것만으로도 위로받고 위안되는 게 있는지…….”

　　담임 선생님은 아들의 입을 막는 대신 아들의 말을 들었다. 아들 입장에서 생각해보면 드디어 내 말을 듣는(보는) 사람이 나타난 것이다. 내 목소리가 들리면 크게 말할 필요가 없다. 작게 속삭여도 상대는 알아들으니까. 목청을 높이고 높이고 높이다 분노발작 단계까지 갈 필요가 없었다. 크게 말하는 건 아들에게도 힘든 일이다. 드디어 누군가 내 말을 알아들었다는 안도감이 흐느낌으로 터져나왔을 것이다. 선생님 품에 안겨 한바탕 울면서 아들 마음에 그동안 쌓인 서러움이 점점 씻겨 내려갔을 것이다.

　　마법이 아니었다. 원래 사람은 누군가 자신의 말을 들어주기만 해도 응어리진 마음이 풀리기 마련이다. 돈 받고 남의 말 들어주는 상담 치료가 괜히 비싼 게 아니다. 마음이 풀린 아들은 밀고 당기며 씨름할 필요 없이, 팔을 잡아끌고 주저앉은 걸 힘으로 일으킬 필요도 없이 순순히 일어나 제 발로 교실을 이동했다.

　　담임 선생님을 통해 아들이 하는 모든 행동이 사실은 말하고 있는 중이라는 것을 깨닫게 되면서 가족과 아들과의 관계가 폭발적으로 좋아졌다. 원래도 집에서는 예쁘기만 한 아들이었지만 아들의 언어와 마음을 이해하게 된 후로는 아무리 미운 짓(TV를 깨고 거실 창문을 깨도)을 해도 도무지 밉지가 않게 됐다. 사람을 이해한다는 건 그런 것이다. 상대를 이해하고 받아들이면 도무지 미워할 일이 없다.

시간이 조금 더 흐른 뒤에는 또 한 가지 재미있는 사실도 발견했다. 그건 바로 '말'에 속으면 안 된다는 사실이었다.

✦

4학년 때 아들은 무발화 상태였다. 다섯 살 어버이날에 처음으로 "시어~!(싫어)"라고 외친 후 1년에 한두 번 아주 급할 때만 "시어~!" 또는 "안 대~!(안 돼)"라고 했을 뿐, 그 외에는 아무런 말을 하지 않았다.

중학교 3학년인 지금은 할 줄 아는 자발어가 적어도 열 개는 있다.

"자자(자자)", "잘자(잘자)", "맘마(밥, 아무리 '밥'으로 고치려고 해도 여전히 맘마만 고수한다)", "가가(과자)", "믈(물)", "시(쉬)", "조아(좋아)", "아바요(아파요)", "아빠(아빠, 엄마, 누나 모두 다 아빠로 부르곤 한다)", "음마(엄마)"

이 외에도 일상에서 자발적으로 먼저 하진 않지만 상황 속에서 순간적으로 따라 하는 모방언어도 제법 늘었다. 하지만 단어를 온전히 따라 한다는 건 아들에게 너무 어려운 일이다. 단어가 세 글자면 앞에 한 글자만 따라하기도 하고("잘했다~"를 따라할 때 "자~"), 두 글자로 이뤄진 단어는 자신이 할 수 있는 발음만 따라 하기도 한다(뽀로로 친구인 '크롱'을 따라 부를 때 '기여').

재미있는 사실은 이 모든 자발어와 모방어가 언어치료를 중단한 시기 동안 나오기 시작했다는 점이다. (지금은 또 다른 언어치료실을 다니고 있지만) 비록 몇 개 단어에 불과하지만 아들이 말을 하기 시작하면서 티키타카 소통하는 재미도 생겼다. 밤에 나란히 누워(아직도 잠자리 분리에 성공하지 못했다) 서로에게 "잘자~"라는 인사를 번갈아 서너 번쯤 한 후 눈을 감으면 행복감과 안정감이 느껴진다.

"조아"를 할 줄 알게 되면서 상황을 유추해볼 수 있는 대화도 가능해졌다. 이런 식이다. 아들은 상황을 설명하는 말을 할 수 없으니 학교에서 누구와 친한지 등도 (담임 선생님이 말해주기 전에는) 알 수 없는데 그럴 때면 반 친구들의 이름을 한 명씩 거론하며 물어본다(한 번에 한 명이어야 한다. 두 가지 이상의 복합적인 상황은 아들을 혼란에 빠트린다).

"동환아, 지섭이 좋아?"

그러면 아들은 "조아"라고 말한다.

"동환아, 승헌이 좋아?"

"조아."

"동환아, 철수 좋아?"

아무 대답이 없으면 그 친구와는 갈등 관계에 있다는 뜻이다. 그런 투명함이 웃기고 귀여워서 "동환이 철수 좋아?"라고 한 번 더 물어보면 "으으으으윽" 하면서 내가 철수 이름을 그만 말하도록 싫은 티를 팍팍 낸다. 그러다 다시 상대를 바꿔 "동환아, 승원이 좋아?"라고 물어보면 또 "조아"라고 답한다. "조아"라는 말을 할 수 있게 된 것만으로도 아들이 주변 사람들과 어떤 관계를 맺으며 사는지 유추할 수 있게 됐다.

이렇듯 몇 개 단어에 불과하지만 말을 할 수 있게 되면서 아들이 말로 상황을 속일 수 있다는 사실도 알게 됐다. 언제부턴가 아들은 한 번씩 심통을 부리고 나면 꼭 "믈!"이라고 외쳤다. 꼭 목이 말라 짜증 난 것처럼 굴었고, 처음에는 진짜 목이 말라 그런 줄 알고 물을 주곤 했다. 그런데 가만히 관찰해보니 이 녀석, 한바탕 심통을 부려서 혼날까 봐 '물'을 방패막이로 사용하고 있었다.

갈증은 그냥 넘겨선 안 되는 중요한 생존 욕구다. 아들이 물을 달라고 할 때면 주변 어른들은 하던 말과 행동을 중단하고 물을 건넸다. '물'이라는 매개를 통해 상황이 '전환'된 것이다. 그런 경험이 누적되면서 아들은 물이 막강한 면죄부를 지닌, 어느 상황에서나 통하는 프리패스 티켓과도 같다는 사실을 학습하게 됐다.

사람은 얼마든지 말로 마음을 속일 수 있다. 아들과 나는 똑같다. 예를 들어 남편이 설거지를 안 해놓고 TV를 보며 낄낄대고 있을 때(분명 남편이 설거지하기로 한 날인데)면

한소리를 하고 싶지만 그랬다간 부부 싸움으로 이어질까 봐
입을 꾹 닫는다. 그런데 그릇이 가득 쌓여 있는 씽크대를 보면
짜증이 솟구쳐오르니 괜히 식빵에 발라먹으려고 꺼낸 애먼
딸기잼 뚜껑에 화풀이를 한다. "에이씨~ 왜 이렇게 안 열려!"
하면서 막 성질을 부리는 것이다. 그러면 TV를 보던 남편이
묻는다.

"왜? 뭐 때문에 그래?"

싸움으로 번지는 게 싫은 난 "뚜껑이 안 열려서"라고
말한다. 정말 병뚜껑이 안 열려서 화가 난 게 아니다. 다만 "너
때문에! 설거지 안 한 너 때문에!"라고 하면 관계가 틀어질
수 있기에 말로 남편을 속이고 싸움이 일어날 상황을 회피한
것이다. 아들처럼 말이다.

그런데 아들만이 아니었다. 알고 보니 말을 잘하는
발달장애 당사자일수록 더 많은 말로 진짜 마음을 가리는
경우가 많았다. 아들처럼 자기가 성질 내놓고 어른에게
혼날까 봐 그러기도 했고, 어제 TV에서 본 내용이 문득
기억나 반향어를 말하고 있기 때문이기도 했고, 어떤 상황에서
생각나는 말이 그 말밖에 없었기 때문에 그러기도 했다. 그런
사례가 많다는 걸 알게 되면서 말을 할 줄 아는 발달장애인이라
해서 말에 속으면 안 된다는 사실, 그럼에도 우리는 유독
발달장애인에 대해선 그들의 '말'을 곧이곧대로 듣고 있다는
사실도 깨닫게 됐다. 아들이 혼나기 싫어서 "물"이라고 말하면

정말 목이 마른 줄 아는 식이다.

　　발달장애인의 마음도 비장애인의 마음과 똑같다. 사람은 얼마든지 말로 마음을 가릴 수 있다. 그러면 말과 다른 마음을 어떻게 알아챌 수 있냐는 질문이 따라온다. 특별했던 그해 담임 선생님으로부터 배웠던 방법, 애정으로 관찰해 눈으로 행동을 읽으면 된다. 그러면 행동 속에 숨은 말로 가리고 있는 마음이 보인다. 진짜 하고 싶은 말이 읽힌다. 다만 이 방법을 사용하기 위해선 사랑과 관심이라는 두 가지 요소가 충족되어야 한다. 사랑과 관심이 있어야만 상대를 지긋이 관찰할 수 있다. 애초에 상대를 이해하고 싶은 의지가 없으면 관찰하기 위한 시간과 노력을 내지 않는다. 부모고 교사고 치료사고 의사고 매한가지다.

　　요즘 과도한 '마음 읽기'가 교육을 망쳤다며 문제를 제기하는 사회적 분위기가 있다는 것을 잘 안다. 하지만 나는 이런 분위기가 안타깝기만 하다. 비장애인에게는 그토록 난무해서 문제까지 된 '마음 읽기'가 발달장애인에게는 시도조차 되지 않고 있기 때문이다. 발달장애인의 행동은 '말'이 아닌 '문제행동'으로 먼저 규정하고, 행동으로 말하고 있거나 말로 마음을 속이고 있는 '진짜 속마음'은 읽어볼 생각조차 하지 않는 경우가 아직도 비일비재하다. 엄마도, 아빠도, 친구도, 선생님도 세상 모두가 '진짜' 자신을 알려고 하지 않는다고 느끼는 세상에 사는 심정은 과연 어떨까.

그렇다고 '마음 읽기'만 잔뜩 하고 교육이나 훈육을
하지 말자는 얘기가 아니다. 유독 발달장애인에게는 '행동'만을
문제 삼으며 교육과 훈육만이 넘쳐나고 있기에 비장애인의
반만이라도, 아니 반의 반만이라도 '마음 읽기'를 한 번
시도해보자는 것이다. 그런 생각이라도 해보자는 것이다.
그렇다고 해서 모든 문제가 전부 해결되지는 않겠지만 분명
그것만으로도 달라지는 부분은 있을 것이다.

왜 이렇게 확신할 수 있냐면 '사람'이니까 그렇다.
장애인이기에 앞서 사람이니까. 우리는 장애가 있든 없든
'똑같은 마음'을 지닌 '똑같은 사람'이니까. 사람은 자기 마음을
알아주는 사람 앞에선 자신을 보호하기 위해 센 척하는 가면을
쓸 필요가 없다.

인기남의 엄마

아들이 4학년이 되고 그해 3월(마치 10년처럼 느껴졌던)을 보내는 동안 나는 친구들을 만날 때마다 이렇게 묻곤 했다.

"솔직히 말해봐. 너도 사는 게 힘들어? 아니면 나만 이렇게 힘든 거야? 응? 사는 건 왜 이리 힘들기만 하냐고! 이거 나만 힘든 거지. 그렇지?"

친구들은 아니라고, 누구나 다 삶의 힘듦이 있다고 다독이곤 했다. 하지만 그런 말을 들으면서도 나는 고개를 저으며 아니라고, 다들 잘 사는데 나만 힘든 것 같다고 어린애처럼 우기곤 했다.

그렇게 힘든 3월이었는데 4월이 되면서 아들이 학교에서 웃기 시작하고, 학교에 가는 발걸음이 달라지고, 담임 선생님을 신뢰하고, 또래와 어울리는 즐거움을 알게 되면서 내 얼굴에도 웃음이 돌아왔다. 어디 그뿐이랴. 5월이 되자 아들에게 첫사랑이 생겼고, 상대를 위해 자진해서 이타적인 행동을 하는 모습까지 포착되니 지옥 같았던 내 마음이 어느새 천국 위로 둥실 날아다녔다. 놀라운 건 이 모든 변화가 채 두 달도 되지 않은 기간에 이뤄졌다는 점이다. 사람은 때론 이토록 쉽게 변할 수 있는 존재이기도 했다. 나에겐 그저 매일이 놀라움의 연속이었다.

이 단계까지 오자 아들이 감정을 스스로 절제하기 시작했다. 여기서 중요한 건 '스스로'와 '절제'라는 두 단어다. 담임 선생님 말에 따르면 아들은 강도 10까지 폭발시키던 분노를 이 즈음부터 강도를 2~3 정도로 낮춰 표현하기 시작했다고 한다. 물론 어떤 날은 자신도 모르게 이성을 잃고 강도 8 정도의 행동을 저지를 때도 있었다. 하지만 그러고 나면 본인도 깜짝 놀라며 곧바로 미안하다는 제스처를 취했다고 했다. 그때 아들의 모습은 마치 "앗, 나도 모르게 정신을 잃고 예전 버릇이 또 나왔어요" 같은 느낌이라고 했다.

무려 10년이었다. 현재보다 미래는 더 암울했고, 희망은

얕고 절망은 깊었다. '뉴스 → 사건/사고 → 안타까운 소식 → 한강'이 지배하는 고립된 미래로 가지 않기 위해 〈슬램덩크〉의 강백호를 능가하는 '단호한 결의'를 해야만 했던 시간이었다. 10년 동안 그렇게 많은 특수교사와 그토록 많은 치료사와 부모와 양가 조부모가 한마음으로 '잡으려' 했던 학교에서의 문제행동이 이전과는 다른 새로운 접근 방식에 의해 사라지고 있었다.

✦

3월에 열린 개별화교육회의 때 담임 선생님은 아들의 문제행동을 수정하기 위해 긍정적행동지원을 신청했었다. 컨설팅 관계자와 일정을 맞추느라 신청한 지 3개월이나 지난 6월 3일, 솔루션을 위한 첫 회의가 열렸다. ABA 전문가, 담임 선생님, 생활부장 교사 그리고 내가 한자리에 모였다.

그날 일이 아직도 생생하게 기억난다. ABA 전문가가 담임 선생님이 3월부터 작성한 아들의 행동관찰일지에서 문제행동 항목을 하나씩 읽어나갔다. 항목을 읽어나갈 때마다 담임 선생님은 "음. 이거는 아직도 조금 나오기는 하지만 많이 없어졌고, 이거는 소거됐고, 이것도 이런 상황에선 나오지만 소거되는 중이고……"라며 모든 항목에 줄을 쫙쫙 그어내려갔다.

소거, 소거, 문제행동 소거. 생전 처음 듣는 생소한 단어였다. 그토록 잡으려 애썼지만 오히려 더 강화됐던 문제행동이 아들을 둘러싼 관계가 변하면서 아들의 행동을 바꾸는 결과로 나타났다. 어떤 변화든 최선의 성과를 내는 건 내면의 역동이다. 스스로 변화하기로 마음먹은 자의 의지처럼 막강한 동기는 없다. 아들은 일련의 공격행동을 '스스로의 의지'로 거둬들이고 있었다.

나는 아들이 자신의 의지로 친구들을 향한 공격행동을 거둬들이게 된 감정의 절제, 그 배경엔 '소속감'도 한몫을 했다고 생각한다. 단순히 친밀감 하나만으론 변화가 공고하지 못했을 것이다. 친밀감과 소속감이라는 두 가지 요소가 더해지면서 친구들을 대하는 아들의 행동이 바뀔 수 있었다고 생각한다.

담임 선생님은 (중증의 그리고 문제행동이 있는) 아들에게도 (포기하지 않고) 1인 1역할을 부여했다. 아들이 부여받은 역할은 두 개였는데 친구들의 가방을 문 옆 서랍장에 정리하고 알림장을 걷어 교탁 옆 바구니에 넣는 것이었다. 아들 입장에서는 학교에서 처음 받아본 '역할'이고 '책임'이었다. 과정이 어땠는지는 알 길이 없다. 내가 담임 선생님으로부터 1인 1역할에 대한 얘길 전해 들은 건 이미 아들이 그 역할을 잘해내고 있을 때였다.

아들은 언제부턴가 학교에서 돌아오면 책가방을

현관문 옆에 고이 내려놓았다. 자기 방에 가방걸이가 있는데도 늘 그 자리를 고수했다. 내가 청소하면서 가방을 아들 방에 걸어놓으면 쪼르르 달려가 다시 현관문 옆으로 갖다놓았. 알고 보니 학교에서 맡은 역할을 집에서까지 이어가는 중이었다. 교실 출입문 옆이 가방 놓는 장소였기 때문에 집을 출입하는 현관문 옆에 가방을 둔 것이다. 아들은 1인 1역할을 충실히 해냈고 역할을 잘해낸 데에 따른 보상(아마도 칭찬)이 컸던 덕분인지 집에서까지 학교에서의 루틴을 이어가고 있었다(이 루틴은 지금까지도 이어지고 있다).

아들이 맡았던 또 다른 역할은 알림장을 걷어 바구니에 넣기. 담임 선생님이 말했다. 아들이 얼마나 1인 1역할을 잘하는지 알림장을 꺼내지 않은 친구가 있으면 직접 친구 가방에서 알림장을 꺼내 바구니에 넣기도 하고, 친구 가방이 바닥에 뒹굴고 있으면 직접 가방을 집어 제자리에 정리한다고 했다.

다시 말하지만 아들은 자신의 정체성에 대해 다 알고 느끼고 있었다. 자신이 타인(비장애인)과 다르다는 것, 심지어 같은 장애가 있는 친구들과도 다르다는 것을 이미 다 알고 있었다. 그런 '다름'을 공증이라도 하듯 학교에서 아들은 많은 것에서 하지 않아도 되는 '프리패스권'을 부여받았다. 아들을 배려한 교사의 "동환이는 하지 않아도 돼"라는 말은 특권이 아닌 배제였다. 그건 특수학교에서도 마찬가지였다.

다 아는 아들은 영철이는 반에서 무슨 역할을 맡았고, 철이는 무슨 역할을 맡았고, 영희는 무슨 역할을 맡아 수행하는지 다 보고 있었을 것이다. 그리고 자신에겐 아무도 아무런 일을 시키지 않는다는 것 또한 알고 있었을 것이다.

그런데 이해는 달랐다. 아들도 교실 안에서 할 일이 생겼다. 교실에 필요한 존재가 됐다. 친구들과 동떨어져 혼자만 고립된 섬처럼 존재하지 않고 처음으로 친구들과 똑같은 반 구성원의 일원이라는 소속감이 생겼다. 4학년 N반의 일원이라는 소속감이 생긴 아들은 그에 걸맞은 사람이 되고 싶었을 것이다. '사람들이 나를 필요로 하는 느낌'은 개인의 '동인(動因)'을 건드린다. 나는 아들에게 생긴 이 내적 동기가 아들의 변화를 공고히 하는 데 큰힘이 됐다고 생각한다.

매슬로의 욕구 단계설에 따르면 인간의 욕구는 생리적 욕구, 안전 욕구, 소속과 애정의 욕구, 인정과 존중의 욕구, 자아실현 욕구 5단계로 이뤄져 있다. 아들 상황을 매슬로의 욕구 단계설에 대입해보면 그동안 아들은 학교 안에서 '안전 욕구'는 채워졌지만 '소속과 애정 욕구' 단계로 넘어가지는 못한 걸로 여겨진다. 교사들은 많은 사랑을 줬겠지만 아들에게 특수교육지원인력을 전담으로 붙이면서 아들은 '친구들과 다른 나'를 늘 확인하며 살아야 했을 것이다. 이러한 조치는 자신 또한 친구들과 똑같은 반의 일원이라는 소속감을 없앴고, 친구들을 향한 공격행동을 이어갔던 데에는 이 심리적 거리감(친구들과의)도 한몫했을 것으로 보인다.

　　인간은 학교라는 생애 처음 정식으로 마주한 사회적 관계 속에서 소속 욕구, 인정 욕구, 자아실현 욕구를 성취하는 법을 배워나간다. 그것이 모든 인간이 학령기에 마땅히 해야 할 일이다. 이러한 과정에서 각 개인은 사회(반)의 일원이라는 소속감을 기반으로 더 나은 인간으로 발전하고자 한다. 타인에게 인정받고 싶고 사랑받고 싶기 때문이다. 특별했던 이해, 아들은 처음으로 소속과 애정의 욕구를 넘어 인정과 존중의 욕구까지 충족할 수 있었다. 담임 선생님과의 '관계', 친구들과의 '관계'를 통해 성장할 수 있었다.

✦

　　아들 주변 모든 어른들의 고민 중 하나는 아들이 '학습 의지'가 없다는 것이었다. 딱히 선호하는 것도 없고 관심을 보이는 것도 없는 아들에게 학습 의지를 부여한다는 건 베테랑 전문가라 해도 쉽지 않은 일이었다. 그런데 이해에는 학습 의지에 관한 부분까지도 자연스럽게 해결이 됐다.

　　하루는 아침 일찍부터 담임 선생님에게 메시지가 와 있었다. 보통 하교 후 소통하곤 했는데 아침부터 연락이라니 무슨 사건이라도 터졌을까 두려워하며 메시지 창을 열었다. 사진이 하나 와 있었다. 아들이 교구를 갖고 활동하는 사진이었다.

아직 1교시 수업이 시작되기 전인데 아들이 자리에서 벌떡 일어나더니 어제 하던 교구, 그러니까 자신 수준에 맞는 학습 교재를 가져와 책상 위에 올려놓고 혼자서 먼저 공부(?)를 시작하고 있다고 했다. 담임 선생님이 "동환아, 지금 안 해도 돼. 조금 후에 종치면, 수업 시작하면 해도 돼"라고 말했지만 아들이 배시시 웃으며 계속하더라고 했다. 아들이 스스로 먼저 공부를 시작하다니. 또 한 단계 발전한 모습에 담임 선생님은 이 기쁜 소식을 한시라도 빨리 전하고 싶어 아침부터 연락했다고 했다.

담임 선생님은 어떻게 아들의 학습 의지를 끌어냈을까. 그토록 많은 이들이 모두 다 실패했던 일인데 말이다. 아들의 변화가 놀라운가? 비법이 궁금한가? 그렇다면 아직도 아들을 '사람'이 아니라 '발달장애인'으로 보고 있다는 뜻이다. 아들의 상황을 우리 자신에게 대입하면 금방 답이 나온다. 다시 한 번 말하지만 아들이나 나나 우리는 '똑같은 사람'이다.

'리비도(Libido)'라는 정신분석학 용어가 있다. 지그문트 프로이트는 리비도를 '성적 에너지', '성적인 충동'으로 규정했지만 카를 융은 이를 조금 더 확장해 역동성을 갖는 '생명의 에너지', '정신적 에너지'로 해석했다.

쉽게 풀어 설명하면 이런 것이다. 대학생 때 "카르페 디엠~"을 외치며 현재를 즐기는 데 골몰하느라 살을 찌워버린 이후로 나는 거의 20년 동안 엄마로부터 살 빼라는 잔소리를 들으며 살고 있다. 잔소리는 내가 두 아이의 엄마가 됐어도, 내일모레 오십을 바라보는 중년이 됐어도 여전히 유효하다(머리 좀 묶고 다니라는 잔소리도 마찬가지). 몇 년 전 설에 만났을 때는 추석까지 10킬로그램을 빼면 100만 원을 주겠다고 엄마가 보상을 내걸기도 했다.

살 빼서 예뻐지고 싶은 마음은 나도 마찬가지다. 옷장 속에는 언젠가 살 빼면 입겠다며 가격표도 떼지 않은 채 걸어둔 원피스가 여러 벌이다. 이왕 뺄 살이라면 꽁돈 100만 원까지 가져야지. 그런데 다음 추석에 나는 2~3킬로그램 정도 더 찐 상태로 친정을 방문했다. 이유는 자명했다. 당시 마음이 암울했던 난 "살 빼고 예뻐질 거야"라는 호언장담과 달리 실제로는 살을 뺄 의지 따위가 전혀 없었던 것이다. 그럴 만한 기력과 에너지가 없었다. 하지만 내 마음이 즐겁고 만족스러운 일상이 이어지고 있을 땐 옆에서 누가 잔소리를 하거나 보상을 내걸지 않아도 스스로 알아서 살을 빼곤 했다. 결국 나에게 살을 뺀다는 건, 다이어트의 문제가 아닌 정신적 에너지가 충족돼 있느냐 마느냐의 문제였다.

사실 누구나 그럴 것이다. 살다 보면 정신적 에너지가 충만해 이런저런 일도 많이 벌이고 이런저런 사람도 많이 만나는 시기가 있다. 이럴 때는 집 안(또는 방 안) 정리도 잘 돼 있고 알아서 건강도 챙기며 몸에 좋은 바른 식단을 유지한다.

반면 정신적 에너지가 밑바닥인 시기도 있다. 이럴 땐 세상 누구도 만나기 싫고, 아무 일도 하기 싫으며, 집안은 엉망이고 매 끼니를 배달 음식으로 연명한다. 하고 싶은 것도 없고 해야 할 일도 미루기 일쑤다.

몇 년 전 나는 3년 과정으로 '정신분석 스터디'를 한다는 모임에 찾아갔다. 한글로 쓰여 있는데도 무슨 말인지 하나도 모르겠는 이상한 책(프로이트 논문)을 읽으면서도 매주 열심히 스터디를 다녔던 건 '집 나간 리비도'를 되찾고 싶어서였다. 정신적 에너지가 충족돼야 해야 할 일, 하고 싶은 일을 힘내서 할 수 있다는 사실을 알고 있었기 때문이다. "집 나간 리비도야, 내가 전어 굽는 대신 논문 읽으면서 공부하고 있다. 어서 돌아오렴~"이랄까. 정신분석 공부를 하며 내면을 마주하는 데 집중한 덕분인지 아니면 용띠 삼재가 끝나가고 있기 때문인지는 모르겠지만(징그럽게 힘든 삼재였다) 어쨌든 덕분에 다시 힘을 내 이 책을 마감했다.

특별했던 그해, 아들도 그랬던 거다. 정신적 에너지, 삶의 에너지가 충족되는 가장 근본적 요인은 주변과의 관계다. 주변과의 친밀한 관계에서 오는 삶의 충만함이 아들 내면에 역동의 힘을 생기게 했고 그 에너지가 스스로 공부할 학습 의지까지 끌어냈다. 100만 원이라는 외부 보상은 아무런 힘을 발휘하지 못했지만 정신적 에너지가 충만한 시기엔 스스로 식단 조절을 하고 운동도 해 살을 뺐던 것처럼 아들도 내적 에너지가 충만해지자 내적 동기가 발현돼 학습 의욕마저 고취된 것이었다.

스스로 감정(문제행동)을 절제해, 타인을 위한 이타적인 행동도 해, 교실 안에서 맡은 바 역할까지 충실히 해내, 학습 의지까지 보이며 공부도 해. 아들 내면의 역동은 분명히 변화했지만 그렇다고 해서 아들의 모든 문제행동이 100퍼센트 소거된 것은 아니었다. 어떤 상황에선 여전히 화를 냈지만 그 빈도와 강도는 이전에 비할 게 아니었다.

이해가 끝나가는 12월, 담임 선생님은 아들이 반 친구들과 뒹굴며 장난치고 있는 영상을 보냈다. 아이들 셋이 뒤엉켜 깔깔깔, 껄껄껄, 하하하 웃고 있었다. 중간에 숨이 넘어가도록 웃느라 침이 흘렀던 건지 아들이 스윽 하고 옷소매로 입을 닦는 모습도 보였다.

담임 선생님이 "지금은 동환이가 우리 반 최고의 인기남이 됐어요. 친구들이 동환이를 제일 좋아해요"라고 했다. 학기 초만 해도 아들이 무섭다며 옆에 오지도 않으려고 했던 한 친구는 "우리 반에서 동환이가 제일 좋다"며 담임 선생님에게 아들과 같이 사진을 찍어달라고 했단다. 얼마 뒤엔 또 다른 친구가 "동환이가 제일 좋다"는 고백을 했다고 한다. 그러고 나서 받은 담임 선생님의 마지막 메시지에, 나는 어떤 한이 녹아내리는 듯한 치유의 감정을 느꼈다.

"동환이가 사람도 잘 따르고, 정도 많고, 장난도

잘 치고……. 아마 집에서는 그런 예쁜 아들이었을 텐데 학교에서는 너무 다른 모습을 보여서 그간 많이 답답하고 힘드셨겠구나 싶었어요."

그동안 나는 거짓말쟁이가 된 것만 같았다. 매년 담임 선생님과 상담을 할 때마다 나는 아들이 굉장히 애교가 많고 웃음도 많은 아이라고, 집에서는 학교에서의 모습과 전혀 다르다고, (누나와는 가끔 싸우긴 하지만) 예쁜 짓만 하는 아이라고 강조해 말했다.

선생님들이 "아~ 네"라며 내 말을 노트에 받아 적을 때마다 영혼 없이 대답하고 있음을 느낄 수 있었다. 믿지 않았던 것이다. 그런데 이해 담임 선생님은 드디어 내 말이 진실이었음을, 자기 자식을 감싸는 데 급급한 학부모의 거짓이 아니었음을 알아줬다. 치유는 이런 순간에 일어난다. 변화하고 발전한 건 아들이었고, 아들의 변화로 반 친구들도 안전하고 즐거운 환경에서 학교에 다닐 수 있었고, 교사들도 아들을 제압하느라 힘겨운 격투를 벌이지 않아도 되는 수월한 한 해를 보냈다. 하지만 어쩌면 그 모든 변화보다 가장 큰 수확은 학부모인 내 마음에서 학교에 대한 불신이 사라졌다는 것이었다.

✦

　지옥에서 천국까지 왔다 갔다 한 아들의 4학년 생활이 끝났다. 종업식 날 하굣길에 마지막 인사를 하는데 눈이 마주치면 눈물이 터져버릴까 봐 선생님을 제대로 쳐다보지 못했다. 아니 연인과 헤어지는 것도 아닌데 왜 그렇게 마음이 떨리고 눈물이 날 것만 같았던지…….

　1년 전 나는 더 이상 물러설 데가 없었다. 아들의 문제행동은 아들만의 일이 아니었다. 교실의 문제를 넘어 학교의 문제이기도 했고, 나의 일이기도 했지만 우리 가족의 일이기도 했다. 고립된 우리 가족의 미래가 눈에 보였고 눈을 감으면 일렁이는 한강에 퐁당 빠지는 모습이 아른거렸다. 하지만 1년 만에 기적처럼 상황이 바뀌었다. 이제 아들은 문제아가 아닌 인기남이고, 나는 가해자의 엄마가 아닌 인기남의 엄마가 됐다. 미래에 대한 희망으로 마음이 부풀어 올랐다.

　이 기세를 이어 더 신나는 5학년, 6학년 그리고 중학교와 고등학교 생활을 보낼 수 있을 것 같았다. 지금은 친구들과 대근육을 이용한 간단한 놀이(잡기 놀이, 간지럼 놀이 등)로 상호작용을 하지만 앞으론 차근차근 다음 단계로 넘어갈 수 있을 것이다.

　"얼음땡"이나 '무궁화 꽃이 피었습니다'처럼 규칙이 적용되는 놀이로 확장해 상호작용을 유지하면서도 사회적 규칙을 배울 수 있도록 해볼까. 내년 담임 선생님과 이런 내용을 공유하고 함께 논의해봐야지. 5학년부터 당장 시작할까. 아니야, 아직 일러. 조급한 마음에 앞서가지 말자. 5학년 땐 지금 상태를 그대로 유지하는 걸 목표로 하고, 6학년 때부터 하나씩 단계별로 발전을 꾀하는 거야. 그러다 보면 아들은 더 이상 '괴물'이 아니라 사랑하고 사랑받을 줄 아는 성인으로 자라 있겠지. 희망찬 미래여, 행복한 삶이여! 어서 와라, 열두 살아.'

나는 더 이상 아들의 10대가 두렵지 않았다.

하지만 인생은 늘 그렇듯 계획한 대로 흘러가지 않는다. 5학년 개학을 한 달 앞둔 이듬해 2월, 코로나19가 발생했다. 학교가 문을 닫자 '아들의 세상'도 닫혔다. 고립 생활이 길어지면서 아들이 퇴행하기 시작했다.

✢ 3부

지금부터
준비해야 하는
행복한 어른 생활

달라진 아들의 세상

"조이~ 싸, 조이~ 싸."

무슨 뜻인지는 모르지만 아들이 몇 년 동안 반복적으로 말하는 반향어다. 자매품으론 "아꾸찌~"와 "우~하!"가 있다. 어릴 때는 앳된 목소리로 "조이~ 싸"라고 했다면 지금은 변성기가 지나 잔뜩 굵어진 '상남자의 목소리'로 "조이~ 싸"라고 말한다.

인사동에서 놀다가 집으로 가기 위해 지하철을 탄

날이었다. 꾸준한 노출과 반복 경험 덕분인지 어릴 땐 지하철을 타면 무조건 앉아서 가야만 했던 녀석(심지어 앉아 있는 사람에게 어서 일어나라며 손을 앞으로 내밀고 흔들기도 했다)이 지금은 의젓하게 손잡이를 잡고 서서 빈자리가 날 때까지 기다린다. 그날은 마침 자리가 있어서 나와 아들이 나란히 앉고 맞은편에는 남편과 딸이 앉았다. 기분 좋은 아들이 휴대폰으로 뽀로로를 보면서 특유의 반향어를 말하기 시작했다.

"조이~ 싸."

공공장소에서 온 가족이 신경 쓰는 건 아들이 내는 소리의 '크기'다. 휴대폰에서 흘러나오는 애니메이션 소리, 반향어를 말하는 소리, 웃는 소리 등 아들로부터 흘러나오는 모든 소리가 크다고 느껴지면 언제나 "쉿!" 하면서 소리를 낮출 수 있도록 한다.

양손을 머리 위로 빠르게 올렸다 내렸다 하는 상동행동은 보기에만 정신없고 본인 팔만 아플 뿐이지 타인에게 특별한 피해를 주지 않기에 굳이 제지하지 않는다. 하지만 휴대폰 음량이나 목소리가 커지는 건 공공 예절을 익히는 차원에서 매우 중요하기 때문에 늘 단속한다. 그럴 때면 오히려 주변 사람들이 "괜찮아요. 그냥 두세요"라며 말린다.

그날도 아들이 "조이~ 싸"라며 반향어를 말했는데, 그 정도 성량은 내가 개입하지 않아도 되는 수준이라고 판단해 굳이 제지하지 않고 편하게 앉아 있었다. 그런데 맞은편에 앉아 있던 아저씨가 갑자기 아들을 향해 냅다 소리를 질렀다.

"이놈! 왜 떠들어! 여기가 네 집이야?"

맹세하건대 아들 목소리보다 아저씨 목청이 다섯 배는 더 컸다. 아들은 혼이 날 만한 일은 하나도 하지 않았다. 당황하진 않았다. 화가 나지도 미안하지도 않았다. 다만 아들을 향해 목이 터져라 소리 지르는 아저씨를 물끄러미 바라만 보고 있었다. 지금 저 아저씨는 자신이 지하철 안의 고요와 공공 예절을 지키는 '정의의 수호자'라고 생각하고 있는 듯했다. 그래서 모두를 대표해 아들에게 조용히 하라며 철퇴를 내리는 중이겠지. 그런데 '정의의 수호자'가 정의 구현을 하는 데 있어 대상은 왜 가리는 것일까. 나는 그게 궁금했다.

그 아저씨는 건너편 커플이 어제 산 운동화를 바꿔야겠단 얘기를 주변 사람들 모두가 다 들을 정도로 떠들 때도 가만히 있었다. 덕분에 나는 여성이 살이 찌면서 발에도 살이 쪄버렸다는 것, 그 운동화를 신으면 새끼발가락이 눌린다는 것 등의 정보를 알게 됐다.

그런데 그 커플보다 더 작은 성량과 더 적은 횟수로, 다만 "조이~ 싸"라고 말했을 뿐인 아들에겐 왜 저렇게 분노를 표출하는 것일까. 정작 본인이 아들보다 몇 배나 더 시끄럽게 지하철 안의 고요를 깨가면서 말이다. 그러다 '아~ 지금 나랑 아들이 저 아저씨한테 무시당하고 있는 중인가 보다'라는 생각이 들었다. 나란히 앉은 우리 둘은, 덩치에 맞지 않게 휴대폰으로 뽀로로를 보고 있는 미성년자 발달장애인과 얼핏 추레해 보이는 중년 아줌마다. 지금 저 아저씨는 남자라는 성별과 아마도 60대 정도일 나이에 따른 위력을 마음껏 휘두를 수 있는 대상을 찾은 것이다. 그게 바로 가장 약자로 보이는 두 사람, 발달장애인인 아들과 아줌마인 나였다.

　　허허허. 아저씨, 오늘 상대 잘못 고르셨네. 겉으로만 보면 불쌍한 발달장애인을 키우는 힘 없는 아줌마 같겠지만 그건 날 몰랐을 때 얘기다. 우리 남편이 세상에서 제일 무서워하는 사람이 바로 나거든요. 그렇지 않아도 요즘 속상한 일 많았는데……. 오케이! 아저씨. 오늘 나랑 맞짱 한 번 떠봅시다!

　　여기까지 생각하는 시간이 너무 길었던 탓일까. 막 첫 마디를 꺼내려고 숨을 들이마시는데 마침 아저씨 바로 옆에 앉아 있던 남편이 먼저 선수를 쳐버렸다.

　　"제가 쟤 아빤데요. 죄송합니다. 애가 발달장애가 있어서요."

　　뒤로 편하게 기대 있던 남편이 천천히 몸을 앞으로 내밀어 무릎 위에 양쪽 팔꿈치를 올리고 아저씨 눈을 똑바로 바라보며 아들을 대신해 힘주어 사과했다.

　　남편은 0.1톤에 가까운 몸무게에 팔굽혀펴기를 하루에 천 개씩 하는, 일명 '힘캐(힘 센 캐릭터)'다. 나날이 쑥쑥 커가는 아들을 감당하려면 자기도 체력을 길러야 한다면서 몇 년째 헬스 트레이닝을 꾸준히 하고 있다. 덕분에 남편은 배우 마동석 같은 느낌으로 변해버렸다. 그런 남편이 바로 옆에서 '아빠'라고 나서자 방금 전까지 아들을 향해 온갖 호통을 치던 아저씨가 갑자기 "끄응~" 하면서 눈을 감고 잠을 청하기 시작했다. 심지어 "어허, 이놈. 조심해" 등의 상황을 마무리하는 말조차 없이 (비겁하게!) 그냥 눈을 감아버렸다. 아저씨를 뒤로 하고 내렸는데 지하철 문이 닫히자마자 딸이 참았던 웃음을 요란하게 터트렸다.

"하하하하하하하하. 아우~ 배 아파. 참느라 혼났네. 엄마 봤어? 아빠가 사과하자마자 그 아저씨 자는 척하는 거 봤어? 하하하하하!"

딸은 웃느라 숨이 넘어가기 일보 직전인데 나는 분해서 남편에게 소리부터 질렀다.

"왜 나서! 내가 해결하려고 했는데 왜 가로채? 나도 스트레스 풀려고 했단 말이야. 왜 재밌는 상황을 말도 없이 가져가! 아휴 분해! 앞으로 또 나서기만 해봐. 재밌는 거 자기 혼자만 해봐!"

마누라는 소리 지르고, 딸은 웃어대고. 남편은 고개만 절레절레 저었다.

◆

　많고 많은 나날 중 스쳐가는 어느 날의 에피소드일 수도 있었다. 하지만 이날의 경험은 아들이 사는 세계가 이전과 달라졌음을, 그동안 아들을 지켜줬던 '어린이의 세계'가 종말의 인사를 고하고 새로운 '어른의 세계'로 들어섰음을 알리는 나팔 소리였다.

　마치 어른처럼 몸이 커버린 아들은 사실상 어른 발달장애인과 같은 대우, 즉 취급을 받기 시작했다. 그건 발달장애인에 대한 '직접 혐오'를 몸으로 받아내야 한다는 뜻이었다.

　사람들은 어린 발달장애인에겐 직접 혐오보다 간접 혐오를 주로 보인다. 물론 아주 일부에선 "저런 애를 왜 데리고 나와"라며 상처 주는 말을 하는 사람도 있다. 하지만 대부분은 불쌍하고, 안됐고, 측은한 마음(이런 마음조차 장애에 대한 간접 혐오지만)으로 어린 발달장애인에게는 어느 정도의 관용을 보인다.

　반면 성인이 되면 상황이 달라진다. 일부 비장애인은 장애인에 대한 혐오를 내보이는 데 있어 코딱지만큼의 죄책감도 갖지 않는다. 어쩔 땐 더 당당하기까지 하다. 마치 어린이 장애인은 때릴 데가 없어 못 때리지만 어른 장애인은 때릴 데가 많으니 마음껏 쳐도 된다는 그런 느낌이랄까.

　아들을 향한 혐오는 직접적이고 즉각적으로 변했다.

이날을 시작으로 연남동 잔디밭에서, 홍대의 한 빌딩 계단에서, 망원시장 안에서 성인의 신체를 가진 아들은 욕 또는 경멸의 형태로 오는 직접 혐오를 온몸으로 받아내야 했다.

동네에서는 없던 일이다. 동네 사람들에게 아들은 익숙한 존재이기에 아들의 '남다른 행동'은 동네의 평범한 풍경이다. 하지만 주말마다 동네를 벗어나 곳곳을 돌아다니는 우리 가족은 아들을 낯설어하는 시선과 매 순간 부딪히면서 그 속에서 (아직은 일부에 불과하지만) 아들을 향한 직접 혐오와 마주하기 시작했다. 그렇게 쏟아져오는 직접 혐오는 내가 지하철에서 남편에게 투정 부렸던 것처럼 결코 '재미있는 일'이 아니었다.

아들이 사는 세계가 달라졌다. 이제 아들에게는 기존의 '발달장애인'이라는 딱지 외에도 '덩치 큰', '중증의', '남성'이라는 세 개 항목이 낙인처럼 따라붙었다. 그러면서 아들을 향한 '세상의 거부'도 본격화됐는데, 세상에서 거부당하는 딱 그만큼의 크기로 아들은 나에게로, 가족에게로 떠밀려왔다. 세상으로부터 집으로, 아들의 고립이 시작됐다.

가끔 그런 생각을 한다. 만약 아들이 덩치라도 작았다면, 말이라도 할 줄 아는 경증 발달장애인이었다면, 성별이 여자였다면 아들이 사는 세상은 달랐을까. 세상 사람들이 우영우에게 보내던 '봄날의 햇살' 같은 미소를 아들도 받을 수 있었을까.

✦

　아들의 세계가 변했다는 걸 실질적으로 느끼기 시작한 건 아들의 '놀이 공간'이 하나씩 사라지는 경험을 하면서부터다. 초등학생 때까진 갈 데가 없는 날이면 당연하다는 듯 트램펄린이 있는 키즈카페로 향했다. 아들은 트램펄린을 진정으로 즐길 줄 아는 자다. 트램펄린과 혼연일체가 되어 통~통~ 탄력을 이용해 하늘로 날아오르는 자유의 맛을 안다.

　하지만 중학생이 된 후에는 더 이상 키즈카페에 갈 수 없었다. 대신 성인도 마음껏 뛸 수 있는 트램펄린 전용 공간에 가야 했다. 검색해보니 강남에 괜찮은 곳이 있었는데 왕복 3시간 거리를 오갔더니 진이 빠져 두 번은 못 가겠다 싶었다.

　집에서 가까운 곳에도 트램펄린을 뛸 수 있는 공간이 있긴 했다. 그런데 트램펄린 전용 공간이 아니라 어른들을 위한 스포츠 놀이터 개념의 공간이었다. 비싼 입장료를 내고 들어갔지만 아들의 기능상 할 수 있는 놀이가 없었다. 아들은 오직 트램펄린만 이용할 수 있었는데, 그마저도 한 번 뛸 때마다 시간제한이 있는데다 사람도 너무 많아서 딱 한 번 가고 더는 가지 않았다. 기능의 한계로 할 줄 아는 운동이 없는 아들에게 트램펄린은 재미있게 놀면서 체력까지 단련할 수 있는 유일한 생활 체육이었는데 그것을 할 기회가 줄어버린 게 못내 아쉬웠다.

　놀이공원은 아예 못 가게 되었다. 아들은

전정기관(이동과 평형감각을 주관하는 감각 기관)이 과하지 않게 자극받는 놀이기구를 좋아한다(아마 트램펄린도 같은 맥락에서 좋아하는 것 같다). 어린이용 바이킹과 어린이용 청룡열차, 어린이용 팽이 접시 또는 어린이용 자이로드롭처럼 너무 빠르거나 높진 않지만 일정한 자극을 느낄 수 있는 놀이기구를 탈 때면 까르르 웃으며 난리가 난다.

초등학생 때까진 여러 놀이동산을 찾아다니며 각종 놀이기구를 즐겼다. 하지만 고작 몇 달 사이에 중학생이 됐다고 탈 수 있는 놀이기구가 하나도 없게 됐다. 몇 살이냐는 질문에 열네 살이라고 답하면 중학생은 탈 수 없다고 거부당했다.

"어린이용인 건 아는데요. 지금 보면 부모들도 다 같이 타잖아요. 애들만 타는 거면 저도 태워달라고 안 해요. 그런데 어른들도 같이 타는 거라서요. 어른은 탈 수 있는데 중학생은 탈 수 없나요?"

발달장애인인 아들이 받아들일 수 있는 자극으로는 이 정도 수준이 적당하다며 부탁하고 호소해봤지만 어림도 없었다. 규정이 그렇단다. 출입구 앞에서 기대감에 눈을 반짝이고 있는 아들을 끌고 나오는데, 그 순간에도 아들보다 덩치가 훨씬 큰 아빠들이 자녀의 손을 잡고 어린이용 놀이기구에 착석하고 있었다. 어느 한곳만의 특별한 사례가 아니다. 대표적인 놀이동산 세 곳 모두 같은 이유로 어른들도 타는 어린이용 놀이기구에 아들은 타지 못하게 했다.

그렇다고 어른용 놀이기구에 태울 수도 없었다. 한번은 모든 어린이용 놀이기구를 못 타게 되자 아들을 달래기 위해 어른용 놀이기구 중에서 초등학교 고학년 아이들도 제법 줄을 서 있는 놀이기구에 태운 적이 있었다. 그날 공중에서 아들의 초상을 치를 뻔했다. 슈웅~ 슈웅~ 놀이기구가 뱅글뱅글 돌면서 동시에 좌우로 움직이는데, 소화 역량을 넘어선 과한 자극을 온몸으로 받아들이다 보니 아들이 말 그대로 패닉 상태에 빠져버린 것이다. 하얗게 질린 채 온몸에 잔뜩 힘을 주고 얼굴을 할퀴며 절규하는 아들을 보며 나는 공중에서 "정지! 스톱! 세워주세요! 세워요! 여기 사람 죽어요!"라고 울부짖었다. 이런 이유로 종종 가서 신나게 놀았던 놀이동산도 더 이상은 불가했다.

생각해보면 아들을 데리고 정말 부지런히 돌아다녔다. 전국 곳곳의 박물관이나 전시관도 많이 다녔는데 자칫 지루할 수 있는 공간에 아들을 데려갈 수 있었던 건 옛날과 다르게 요즘은 체험형 전시가 많아진 덕분이었다. 문제는 '어린이'라는 글자가 붙은 박물관과 전시관이 주로 체험형으로 이뤄져 있다는 것이었다. 이제 막 중학생이 된 어느 토요일에 평소처럼 어린이 과학관을 찾아갔는데 문 앞에서 제지당했다. 역시나 같은 이유였고, 나는 같은 호소를 반복했고, 같은 답변이 돌아왔다.

"발달장애인 청소년이 이용하고자 할 땐 3일 전에 미리 홈페이지를 통해 개별 신청하면 가능합니다."

모든 어린이와 모든 어린이의 보호자인 어른은 즉시 입장이 가능했지만 발달장애가 있는 청소년은 따로 며칠 전에 개별적으로 신청을 해야만 출입 허가를 받을 수 있다고 했다. 하아~. 이 사회는 어쩜 이렇게도 발달장애에 대한 이해와 고려가 없을까. 어린이만을 위한 공간을 침범하겠다는 게 아니라 어른도 이용하는 어린이 시설을 발달장애 청소년도 함께 공유하자는 건데 이게 이토록 용납되지 않는 일인 것일까.

영화관은 '알아서' 가지 않은 지 오래다. 2019년에 〈겨울왕국 2〉를 보러 간 게 마지막이다. 침묵해야 할 때와 마음껏 웃어도 될 때를 구분하지 못했던 아들이 옆자리 관객들에게 눈칫밥을 잔뜩 먹고 나선 더 이상 극장에 갈 엄두를 내지 않았다.

✦

첫 번째 변화가 여가 활동 범위의 축소였다면 다음으로는 치료 영역에서의 거부를 피부로 느끼기 시작했다. 재활치료 현장은 늘 대기와 기다림의 연속이지만 그래도 초등학생 때까진 상담 후에 대기를 걸어놓고 기다리다 보면 언젠간 순서가 되어 원하는 재활치료를 받을 수 있었다. 그런데 청소년이 되자 새로운 치료실을 구하는 게 하늘의 별 따기보다 어려운 일이 됐다.

　　대기도 걸어놨고 분명 순서가 지난 것도 알고 있는데 치료실에서 도무지 연락이 오질 않았다. 나보다 훨씬 늦게 같은 시간, 같은 치료사에게 대기를 걸어놓은 아이의 엄마가 해당 치료실에 다니기 시작한 걸 뒤늦게 알게 되는 경우가 속출했다. 치료실마다 '덩치 큰', '중증의', '남성' 발달장애인인 아들을 부담스럽게 여긴 탓이었다.

　　사설 치료실 입장에선 굳이 '컨트롤하기 힘든' 아들을 받을 이유가 없었다. 영유아와 초등 저학년만으로도 대기자는 차고 넘쳤다. 청소년 수업이 진행 중인 치료실도 상황은 다르지 않았다. 지시 따르기가 잘 되고 행동의 문제가 없거나 적은, 장애 정도가 경한 청소년을 선호했다.

　　상담 시작 땐 적극적이던 센터 원장들이 아들에 대한 얘기를 듣고 나면 갑자기 대기자 핑계를 대며 미적지근하게 반응했다. 이미 다른 엄마들을 통해 대기자가 어느 정도 있는지를 알고 왔는데 원장들이 말하는 대기자 수는 늘 그보다 몇 배는 많았다. 그렇게 은근한 거부가 이어지고 있던 중 큰 기대 없이 찾아간 센터에서 아들을 맡아보겠다는 치료사가 나타났다. 그 기관에선 처음 받아보는 중학생이라고 했다. "여기서도 안 받아주면 갈 데가 없어요"라는 내 하소연이 딱해 보였는지 "어머니, 제가 해볼게요"라며 한 치료사가 손을 내밀었다. 감사한 마음으로 첫 수업에 들여보냈는데 다음 날 못하겠다는 전화가 왔다. 어린이와 청소년은 너무 다르더란다.

어릴 땐 하루에 두 개 이상의 치료 스케줄을 연달아 소화하느라 늘 녹초가 됐던 아들이었는데 중학생이 되고서는 평일에 아무것도 하지 않는 날이 생겨났다. 지금 할 수 있는 최선은 다니고 있는 치료실에서마저 거부당하지(쫓겨나지) 않기 위해 시간당 6만 원의 수업료(바우처 등록이 안 된 기관이라 수업료 전액을 자부담으로 낸다)와 한 번 갈 때마다 4만 원 가까이 나오는 왕복 택시비를 아낄 생각 말고 꾸준히 다니는 것이다.

사실 중학교 이후부터는 재활치료를 서서히 줄여나간다. 대신 복지관이나 부모단체 등에서 운영하는 각종 예체능 활동 프로그램으로 그 시간을 대체한다. 아들의 친구들만 봐도 각종 복지 프로그램을 이용하며 평일과 주말 시간을 알차게 보낸다. 탁구, 배드민턴, 축구, 농구, 골프, 볼링, 수영, 뉴스포츠, 방송 댄스, 합창, 난타, 인라인, 미술, 요리, 온갖 악기 연주 등 그나마 인프라가 잘 구축된 서울에 사는 덕분에 (지역구를 넘나들며) 선택할 수 있는 프로그램 종류가 다양하다. 하지만 중증 발달장애인의 엄마인 나는 수많은 프로그램을 눈앞에 두고도 눈만 깜박인다. 복지의 영역으로 넘어가도 '경증 장애' 중심의 프로그램 운영이 주를 이루는 경우가 다수라 중증 장애가 있는 아들이 이용하기에는 걸림돌이 많기 때문이다.

물론 차근차근 배워가면서 할 수도 있겠지만 1 대 1 수업이 아닌 단체 수업이라는 점을 고려하면 무리가 따르는 것도 사실이다. 단체 활동 프로그램은 재활치료를 받을 때처럼 개별 인력이 전담으로 붙어 하나하나 가르치고 자세를 잡아주며 수업을 진행할 수가 없다. '내 욕심' 하나로 무작정 수업에 들여보내면 수업 구성원 모두가 힘들어진다. 이런 이유로 중증 장애인도 활동에 참여할 수 있도록 프로그램 기획을 수정하고 지원 인력을 충원해달라고 요청해봤지만 그때마다 '예산의 벽'과 '결과물의 벽'에 부딪혔다.

"어머니, 저희도 그런 고민을 하고 있는데요. 아시겠지만 현실적으로 어려운 것도 사실이에요."

한번은 사회복지사들과 이런 문제에 대해 솔직하게 이야기를 나눈 적이 있다. 일단 중증 장애인을 대상으로 한 프로그램은 기획조차 쉽지 않다고 했다. 경증 장애인을 대상으로 하는 프로그램에 비해 인건비(지원인력)가 많이 들고, 연말이면 "이 예산으로 이런 사업들을 했습니다"라며 눈에 보이는 결과물(전시회나 연주회 등)을 내놔야 위에서 좋아하는데 내놓을 결과물이 마땅치 않다는 것이다. 눈으로 보이는 성과물이 없으면 다음 해 예산 편성에서 어려움을 겪는다고 했다.

중증 장애가 있기에 (민간이 아닌) 복지의 영역에서 더 적극적으로 포용해야 했지만, 바로 그 중증 장애가 있기에 복지의 영역에서까지 소외되는 게 현실이었다. 그래도 아직까지는 괜찮았다. 학령기라서 그렇다. 성인기 자녀를 둔 엄마들이 늘 하는 말처럼 "그래도 학령기엔 학교라도 다닐 수 있으니까." 그래. 학령기인 아들이 속한 사회의 중심은 '학교'다. 학교에서만이라도 유의미한 시간을 보내고, 즐거운 참여 활동을 하고, 더불어 사는 관계를 배우면 된다. 그 과정을 통해 삶을 충만하게 채우면서 고립되지 않을 성인기를 준비하면 된다.

하지만 아들이 중학생이 되면서 바로 그 학교에서부터 고립이 시작됐다. 학교라도 다녀서 고립되지 않을 수 있는 게 학령기의 가장 큰 장점인데, 오히려 학교 안에서의 고립이 공고해지면서 아들의 삶은 학교 안팎에서 의지할 데 없는 갑갑한 상황에 놓였다.

이로 인한 더 큰 문제도 나타났다. 기존에 아들이 경험한 고립이 학교 밖인 외부 환경(아들 힘으로 어찌할 수 없는)에 의한 것이었다면, 학교 안에서 경험하는 고립은 아들의 루틴과 성격, 행동에까지 영향을 주면서 아들의 학교 밖 일상에까지 또 다른 파장을 미치고 있었다. 학교 안팎에서 조여오는 고립된 상황에 아들의 삶이 무너지기 시작했다. 단지 중학생이 됐을 뿐인데 아들이 사는 세계가 달라졌다.

학교에 가는 의미

"우와와와아아아앙~!"

딸이 학원에 가려고 현관에서 신발을 신으면 침대에서 뒹굴거리던 아들이 득달같이 달려나와 누나의 옷을 붙잡고 늘어지며 울기 시작했다.

"동환아, 엄마랑 놀자. 누나 학원만 금방 갔다 올 거야. 좀 이따 다시 올 거야. 수인아, 얼른 나가. 엄마가 잡고 있으니까 지금 나가!"

딸이 현관문을 열고 나가면 아들은 세상 다급한 얼굴로 나를 있는 힘껏 뿌리치고 맨발로 누나를 따라나섰다.

"동환아!"

버럭 소리를 지르며 나만큼 키가 커버린 아들을 힘으로 끌어 집으로 데리고 들어왔다.

코로나19 때의 모습이다. 거리 두기로 인해 학교가 문을 닫자 '아들의 세상'이 닫혀버렸다. 대면 수업이 온라인 수업으로 대체됐을 뿐인데 아들은 세상으로부터 완전히 단절됐고 철저히 고립됐다. 나와 남편과 딸은 거리 두기가 시행됐어도 세상으로부터의 단절을 경험하지 않았다. 사람들과 통화도 하고, SNS도 하고, 메시지도 주고받으며 '세상(타인)과 연결된 나'를 매일 확인했다. 단지 마음대로 밖에 나갈 수 없으니 불편하고 답답할 뿐이었다.

하지만 아들은 달랐다. 말을 할 수 없으니 친구와 통화할 수도 없었고, 한글을 이해하지 못하니 메시지를 주고받거나 SNS를 할 수도 없었다. 추상적인 개념들을 구체화하지 못하니 뉴스를 보면서 세상이 어떻게 돌아가는지 파악할 수도 없었다. 천재지변으로 인한 재난은 누구에게나 공평하게 찾아오지만 그 피해는 가장 약한 자의 삶부터 파고든다는 것을 알 수 있었다.

팬데믹 시기, 아들의 세상은 가족으로 좁혀졌다. 세상의 구성원이 오로지 엄마와 아빠, 누나 세 명뿐인 날이

길어지면서 아들은 가족에게 집착하기 시작했고 분리불안까지
생겨버렸다. 평소엔 아빠가 출근해도 인사조차 안 하던 녀석이,
누나가 나갔다 들어와도 관심조차 보이지 않던 녀석이, 엄마가
일하러 나갈 때면 잘 다녀오라며 손까지 흔들어주던 녀석이
가족 중 한 명이라도 집 밖으로 나가려고 하면 후다닥 달려와
못 나가게 온몸으로 막았다. 아들 입장에서 셋 중 하나가
집을 나간다는 건 세상의 3분의 1을 상실하게 되는 것이다.
성장할수록 부모(가족)와 분리가 돼야 하는데 코로나19로 인해
세상으로부터 고립되면서 오히려 가족에 대한 의존과 집착이
높아져버렸다.

  다시 학교 문이 열렸지만 띄엄띄엄 등교하게
되면서(과반 등교) 아들의 5학년 생활은 사실상 '잃어버린 1년'이
됐다. 이런 상황이 계속되면서 4학년 때 기껏 길러놓은 사회성,
스스로 거둬들인 공격행동, 내적 동기에 의해 고취된 학습 의욕
등이 전부 도루묵이 됐다. 하지만 천재지변 앞에선 어쩔 도리가
없었으니 언제고 등교 정상화가 이뤄지면 처음부터 다시
시작하는 것만이 방법이었다.

✦

  6학년이 되면서 드디어 등교 정상화가 이뤄졌다. 6학년
땐 책상을 붙여 앉게 해달라는 부탁을 하지 않았다. 모든

학생이 공평하게 한 칸씩 자리를 띄어 앉았기 때문이다(아들만 '따로' 고립되지 않았다). 아들의 6학년 생활은 제2의 전성기이기도 했다. 비록 이전 해 1년 동안 코로나로 인해 고립 생활을 하면서 잔뜩 퇴행한 채로 등교해 모든 걸 처음부터 다시 시작해야 했지만, 열정 가득한 담임 선생님을 만나 4학년 때와는 또 다른 형태의 성장과 발전을 이룬 한 해를 보냈다.

6학년이 끝나갈 무렵 선생님이 말했다. 그는 (특수학교 학생 중에서도 최중증 장애인에 속하는) 아들의 중학교 생활을 걱정했다.

"초등학교 때까진 그래도 교사들이 아이들을 부모 같은 마음으로 대하는 게 있거든요. 그런데 중학교에 들어가면 분위기가 또 달라져요. 아무래도 학습 중심으로 바뀌어서요. 동환이가 잘 적응해야 할 텐데……."

초등학교 때까진 학생들이 아직 '어린이' 신분이기에 교사들도 부모 같은 마음으로 일상생활지원이라든가 세심한 돌봄에 어느 정도 비중을 둔다는 뜻이었다. 하지만 중학교 이후부턴 '돌봄'에서 '학습'으로 무게 중심이 옮겨간다는 얘기였는데 당시엔 그 말의 의미를 알지 못했다. 그리고 그걸 깨달았을 땐 거대한 벽을 마주한 무력감만이 온몸을 감싸고 있었다.

중학생이 되면서 아들은 학교에서 다시 고립되기 시작했다. 학습에서도, 관계에서도. 마치 초등학교 4학년 3월로 되돌아간 것만 같았다. 하지만 그때와는 상황이 달랐다. 아들은 더 이상 '괴물(기피 대상)'도 아니었고 6학년 졸업을 앞두고서는 한 해 동안 가장 많은 발전을 이뤘다며 표창장까지 받아온 터였다. 아들이 고립되는 상황에 있어 어떤 사건이나 계기가 있었다면 차라리 받아들이기 쉬웠을 것이다. 하지만 고립의 이유가 '단지 중학생이 됐기 때문'이라면 나는 답답한 이 상황에 대한 책임을 누구에게 물어야 할까.

중학교 교육과정이 학습과 진도 중심으로 바뀌게 되자 이를 따라갈 수 없는 중증 발달장애인인 아들은 학교에서의 (심지어 특수학교인데도!) 모든 수업에 참여할 수 없게 됐다. 그러자 아들은 잠자는 것으로 학교에서 시간을 보내기 시작했다. 또 한편으론 잠을 자버렸기 때문에 그 어떤 활동에도 참여하지 못했다. 이런 악순환이 반복되면서 아들은 이제 어떤 활동에도 참여하지 않으려는 무기력한 사람이 돼갔다.

관계에서의 고립도 문제였다. '학교에선 잠을 잔다'는 루틴이 형성되자 중간에 깨우거나 잠을 못 자게 하면 소리를 지르며 책상을 흔들거나, 물건을 집어 던지거나, 주변 사람을 할퀴었다. 잠재적 위험인물이 된 아들은 '교실의 평화와 안전'을 위해 또다시 친구들과의 거리 두기형에 처해졌다.

학교에 가도 아무것도 하지 않고 아무와도 관계 맺지 않는 아들은 아침마다 극심하게 등교를 거부했다. 길 한가운데서 움직이지 않으며 버텼고, 힘으로 잡아끌면 주변을 지나가는 사람들을 향해 울면서 포효했다. 나는 아침마다 힘을 쓰고 소리를 질러야 했고 아들은 아침마다 포효하며 울어야 했다. 아들 마음을 모르는 것도 아니었다. 아들은 제발 학교에 보내지 말아달라고 온몸으로 호소하고 있었다. 그럼에도 그 부탁을 들어줄 수 없는 난(학교에 안 보내고 집에 데리고 있는 게 맞았을까? 학교 안에서 고립되는 것보다 집에서 고립되는 게 더 나았던 걸까?), 아침마다 전쟁을 치러가며 아들을 간신히 스쿨버스에 태워 보냈다.

  이뿐이 아니었다. 학교에서 '잠을 잔다'는 행위는 급기야 학교 밖인 일상 영역까지 넘어와 문제가 되기 시작했고 그로 인해 학기 중 평일과 주말은 물론 방학에까지 아들의 고립을 촉진하는 촉매제가 됐다.

  아들이 학교에서 자면서 시간을 보내고 있다는 사실은 1학년 2학기 중반에 아들이 친구 얼굴에 상처를 내는 바람에 이 문제를 상담하는 과정에서 '우연히' 알게 됐다. 그때야 현실을 알게 된 나는 비통한 마음으로 물었다.

  "선생님, 그러면 동환이는 학교에 왜 다니는 걸까요. 공부(수업 참여)도 안 해, 밥(점심 급식)도 안 먹어, 친구들과 놀지도(사회성 향상) 않아. 저는 그냥 아침 9시부터 오후 3시까지 저 대신 맡아줄 사람이 필요해서, 그 시간 동안 저 편하려고 동환이를 학교에 보내는 건가요?"

  짧은 침묵 후 답변이 돌아왔다.

"그러시는 부모들 많습니다."

만약 이때 들었던 답변에서 "저도 걱정입니다"라거나 "어떻게 하면 좋을까요?" 등 문제 해결을 위한 의지가 엿보였다면 나 역시 팔을 걷어붙였을 것이다. 하지만 돌아온 답변은 "그러시는 부모들 많습니다"였다. 그 한마디로 나는 내가 마음을 내려놔야 한다는 걸 알았다. 교사와 학부모 관계에서 학부모의 의지가 교사의 의지보다 앞서나가면 결코 좋은 일이 없다는 것쯤은 알고 있기 때문이다.

다행인 건 담임 선생님이 아들을 예뻐했다는 것이다. 이해 담임 선생님(아들 인생 첫 남자 선생님)은 아들과 서로 배를 맞댄 상태에서 "흑, 흑" 힘을 주어 배치기 하는 장난을 종종했다. 그때 느낀 친밀감이 좋았던지 아들은 지금까지도 친밀감을 느끼는 남자 어른에게 볼록 튀어나온 배를 내밀며 배치기 하고 놀자는 제스처를 취한다.

살다 보면 이런 해도 있고 저런 해도 있다. 1학년 2학기가 얼마 남지 않은 시점이었다. 올해는 잠자는 해였던 거다. 내년부터 새로운 학급에서 새로운 환경이 구축되면 다시 새롭게 학교에서의 루틴을 만들면 된다. 당시만 해도 학교에서의 잠자는 루틴이 일상의 영역까지 넘어와 문제가 되진 않았기에 그 정도 선에서 현실과 타협하고 내 마음만 내려놓으면 모든 게 해결될 줄 알았다.

이런 해가 끝났다. 2학년이 됐고 저런 해가 시작될

시간이다. 학기 초 상담부터 나는 담임 선생님에게 아들이 학교에서 자는 문제를 진지하게 받아들이고 있음을 밝혔다. 새로운 환경으로 바뀌었는데 바뀐 환경에서마저 잠자는 일상이 계속되면 아예 루틴으로 정착돼버릴까 봐 걱정이라고 했다. 하지만 우리는 입장 차이가 있었다. 선생님은 아들이 자고 일어나 깨 있는 시간에 기분 좋게 있는 것이 낫다는 입장이었고, 나는 '학교에서 잠을 잔다'는 루틴은 성인기 이후의 삶(낮 생활)까지 영향을 미칠 것이기에 아들이 자지 않을 방법을 찾아야 한다는 입장이었다. 교사와 학부모가 한 방향을 향해 학교와 가정에서 동시에 노력해도 될까 말까인데 서로 다른 입장 차를 좁히지 못한 채 1년을 보냈으니 모두에게 힘든 시간이었다.

✤ 잘못된 루틴을
　　깨야 하는 이유

아들이 학교에서 잠을 자서 걱정이라고 하면 사람들은 이렇게 말하곤 한다.

"우리 아들도 맨날 자."

"원래 사춘기엔 잠이 많아요."

대수롭지 않게 여긴다. 사춘기 청소년이 학교에서 잠자는 것 따위가 감히 삶 전반을 뒤흔들 것이라곤 생각조차 못하는 것이다. 하지만 사람들이 간과한 게 있다. 바로 내 아들이 발달장애인이라는 점이다.

　　사실 학교에서 잠자는 것으로 치면 나도 남부럽지 않게 잤다. 한번은 수업 중에 엎드려 자다가 그대로 가위에 눌렸다. 선생님이 일어나라고 했는데도 계속 엎드려 있어 나중에 더 크게 혼이 났다(그때 짝에게 어서 날 툭 치라고 텔레파시를 100만 번쯤 보낸 것 같다).

　　내가 학교에서 잠을 잤던 건 하루 평균 적정 수면량을 채우기 위해서였다. 팬덤 문화가 요즘만 있는 것은 아니다. 90년대에도 있었다. 나는 미국 보이밴드 'New kids on the block'의 열혈 팬이었다. 부모님이 잠들고 나면 새벽에 몰래 거실로 기어나가 소리를 줄이고 'New kids on the block'의 공연 실황 비디오를 감상했다. 모두가 잠든 새벽, 불 꺼진 거실에서 만나는 내 남편 도니 월버그(밴드의 리더). 새벽마다 미래의 남편을 비디오로 영접하다 보니 잠이 부족할 수밖에 없었고 부족한 잠을 학교에서 보충했다.

　　아들은 평균적으로 8시간씩 잤다(중학교 3학년인 올해부터는 수면 시간을 더 늘려 평균 9시간씩 재운다). 혹시 수면 질에 문제가 있는 건 아니냐고? 그렇지 않다. 중간에 깨지도 않고 푹 잔다. 화장실 때문에 깨기도 하지만 그때도 눈을 감고 화장실까지 걸어가 눈을 감은 채 볼일을 보고 그 상태 그대로 걸어와 곧바로 잠에 빠져든다. 10대 청소년이 평균 8시간씩 자는 건 결코 수면량이 부족하다고 할 수 없다.

무엇보다 나는 학교에서 자는 일이 매일의 루틴이 아니었다. 과목에 따라, 선생님에 따라, 진도에 따라 스스로의 의지로 얼마든지 눈을 뜨고 수업에 참여할 수 있었다. 하지만 아들은 과목과 요일에 상관없이, 교과 선생님이 누구인가에 상관없이 그냥 잤다. 무조건 잤다. 매일 일정한 때에(등교하자마자), 일정한 시간을(1~2교시 또는 1~4교시. 어쩔 땐 5~6교시), 일정한 형태(책상에 엎드려)로 잤다. 많이 잘 땐 1교시부터 5교시까지 연속으로 잔 적도 있다고 했다(이런 날은 당연히 점심시간에도 눈을 뜨지 않았다). 8시간 잠자고 일어나 아침에 말똥말똥한 눈으로 밥까지 든든하게 먹은 녀석이 등교해서 교실만 들어가면 일단 눈이 풀리면서 반쯤 감기기 시작했다고 한다. 이미 '교실에 들어가면 자야 한다'가 루틴으로 익어버린 방증이라고 나는 생각했다.

아들은 자느라 교과 시간에 교과실(음악실, 체육실, 특별실 등)로 이동하지 않았다. 아들이 교과 시간마다 아무도 없는 빈 교실에 혼자 남아 잠을 자면 담임 선생님이나 사회복무요원이 번갈아 곁을 지켰다. 아들의 잠은 점심까지도 이어지곤 했기에 학교에서 밥 먹는 날도 드물었다. 학교에서 이뤄지는 총 6교시 수업 중 절반 이상을 잠자는 것으로 보내는 나날이 이어지면서 아들의 수업 참여는 사실상 전무한 상태가 됐다. 시간표에 따라 어떤 교과 시간엔 아들을 몇 번 만나보지 못한 교사까지 생길 정도였다.

타인에 대한 공격행동이 다시 빈번해진 것도 문제였다. '학교에서 잠을 잔다'를 당연히 해야 할 일로 인식하고 있는 아들은 중간에 억지로 깨야 하는 상황이 발생하면 어김없이 분노를 폭발시켰다. 짜증 내고, 소리 지르고, 책상을 흔들고, 머리를 박고, 사람들을 할퀴었다. 마음껏 분노를 표출할 수 없는 상황일 땐 끅끅거리며 울었다. 일상적인 의사소통이 어느 정도 가능한 아들 반 친구들은 아들이 매일 교실에서 운다고 알려주곤 했다.

혼자 우는 것만으로 끝나지 않을 때도 있었다. 6교시까지 자고 있던 아들을 "이제 집에 가자"며 깨웠던 어느 날은, 교실에서 마음껏 표출하지 못한 분노를 꾹 누르고 있다가 하굣길에 바로 옆을 지나던 고등학교 3학년 학생에게 폭발시켰다. 다행히 피해자 엄마의 선처로 학교폭력위원회까지 사안이 올라가진 않았지만 당시 상황이 고스란히 찍힌 CCTV를 보면서 나는 입술만 깨물어야 했다.

친구들은 다시 아들을 무서워하기 시작했고 옆에 오지도 않으려 했다. 속마음을 감추지 않는 한 친구는 "동환이 무서워요. 엄마도 동환이한테서 멀리 떨어져 있으랬어요"라며 친절히 알려주기까지 했다. '괴물' 취급을 받던 과거처럼, 친구들이 예전처럼 자신을 경계한다고 느낀 아들은 보란 듯 더 화려하게 분노를 폭발시키며 자신을 멀리하는 친구들을 '공격의 제물'로 삼았다.

"문제행동이 사라져야 친구들과의 관계 맺기를 시도할 수 있습니다"라는 교사 입장을 이해 못 하는 것은 아니다. 하지만 문제행동을 없애기 위해서는 학교에서 자지 않는 게 우선돼야 했다. 잠자는 루틴을 없애지 않으면 중간에 깨야 할 때마다 아들의 공격행동은 계속될 것이었고, 그 말인즉슨 아들이 학교에서 잠을 자는 한 계속해서 친구들과도 거리를 두고 고립돼 지내야 한다는 뜻이었다.

✦

아들이 중학생이 되면서 나는 청소년방과후활동서비스를 신청했다. 6학년 때 또 다른 형태의 성장을 이룬 한 해를 보내고 나자 "이제 청소년기의 과제는 사회성 향상"이라며 의욕이 불끈 솟았던 것이다. '청소년방과후활동서비스'는 '성인기 주간활동서비스'의 학령기 판이라고 생각하면 이해가 쉽다. 이는 발달장애 청소년의 지역사회 참여를 촉구하기 위해 마련된 활동서비스로, 주민센터에 서비스 신청을 한 뒤 해당 사업을 주관하는 센터에 등록하면 매달 44시간까지 센터에서 활동서비스를 받을 수 있다.

나는 학교 친구들이 많이 다닌다고 알려진 센터에 아들을 등록시켰다. 아들은 매주 토요일 아침이면 센터에 가서 친구들과 있다가 그곳에서 점심을 먹고(점심 비용은 자부담이다) 오후에 돌아왔다. 센터에서의 활동은 실내 활동으로 채워지는 날도 있었지만 어떤 날은 놀이터에 갔고, 어떤 날은 외식을 했으며, 어떤 날은 박물관에 갔고, 어떤 날은 등산을 했다. 교육이나 치료가 아닌 또래가 모여 함께 노는 활동만을 목표로 하는 서비스 취지가 마음에 들었다. 사회성 발달의 중요성을 알고 있는 난 아들이 이런 활동을 할 수 있는 기회를 늘 원하고 바랐다.

처음엔 왜 가족끼리 놀러 다니는 토요일에 자신을 센터에 내버려두고 가냐며 난리가 났었다. 하지만 한 번, 두 번 계속 가다 보니 아들도 그곳에서 보내는 시간이 싫지 않은 듯했다. 그곳에는 친구들이 있었다. 함께 수다를 떨거나 같이 보드게임을 할 순 없었지만 익숙한 친구들과 한 공간에 있으면서 차츰 '소속감'을 느끼는 게 눈에 보였다.

하지만 방과후활동서비스도 그만둬야 했다. 아들이 센터에 가면 일단 자려고 드러눕기 시작한 탓이다. 등교하면 일단 자야 하는 루틴이 형성돼 있었기에 아들의 생체시계는 주말에도 같은 루틴으로 움직였다. 센터에 도착하면 (주말이라 더 늦게까지 잠을 잤음에도) 일단 하품을 하며 드러누워 눈을 감았다(마치 학교에서처럼). 못 자게 하면 난리가 났고 일단 잠들면 건드릴 수 없었다. 잠을 깨우면 공격행동으로 이어졌다. 밖으로 나가는 외부 활동이 많은 기관에서 혼자 잠들어버리는 건 모두를 곤란하게 만드는 큰 문제였다.

하루는 센터에서 급하게 전화가 왔는데 아들의 손가락이 탈골됐다고 했다. 아들의 왼손 두 번째 손가락이 엄지 쪽으로 70도 정도 휘어져 꺾여 있었다. 센터에서는 자해인 것 같다면서도 정확한 연유를 모른다고 했지만, 나는 어느 정도 상황을 짐작할 수 있었다. 두 번째 손가락만 엄지 방향으로 휘어져 있다는 건 누군가 아들 손을 강하게 잡는 과정에서 힘을 잘못 주었다는 뜻이었다. 혼자서 손가락이 휠 정도로 벽을 때렸다면(자해를 했다면) 두 번째 손가락만이 아닌 셋째, 넷째 손가락에도 그에 준하는 타격이 있어야 했다. 누군가의 외부 압력이 있었다는 건 아들이 분노해서 타인을 공격하는 '어떤 상황'이 발생했다는 것이다. 당시의 아들은 무조건 자야 했고 깨우면 공격했기에 '어떤 상황'이 발생할 여지는 매우 충분했다.

마침 아들과 깊은 친밀감을 형성하고 있던 지도 선생님도 센터를 그만둔 상황이었다. 이제 센터에는 잠자는 아들, 자다가 중간에 깬 아들을 감당할 수 있는 사람이 없었다. 센터를 그만 다니기로 했다. 그리고 우리 부부는 토요일에 아들을 데리고 밖으로 나도는 생활을 다시 재개했다.

아들의 잠자는 루틴은 방학 스케줄에도 영향을 미쳤다. 아들이 다니는 특수학교는 방학이면 2주 동안 방학 중 특별 프로그램을 개설한다. 비록 점심 먹기 전에 하교하는 일정이지만, 긴 방학 중 2주만이라도 반복되는 지루한 일상(가정에서는 자극이 반복적이고 한정적일 수밖에 없다)에서 벗어날 수 있어서 특수학교로 전학한 이후엔 매 방학마다 빠지지 않고 신청했다.

그중에서도 초등학교 4학년 여름방학 때 개설됐던 방학 중 특별 프로그램은 아들 인생 최고로 신나는 2주였다. 평소엔 쉬는 시간에만 만나서 놀던 은지와 같은 반에서 매일 만날 수 있었기 때문이다(방학 중 특별 프로그램은 학년을 섞어 한 반을 구성한다). 그 당시 아들은 "동환아, 학교 가자"라는 말이 떨어지기 무섭게 바지를 가져오고 현관에 서서 신발을 신겠다고 대기하곤 했다.

하지만 잠자는 루틴이 강화되면서 방학 때도 집에만 있어야 했다. 그래도 혹시 모르니 한번 보내나 보자는 마음으로 2학년 여름방학 때 프로그램을 신청했는데 2주 내내 책상에 엎드려 잠만 자다가 왔다. 프로그램은 오전에만 진행되는데 아들이 오전 내내 잠만 자니 교사들도 난감해했고 학교에 가는 의미도 없었다. 그 이후부턴 방학 중 특별 프로그램이 개설돼도 신청하지 않았다. 아니, 말은 똑바로 해야지. 하고 싶지만 못 한다. 학교뿐만이 아니다. 방학이면 대다수 장애인복지관에서 청소년을 위한 방학 중 프로그램을 개설하는데 역시나 같은 이유로 그 어느 곳에도 신청서를 낼 수가 없다.

잠자는 루틴은 잘 다니던 치료실에서의 수업 거부로도 이어졌다. 아들은 치료실에 들어가서도 스르르 눈부터 감았다.

이때 눈을 감는 행동 반응은 '오전에는 자야 한다'는 루틴에 의한 게 아니었다(치료실 수업은 하교 후 이뤄졌기에). 대신 '잠을 자면 참여하지 않아도 된다' 또는 '참여하기 싫으면 잠을 잔다'는 행동 방식이 공고해지면서 발생한 2차 문제였다. 깨우려고 하면 한바탕 난리가 났고 치료사는 물론 말리는 활동지원사까지 아들에게 맞기 시작하자 치료실도 그만둘 수밖에 없었다(당시 활동지원사가 "어머니, 동환이가 저까지 때리기 시작하면 제가 동환이를 더 맡을 수 있을지 모르겠어요"라고 했는데 그 말이 세상에서 제일 무서웠다. 덩치 큰, 중증의, 남성 청소년인 아들의 활동지원을 맡으려는 사람은 없었다. 당시 활동지원사도 몇 개월 만에 간신히 매칭된 터였다). 그래서 일단 참여도가 낮은 치료 수업을 중단하고 조금 시간을 가진 뒤 환경을 바꿔 다른 곳에서 새롭게 다시 해볼 생각이었는데, 이후로 치료실을 더는 구할 수 없게 될 줄은 꿈에도 몰랐다.

  이렇듯 아들이 학교에서 자는 건 내가 학교에서 자던 것과는 차원이 달랐다. 잘못 형성된 루틴 하나가 아들 삶 전반에 미치는 영향력과 파괴력은 남달랐다. 발달장애란 그런 것이었다.

  그렇지 않아도 성인의 신체를 지녔다는 이유만으로 세상으로부터의 배제와 고립이 하나둘 시작되는 상황이었는데, 학교에서의 일상이 삶의 기반을 다지는 디딤돌이 되는 게 아니라 일상의 영역을 부수는 파괴자가 되다니……. 이런 상황임에도 엄마인 내가 할 수 있는 건 아무것도 없었다.
 답답한 마음에 담임 선생님에게 물었다.
 "선생님, 그러면 동환이는 학교에서 무슨 공부를 하나요? 무슨 특수교육을 받나요?"
 "솔직히 말하면…… 아무것도 하지 않습니다."
 "잠을 자지 않도록 동환이도 참여할 수 있을 만한 수업을 해주실 순 없나요?"
 "만약 한 반에 학생이 네 명이라면 저도 동환이가 흥미를 가질 만한 '참여식 수업'을 얼마든지 할 수 있어요. 하지만 지금처럼 한 반에 학생이 여섯 명인 상황에서는 불가능합니다."
 처음엔 분노가 일었다. 특수학교에서 특수교사가 특수교육을 할 수 없다면 특수교육대상자인 내 아들은 어디로 가야 한단 말인가. 통합교육에서 특수학교로 쫓겨(?)왔다. 그런데 특수학교에서도 배제되면 그 다음엔 또 어디로 가야 하지? 갈 데라곤 '집'밖엔 없는데. '학교'라는 공동체에 대한 신뢰를 잃었다. 과거 아들의 담임을 맡았던 한 교사가 이런 말을 했었다.
 "어머니, 학교를 믿으세요. 어머니가 학교를 신뢰하면 학교도 신뢰로 그에 보답할 겁니다."
 나는 머릿속에 그 말이 떠오를 때마다 비명이라도 지르고 싶었다.

'선생님. 믿었잖아요. 저 아시잖아요. 선생님에게 그 말을 듣고 난 후부터 교사들을 신뢰하며 얼마나 학교에 협조적이었는지 선생님도 얘기 들어서 아실 거잖아요. 그런데 왜 동환이의 삶이 무너져야 해요? 학교를 신뢰하면 학교도 신뢰로 보답한다면서요. 이게 신뢰에 대한 보답인 건가요? 네?'

발달장애인인 아들의 '개인성'을 이유로 교육에서의 배제가 당연시되고 관계에서의 단절이 정당화되고 있다면 과연 아들이 학교에 가는 의미는 무엇일까. 학교라도 다닐 수 있어 다행인 학령기인데 말이다. 성인기에 고립의 세계로 가지 않으려면 학령기부터 고립되지 않을 삶을 위한 준비를 해야 한단 말이다.

하루는 분노가 솟구쳤고 또 하루는 절망과 체념과 무기력에 잠식당했다. 그렇게 오랜 시간을 괴로워하다 문득 이런 생각이 들었다.

이건 어쩌면 교사 개인의 문제나 학교 차원의 문제가 아니라 특수교육시스템의 문제일 수도 있지 않을까? 나 혼자만의 '정신 승리'일지도 모른다. 교사를 미워하면 안 되고 학교를 미워할 순 없으니 특수교육시스템으로 화살을 돌려 현실의 괴로움을 회피하려는 것일 수도 있다. 하지만 한 번 들기 시작한 이 생각은 점점 더 크게 자리 잡기 시작했다. 그러면서 또 하나의 생각으로 확대됐다. 어쩌면 무기력했던 건 학부모인 나만이 아니었을 수도 있다는 것, 학교와 교사도 무기력하긴 마찬가지였을지도 모른다는 생각이 들었다.

특수교육시스템에 대해 알아보기로 했다. 왜 아들이 학교에서 자야만 하는지 이유를 알아야 했다. 수시로 올라오는 분노가 나를 완전히 집어삼켜 버리기 전에, 아무것도 할 수 없는 무력함에 잠식당해 '체념'이 삶의 태도로 몸이 익어버리기 전에, 그러다 결국 학령기에 형성된 '잘못된 루틴'이 성인기로도 이어져 아들의 미래가 절망적인 고립으로 켜켜이 둘러싸이기 전에.

특수교육에서도 고립되지 않을 권리

결론부터 말하면 현재의 특수교육시스템에선 아들은 잘 수밖에 없었다. 아들과 같은 중증 발달장애인은 교육에서도 관계에서도 배제되고 고립될 수밖에 없었다. 이런 시스템을 더 공고하게 만든 건 특수교육대상자를 둘러싼 모든 어른들(교사 및 학부모)의 인식(교육목표)이었지만 이에 관해서는 뒤에서 다룰 예정이다.

6학년 때 담임 선생님이 아들의 중학 생활을 걱정했던

이유는 중고등 과정의 특수학교 교육이 특수교육 교육과정에 따라 진도 중심 '학습(인지교육중심)'에 무게를 두고 있기 때문이었는데, 이런 상황에선 아들처럼 (발달장애인 중에서도) 인지 발달이 더딘 경우엔 수업을 따라갈 수가 없었다. 중증 발달장애인을 위해 마련된 특수학교는 아이러니하게도 경증 발달장애인에게 좋은 교육환경이었다. 만약 경증 발달장애인이 특수학교에 입학한다면 등교해서 하교할 때까지 교육에서 배제되는 시간 없이 계속해서 전문화된 특수교육을 받을 수 있는 구조다. 통합교육의 다른 요소를 다 제거하고 오로지 '학습'만을 생각한다면 그렇다는 얘기다.

특수학교엔 특수교과서가 있다. 특수학교에 다니는 학생들은 특수교과서를 기반으로 공부한다. 하지만 자녀가 특수학교에 재학 중인 부모 중 교과서가 어떻게 생겼는지 본 사람은 거의 없다. 비장애 학생들은 해마다 새로 받은 교과서를 집으로 가지고 오지만(덕분에 통합교육 중인 특수교육 대상자도 교과서를 집으로 가져오지만) 특수학교 학생들은 갖고 오지 않는다. 심지어 자녀가 고등 과정에 재학 중인 한 엄마는 그토록 오래 자녀를 특수학교에 보냈으면서도 "특수학교에 교과서가 있었어?"라고 물을 정도다.

특수교육 교육과정에 따라 특수교과서로 공부하는 아들. 교과서가 궁금했다. 1학년을 마치고 담임 선생님에게 부탁해 교과서 전권을 집으로 가지고 왔다. 중학교 교과서는 과정별로 되어 있어(중학교 3년 과정이 통으로 묶여 있거나 상하로 나뉘어 있어) 학생들이 꺼내 보기도 힘들 만큼 엄청나게 두껍고 무거웠다.

작정하고 부탁해야만 볼 수 있는 콧대 높은 교과서를 부엌 바닥에 두고 한 권씩 책장을 넘겼다. 제일 위에 있던 수학 교과서를 펼치자마자 "푸핫" 웃음이 터져 나왔다. 중학교 수학은 세 자릿수부터 시작했다. 숫자를 5까지 세지도 못하는 녀석에게 세 자릿수라니.

'오케이. 괜찮아. 나도 수포자(수학을 포기한 자)였잖아. 수학 점수가 31점이었어도 밥 두 공기씩 먹는 데는 아무런 문제도 없어.'

그럼에도 슬그머니 솟아오르는 자존심은 하나 있었다.

'내가 비록 수포자이긴 했어도 집합하고 도형은 조금 할 줄 알았잖아. 31점은 찍은 점수가 아니라 나름 풀어서 받은 점수란 말이지. 원래 수포자가 집합이랑 도형은 또 웬만큼 해요. 기본이 없어도 어느 정도 따라갈 수 있거든. 혹시 아들도 할 수 있는 파트가 있지 않을까? 세모랑 네모, 동그라미를 배우는 도형 파트 말이야.'

페이지를 더 넘기다 보니 도형 파트가 나왔다. 삼각형이 나오는데 두 변(변이라니!)의 길이가 어쩌고저쩌고 하는 대목이 나왔다. 삼각형과 사각형의 각(각이라니!)에 대한 개념도 이해 못 할 아들에게 두 변의 길이가 어쩌고저쩌고 하면 선을 넘어도 세게 넘은 거다.

　　　　수학 교과서를 그대로 덮고 국어 교과서를 펼쳤다. 시골 쥐와 도시 쥐의 이야기가 나온다. 두 쥐가 친구인데 만나려고 하는 모양이다. 이야기를 통한 맥락 파악을 요구하는 내용이다. 오케이. 가보자! 도시 쥐가 쓴 일기가 있는데 본문이 아홉 줄로 구성돼 있다. 생각보다 길었다. 지문이 아홉 줄인 것도 놀라웠지만 지문 옆 질문의 수준을 보고 더 놀랐다. 시골 쥐와 도시 쥐가 서로 만날 약속을 정하는 문제들이 나열돼 있었는데 일정한 수준의 사고력을 갖춰야 답할 수 있었다. 시간의 선후 관계도 명확히 알아야 하고 문장의 맥락도 정확히 이해하고 있어야 풀이가 가능했다.

　　　　아들에겐 질문 내용이 러시아어로 저녁 메뉴 짜는 것처럼 보일 것이다. 하지만 모두가 아들 같진 않다. 다른 친구들은 어떨까 궁금해 몇몇 엄마에게 사진을 찍어 보냈다.

　　　"어때요? 애들이 따라갈 만하겠어요?"

　　　　사회복무요원에게 "너는 도대체 특수학교에 왜 왔냐"는 질문을 받았던 학년 최고 엘리트 학생의 엄마는 따라갈 수 있을 것 같다고 했다. 하지만 대다수는 '한글 따라 읽기'는 가능하지만 내용을 파악해 문제를 푸는 건 어려울 것 같다고 했다. 아들처럼 자녀가 무발화에 한글도 모르는 경우엔 "큭" 하며 헛웃음만 지었다.

　　　　과학 교과서엔 공전(공전이라니!)이 나왔다. 공전을

배운다는 건 자전도 배운다는 것이다. 하지만 아들은 공전과 자전을 이해하기 위해 앞서 알아야 할 지구가 뭔지도 모른다. 아니 그 전에 대륙이라는 개념, 나라라는 개념, 우리나라라는 개념도 모른다. 쉬운 말로 차근차근 설명해도 아들은 땅, 나라, 대륙, 지구, 행성, 우주 등의 추상적인 '개념'을 머릿속에 '구체화'하기 어려울 것이다.

'그래, 친구들아. 너희는 열심히 과학을 공부하렴. 공전과 자전을 이해하고 알게 되면 매우 재미있는 우주를 볼 수 있단다. 아들아, 너는 그냥 과학도 패스하자.'

다음엔 정보, 그 다음엔 사회, 그리고 진로. 한 과목, 한 과목 책장을 넘길 때마다 심란해지는 마음은 어쩔 수 없었다.

◆

물론 특수교과서를 기반으로 수업을 진행해도 특수교사들은 교과서 그대로 가르치진 않는다. 특수교과서가 두껍고 무거운 이유도 그 때문일 것이다. "우리(교육부, 국립특수교육원)는 이런 교육과정을 이런 교과서로 만들어서 현장에 보낼 테니 각 학교와 교사는 알아서 입맛에 맞게 잘 요리해서 사용하세요~"라는 뜻이다.

〈2022 특수교육 교육과정〉에 따르면 학교는 '학교 교육과정 편성/운영 계획'을 바탕으로 학년(군)별 교육과정 및 교과(군)별 교육과정을 편성할 수 있다. 특히 기본 교육과정을 운영하는 특수학교는 장애 정도가 심한 학생의 교육적 요구를 반영하여 교과별 50퍼센트 범위 내에서 시수를 감축해(교과 시간을 줄여서) 일상생활 활동으로 편성할 수 있다.

내가 주목해야 할 건 바로 여기다. '장애 정도가 심한 학생의 교육적 요구를 반영하여 교과별 50퍼센트 범위 내에서 시수를 감축해 일상생활 활동으로 편성'이라는 부분 말이다. 그 덕에 아들은 이해하지 못할 어려운 수업이 진행되는 동안 자신의 수준에 맞는 '개별화 교육'을 받곤 했다. 그런데 아들에게 제공되는 개별화교육은 엄밀히 따지면 특수교육이 아닌 작업 활동이 주를 이뤘다. 대표적인 게 '스티커 붙이기'다.

초등학교에 입학한 1학년부터 중학교 3학년인 올해까지 아들은 9년 동안 단 한 해도 거르지 않고 학교에서 학습(특수교육)의 일환으로 '스티커 붙이기'를 했다. 따로 스티커 붙이기 판을 만들어 모양과 색깔에 맞게 붙이는 경우도 있었지만 국어 시간엔 문제 풀이용으로 나눠준 국어 학습지 위에 붙이기도 했고, 수학 시간에 친구들이 돈 계산법을 배우고 있을 때면 돈 모양 스티커를 수학 교과서 위에 붙이기도 했다.

아들에게 특수교육의 일환으로 '작업 활동'이 제시되는 건 굳이 반대할 이유가 없다. 각자 자신의 수준에 맞는 배움을 익히는 게 중요하기 때문이다. 많은 교육현장에서 중증 발달장애인에게 특수교육이 작업 활동의 형태로 제공되는 현실이지만, 문제는 특수교사는 특수교육 전문가이지 작업치료사가 아니기 때문에 다양한 종류의 작업 활동을 제공하는 데 한계가 있다는 점이다.

아들이 교과 수업을 대신해 받는 작업 활동의 종류와 내용, 사용하는 교구는 학년이 올라가도 비슷했다. 아들 입장에선 (치료의 역사까지 더해) 10년 넘게 해왔던 비슷한 작업 활동을 학교에서도 매년 반복해 또 하고 있는 셈이다. 10년 넘게 스티커를 붙이고, 10년 넘게 구멍에 핀을 끼우고, 10년 넘게 도형을 맞추는 아들은 어떤 심정일까. 익숙하니까 재미있고 즐거워서 집중력이 막 올라갈까, 아니면 무료하고 지겨우니 잠이 쏟아질까.

그런데 실제로는 10년 넘게 해왔던 작업 활동이라도 어쨌거나 수업 중에 제공되기만 하면 그것만으로도 고마워해야 하는 게 또 다른 속사정이다. 현실의 특수학교 교실에선 학생 개개인을 위한 맞춤 특수교육이 사실상 불가능하다. 통합교육 특수학급처럼 특수교사 한 명이 매 시간마다 두세 명의 학생을 가르치는 게 아니라 등교해서 하교할 때까지 여섯 명의 학생을 교사 혼자 동시에 가르쳐야 하기 때문이다. 학생 수가 적으면 교사가 학생 개인별로 얼마씩의 시간을 할애해 '학생의 속도'에 맞춘 교육을 할 수 있겠지만 최소 여섯 명에서 최대 여덟 명까지의 학생을 혼자 교육해야 하는 상황에서 개별화교육은 말만 그럴듯한 공허한 외침이 된다.

　게다가 중학교 과정의 무게 중심은 '학습'이다. 이것이 의미하는 또 다른 바는 교육과정이 진도 중심으로 쭉쭉 나아간다는 뜻이다. 교과 순서와 시수에 맞게 매일, 매주 충실히 진도가 나간다는 뜻이다.

　진도가 나간다는 건 이런 것이다. 이번 주 국어 시간에 배울 내용이 '짧은 귀 토끼 1'이면 다음 주 국어 시간엔 '짧은 귀 토끼 2'를 배운다. 이번 주 과학 진도가 '다양한 곳에 사는 식물'이었으면 다음 주엔 식물에서 광물로 넘어가 '화강암'을 배운다. 이런 상황에선 필연적으로 내용을 따라가지 못하는 학생이 나온다. 진도에 맞춘 수업은 교사의 음성 언어(말)를 이해하고 따라갈 수 있는 학생을 대상으로 한다. 수업 내용을 따라가지 못하는 학생을 붙들고 있으면, '학생의 속도'에 매여 있으면 다음 페이지, 다음 주제로 넘어갈 수 없다.

　원래 대한민국의 교육 자체가 '따라가는 학생'만을 붙잡고 끌고 가는 형태이긴 하지만 발달장애 학생들만 모여 있는 특수학교에서마저 이를(진도 중심, 시수 중심) 그대로 답습한다는 건 진지하게 다뤄야 하는 문제다. 게다가 발달장애 학생들의 장애 정도가 날이 갈수록 중증화되고 있다는 연구 결과도 있다. 이는 곧 음성 언어를 매개로 진도가 나가는 현재의 특수학교 수업에서는 갈수록 더 많은 학생들이 교육에서 배제될 것이라는 의미다. 이 연구 결과대로라면

배제되고 고립되는 제2의, 제3의 아들은 갈수록 더 많아질
것이다.

◆

　　심승현 선생님은 한국경진학교(발달장애 국립
특수학교)에 재직 중인 특수교사다. 아들이 초등학생이었을 때
심 선생님을 처음 만났다. 당시 그는 《공중부양의 인문학》(쿠움,
2020)이란 책을 출간했는데, 책에 담긴 관점과 철학이 너무
좋아서 북콘서트에 참여하기 위해 강원도까지 갔었다.
　　심 선생님의 첫 인상은 '어쩜 이렇게 매력적으로
털털할까'였다. 그는 교사라는 직업군을 떠올리면 자연스럽게
따라붙는 (내게 설정된) 고정관념, 그러니까 '정형화'라든가
'권위'와는 거리가 있어 보였다. 대신 그 자리에 '탈권위',
'자유로운', '헐렁한(?)' 등의 단어가 자리 잡고 있는 느낌이었다.
어떻게 보면 심 선생님은 특수교육계의 '괴짜' 같은 존재였다.
꽉 짜인 교과, 맞춰야 하는 수업 시수, 나가야 하는 진도,
올려야 하는 고과 점수에 영향을 받지 않는 자유로운 영혼처럼
보였다. 그는 자신만의 독특한 '학생 참여형 수업'을 하는
것으로 유명했다. 나는 그런 심 선생님이 좋아서 첫 만남
이후에도 몇 번 더 그를 만나러 갔다.
　　원래 어느 사회에나 아웃사이더는 존재하는 법이고,

나는 심 선생님이 조금은 별난 성향의 아웃사이더라서 틀에서 벗어난 자신만의 독특한 수업 방식을 고수하는 줄 알았다. 그런데 가장 최근 만남이 있었던 지난해 가을, 심 선생님은 학교에 찾아간 내게 연구 보고서의 존재를 처음으로 알려줬다. 그는 20년 넘게 학생들의 장애 정도와 언어 발달이 학습에 미치는 영향을 추적하는 종단 연구를 하고 있었다.

연구 보고서에 따르면 발달장애는 중증화되고 있었다. 심 선생님은 교과(진도 중심, 언어 중심) 중심의 교육으로는 학생들의 실질적 수업 참여를 담보할 수 없는 현실이 도래했다는 것을 누구보다 정확히 파악하고 있었다. 즉, 독특해 보이던 그의 참여형 수업 방식은 교과 위주의 기본 교육과정이 실질적 교육 활동에서 더는 큰 효과가 없다는 문제의식에서 출발한 일종의 '결과물'이었다. 한 특수교사가 무려 20년 넘게 종단 연구한 연구 보고서의 제목은 〈최근 20여 년간 발달장애 특수학교 학생의 변화와 기본 교육과정의 한계, 그리고 교과통합주제중심 교육 활동〉이다.

심 선생님은 종단 연구를 위해 자체 개발한 분류 기준(대소변 처리, 직관적으로 많고 적음 알기, 입고 벗기, 식사하기, 말하기, 언어 이해하기, 선택하기, 때리기 등 여덟 개 항목)에 따라 23년간 지도해온 학생 139명을 A(장애 정도가 경함)부터 E(장애 정도가 중함)까지 다섯 단계로 분류했다. 심 선생님은 이직 없이 27년 동안 한국경진학교에서 근무했는데 덕분에 환경

변화가 없는 일관적인 상태에서 학생들을 장기 관찰할 수 있었다. 그리고 초등이 아닌 중고등 담임을 계속 맡았기 때문에 학생들이 어느 정도의 성장과 발달을 이룬 단계에서 현황을 관찰할 수 있는 환경적 요소도 갖추게 됐다.

연구 결과에 따르면 장애 정도가 경한, 그러니까 교과를 통한 인지 학습에 제한이 있긴 하지만 음성 언어로 타자와 소통할 수 있는 A그룹은 16.55퍼센트(23명)였다. 뒤를 이은 B그룹, 즉 언어를 매개로 하는 학습이 '매우 제한적'인 학생은 23.74퍼센트(33명), 의사소통에 제한이 많아 교과서를 통한 인지 학습이 거의 불가능한 수준의 C그룹은 14.39퍼센트(20명)를 차지했다. 음성 언어를 이용한 학습을 아예 할 수 없는 D와 E 그룹의 학생이 각각 19.42퍼센트(27명)와 25.9퍼센트(36명)였다. 이 분류표에 따르면 아들은 D와 E 사이 어딘가에 있을 것이었다.

A부터 E까지의 학생들을 현행 교육 방식(특수교사가 칠판 앞에서 말로 수업하는), 즉 '언어로 이뤄진 교과 수업 가능 여부'에 따라 나누면 다음과 같다. 언어를 매개로 이뤄지는 교과 학습이 가능한 학생(A그룹)은 16.55퍼센트이고, 언어를 매개로 한 교과 학습이 불가능한 학생(C, D, E)은 59.71퍼센트에 달한다. 중간에 떠 있는 B그룹, 그러니까 일상적인 언어는 어느 정도 가능하지만 인지 학습 수업에는 제한이 많은 B그룹까지 언어를 매개로 한 교과 학습이 불가능한 쪽으로 분류하면

무려 83.45퍼센트의 학생이 기본 교육과정에서 제시하는 국어, 수학, 사회, 과학 등의 교과 학습이 사실상 불가능하다는 결론에 이른다.

특수학교 교실 광경을 떠올려봤다. 교과서로만 수업하는 교사는 없다. 교사들은 학생들의 흥미를 유발하고 집중도를 높이기 위해 미디어 영상 자료를 많이 활용한다. 하지만 해당 영상이 지금 어떤 상황인지 알기 위해선 음성 언어부터 이해해야만 한다. 음성 언어를 이해하지 못하는데 음성으로 정보가 전달되는 교육영상을 보는 건 생전 듣지도, 보지도, 배우지도 못한 언어를 사용하는 나라로 여행 가서 그 나라 드라마나 뉴스를 보고 있는 것과 다를 바 없다. 무슨 말을 하는지 어떤 상황이 벌어지고 있는지 제대로 파악하지 못하는 것이다.

보고서에 따르면 음성 언어로 정보가 전달되는 수업을 이해하고 따라가는 학생은 전체의 16.55퍼센트에 불과했다. 수도권 기준으로 특수학교 한 학급에 6~8명의 학생이 있는 것을 감안하면 현재의 교육 시스템에선 교실마다 한 명의 학생만이 교사의 수업을 따라간다는 뜻이다. "그러면 음성 언어를 온전히 이해하지 못하는 발달장애인은 학습이 아예 불가능하다는 거야?" 그런 뜻이 아니다. 학습이 불가능하다는 게 아니라 방법, 즉 접근법을 달리 해야 한다는 뜻이다.

심 선생님 연구에 따르면 교과 학습 가능성은 언어

수준과 깊은 연관이 있으며 학생들의 언어 수준에 따라 학급의 교과 학습 가능성이 달라졌다. 그런데 2011년부터 언어로 소통할 수 있는 학생과 그렇지 못한 학생의 비율이 큰 격차로 벌어졌다고 한다. 그러면서 2011년부터 학급에서 음성 언어만을 통한 학습은 거의 불가능한 상태에 이르렀다고 했다. 심 선생님은 특수학교의 교육이 반에서 한 명의 학생만을 위한 방식으로 진행되고 있는 원인을 특수교육의 시스템에서 찾았다.

"학교에서 제시하는 구조화된 지식 덩어리인 국어, 사회, 수학, 과학 등 다양한 교과가 늘 많은 학생을 괴롭게 했어요. 학생들의 장애 정도를 고려하지 않은 교과 때문이었죠. 교육과정을 기획하는 주체들이 그 교육과정을 받아들여야 할 학습자(발달장애인)가 누구인지, 어떤 사람인지 집요하게 질문하지 않았기 때문입니다."

실제로 발달장애가 중증화되고 있는지 여부는 모른다. 하지만 특수학교에서 중증 장애가 있는 학생을 많이 받아들이고 있는 현실에도 불구하고 통합교육 중인 일반 교사들은 중증 발달장애 학생으로 인해 통합수업에 어려움이 많다고 말한다. 특수학교 특수교사들도 과거엔 장애 정도가 덜한 학생과 중한 학생이 섞여 있었는데 요즘엔 너나 할 것 없이 중해서 교육과 일상생활 지도에 어려움이 많다고 말한다. 학부모들은 특수학급과 특수학교에 중증 발달장애 학생이 많아서 특수교육지원인력 한두 명으론 어림도 없다고 말한다.

정말 발달장애가 중증화되고 있는 추세인 걸까. 만약 그렇다면 교육부와 국립특수교육원은 손을 놓고 있을 때가 아니지 않은가. 현황을 파악이라도 해봤는가. 혹시 이런 흐름을 인지조차 못하고 있는 것은 아닌가. 설령 중증화되고 있지 않더라도 인지(학습) 중심, 진도 중심, 시수 중심의 현 특수교육 교육과정이 발달장애인의 성인기를 준비하기 위한 실효성 있는 교육이라고 자신할 수 있는가.

왜 어떤 학생은 특수교육에서마저 배제돼야 하며, 배제된 학생은 단지 시간을 버텨내기 위해 잠을 자야만 하는가. 내내 잠만 자버리는 학교에서의 루틴이 일상생활의 영역까지 침범해 삶이 점차 어그러지는 상황은 누구에게 호소해야 하는가. 무기력한 학생과 부모와 교사가 양산되는 책임은 누구에게 있는가. 끝없는 질문만이 맴맴맴 머릿속을 맴돌았다.

능동적 참여가 만드는 단단한 자립 기반

"사실 심 선생님이 책을 써야 하는데……"라며 머쓱해지는 건 내가 앞으로도 한동안 심 선생님을 우려먹을 작정이기 때문이다(선생님한테는 허락받았다). 심 선생님의 '학생 참여형 수업' 방식을 널리 알려 특수교육 변화의 방향성을 제시하고, 고립되지 않을 성인기를 위해 참여하는 학령기를 보내는 학급의 사례를 소개하고 싶기 때문이다.

내가 얘기하면 사람들이 '어머니 말씀'으로 여겨

대수롭지 않게 넘겨버리곤 하니까 '중견 특수교사'라는 전문성을 빌려 호소하겠다는 나름의 전략이기도 하다. 그런데 심 선생님도 특수교육계 안에서 아웃사이더라 내 전략이 통할지는 모르겠다.

  어쨌든 심 선생님이 어떻게 특수학교라는 구조화된 환경 안에서 학생 참여형 수업을 꾸려가는지 감상해보길 바란다. 나는 그의 얘길 듣고 학생들의 흔적을 쫓는 것만으로도 즐거웠고 행복했다.

◆

  한국경진학교를 처음으로 찾아간 날, 짧은 영화를 한 편 봤다. 심 선생님이 학생들과 함께 제작한 영화였다. 그는 학생들과 1년에 한 편씩 영화를 제작했다.

  호랑이 분장을 한 학생과 한복을 입은 학생들이 나와서 연기를 하는데 보는 내내 웃음이 나고 그렇게 행복할 수가 없었다. 발음은 말할 것도 없고 대사 처리도 엉망에 연기는 하나같이 어쩜 그렇게 어색한지. 그런데 그 모습 자체가 감동이었다.

  영화 속에선 모든 학생이 저마다의 장애 정도에 맞는 역할을 맡아 충실히 임무를 소화하고 있었다. 일상에서의 의사소통이 가능한 학생은 긴 대사를 담당했고, 무발화인 학생은 행동으로 존재감을 뽐내며 각자 할 수 있는 만큼의 참여를 했다.

자신이 할 수 있는 일을 담당하면서 함께 공동 작업을 수행하는 것, 그 과정에서 소속감을 느끼며 공동체(학교) 안에서 더불어 살아가는 즐거움을 체득하는 것. 영화에 출연한 학생들은 학교에서의 교육과정만으로 그 경험을 쌓고 있었다.

"선생님, 그러면 교과 수업은 언제 어떻게 해요?"

내 질문에 그는 "현장에서 하죠. 꼭 책상에 앉아서 칠판을 보면서 해야 해요?"라고 되물었다. 우문현답이었다.

영화 촬영을 위해 학교 밖으로 나가 오가는 동안 선생님과 학생들은 편의점에 들러 간식을 산다고 했다. 학생들은 사고자 하는 물건을 직접 고르고 계산하면서 선생님과 수학 공부를 했다. 촬영 장소인 유적지나 한옥마을을 방문하면 우리나라 역사와 집, 사람에 대해 배웠다. 이동을 위해 대중교통 수단을 이용할 때는 사회 안에서 갖춰야 할 올바른 태도와 언어를 배웠다. 심 선생님 학급 학생들은 '영화 제작'이라는 변화무쌍한 과정(돌발 상황) 속에서 언어와 수를 적재적소에 사용함으로써 딱딱한 교과 공부를 재미있게 배우고 있었다.

꽉 짜인 교과, 채워야 하는 시수, 나가야 하는 진도는 심 선생님에 의해 재구성됐다. 영화표를 제작하는 과정에선 국어의 읽고 쓰기, 사회의 대중문화, 수학의 날짜와 시각을 현장으로 가져왔다. 표를 판매하는 과정에선 국어의 말하기 듣기, 사회의 판매, 수학의 화폐 계산과 수 세기 등을 체득할 수 있었다. 영화 시사회를 준비하는 과정에선 손님을 맞이하고 청소하는 등 일상생활 영역을 배웠다. 선생님은 교육을 하지 않은 게 아니라 교육의 실행 방법을 달리하고 있었다. 내 눈엔 선생님이 "학습은 경험을 나누는 것부터 시작돼야 한다"는 비고츠키의 학습 이론을 실생활에 적용하는 것처럼 보였다.

'영화 만들기'라는 수업의 큰 주제를 정하자 모든 학생의 수업 참여도가 높아졌다. 예를 들어 영화 세트와 소품을 제작하는 과정에서 작업 기능이 높은 학생은 정밀한 수치 측정하기를 담당했고 작업 기능이 낮은 학생은 종이에 풀 붙이기를 담당했다. '영화 제작'이라는 상황 속에서 학습 주제를 찾으니 모든 학생이 각자의 장애 정도에 맞는 활동을 할 수 있었고 그렇게 참여도를 높인 것이었다.

이뿐만이 아니다. 어떤 해에는 한 학기 동안 학생들과 공동 작업으로 대형 첨성대를 만들었다. 작업은 학교 운동장에서 흙을 퍼 나르는 것부터 시작했다. 그 흙을 물과 섞어 반죽해 틀에 넣고 벽돌을 만들었다. 그렇게 만든 벽돌로 기반부터 다지며 한 줄씩 첨성대를 쌓아올렸다. 공부에는 생전 집중도 안 하던 학생들이 벽돌을 쌓아올릴 때만큼은 높은 집중력을 보이며 참여했다. 반년에 걸쳐 완성된 첨성대 크기는 어마어마했다. 학생들은 첨성대의 크기보다 더 큰 성취감을 느꼈을 것이다. 함께 해냈다는 공동체 의식은 말할 것도 없다.

"저는 담임 재량 현장학습을 자주 나가요. 여기엔 두 가지 이유가 있어요. 하나는 우리 학생들에게 중요한 건 교과서나 영상으로만 배우는 게 아니라 현장에서 얻을 수 있는 경험이기 때문이고, 다른 하나는 세상에 알리는 거죠. 우리(발달장애인)가 여기에 있다고. 우리를 보라고. 우리도 여기 존재한다고."

심 선생님이 여러 현장학습 중 가장 신났던 여행은 지하철과 기차를 타고 춘천에 갔다 온 것이라고 했다. 교사 두 명(담임, 부담임)과 특수교육지원인력(실무사) 한 명이 여섯 명의 학생과 함께 일산에서 지하철을 타고 용산역으로 가서 ITX를 탔다. 목적지는 춘천 김유정 문학관. 귀를 의심했다.

"아니 선생님. 담임 재량 현장학습으로 춘천에 간다고요? 그것도 스쿨버스가 아니라 대중교통을 타고요?"

들뜨고 신난 학생들은 직접 표를 끊었고, 지하철과 기차를 번갈아 타며 두 교통수단 간의 차이도 배웠다. 춘천에 가선 닭갈비도 맛있게 먹고 문학관을 견학한 뒤 돌아왔다. 춘천 현장학습 하나만으로도 국어, 수학, 사회, 역사, 일상생활까지 학습할 수 있는 교과가 많았다. 학생들은 아무도 졸지 않았고 기꺼이 즐거운 마음으로 수업에 참여했다.

춘천 현장학습은 빙산의 일각이다. 심 선생님의 참여형 수업은 종류가 너무 많아 일일이 열거할 수 없을 정도다.

상추를 심고 캐고, 그림을 그리고, 시를 외워 낭송하고, 물건을 제작하고, 못질도 한다.

"보통 학교에서 못질 같은 건 안 시키려고 해요. 위험하다고 생각하니까요. 그런데 무엇이든 해보면 달라요. 망치질시켰다가 학생들 손가락 찧을까 봐 두려워하는데요. 한 번 참여시켜 보세요. 위험하다는 건 지켜보는 우리보다 학생들이 더 잘 알아서 안 다치려고 알아서 잘 조절하는 걸 볼 수 있을 거예요."

무엇이든 해보라고 말하며 실제로 무엇이든 시도해보는 선생님. 그리고 덕분에 무엇이든 참여해보는 학생들. 빙그레 웃음이 났다.

✦

지체장애 학생을 위한 한국우진학교의 공진하 선생님의 출간 소식을 듣고 잽싸게 책을 주문했다. 공 선생님은 SNS를 통해 알게 됐다. 나는 예전에 특수학교 안에 만연한 어떤 사안을 공론화한 적이 있었다. 이때 공 선생님이 담담한 어투로 인정하고 성찰하는 것을 보면서 용기 있는 교사, 양심 있는 교사라는 생각을 했다. 그러다 마침 공 선생님과 나의 '공동 지인'인 캠프힐마을의 김은영 선생님이 서울에 오는 것을 계기로 셋이 만났다. 1차는 막걸리, 2차는 맥주로 홍대의 밤을 뜨겁게 달궜다. 함께 2차까지 달린 사이였지만 이후로 특별히 연락한 적은 없다. 공 선생님이나 나나 이유 없이 연락해 '잘 지내세요?', '보고 싶어용' 등의 빈말을 남발하는 살가운 성격은 아니기 때문이리라.

실제로 공 선생님은 책에서 자신을 소개할 때 '착하지 않은 특수교사, 순진하지 않은 동화 작가'라고 표현했는데, 나는 이 소개가 정말 공 선생님답다고 생각했다. 가식적이지 않으면서도 늘 자신의 역할에 대해 고민하는, 진정성 있는 특수교사.

《그림책 읽는 나는, 특수학교 교사입니다》(한울림스페셜, 2024)라는 선생님의 책에 그의 묵묵한 진정성이 잘 담겨 있다. 속에서 공 선생님은 한 학생의 이야기를 꺼낸다. 수업 중에 같은 모양을 골라보자는 교사의 지시엔 딴청만 부리던 학생이 생활관에선 세탁물을 종류별로 척척 정리하는 것을 보고 깜짝 놀란 것이다. 교육을, 학습을 왜 해야 하는지 그 이유에 대해 고민하는 공 선생님의 고백은 많은 특수교사의 고민과 맞닿아 있기도 하다. 책상 앞에서 바르게 앉아 교과서나 학습지를 통한 인지중심교육만으로는 분명 어떤 한계점에 부딪힌다. 하지만 특수학교는 특수학교대로, 통합교육은 통합교육대로 여전히 우리나라 특수교육은 인지 학습 중심을 벗어나지 못하고 있다. 그리고 인지 학습 중심에만 집중할 때 다음과 같은 부작용도 일어날 수 있음을 고려해야 한다.

✦

관내 교감 선생님 연수를 위해 지방교육청에 갔을 때의 일이다. 연수가 끝난 후 교감 선생님 한 분이 상담을 요청했다. 학교에 특수교육대상자가 한 명 있는데 매우 똑똑해 수학을 비장애 학생들보다 월등히 잘한다고 했다. 그 얘기를 듣고 '서번트 증후군(지적장애 혹은 자폐스펙트럼장애가 있는 사람들 중 특정 분야에서 뛰어난 재능을 보이는 증상)이 있는 자폐 학생인가 보구나'라고 생각했다. 많진 않지만 일부 자폐인은 수학이나 패턴, 음악 등의 특정 분야에서 월등한 성취를 보인다.

수학을 잘하는 학생이니 학교에선 상대적으로 약한 과목인 과학을 조금만 더 보강하면 좋겠다는 생각에 열심히 지도했는데 학생의 수업 거부가 심하다고 했다. 급기야 과학 공부가 싫다며 등교까지 거부하자 교감 선생님이 직접 상담을 요청한 상황이었다.

학교 선생님들의 마음을 알 것 같았다. 만약 아들이 수학에서 두드러진 성취를 보이는 서번트 증후군이 있었다면 나는 지금처럼 아들 삶의 목표를 '타인과 어울려 살 줄 아는 행복한 성인으로 자라는 것'에 둘 수 있었을까. 아마 아니었을 것이다. 시키면 따라오니까, 심지어 잘하니까, 조금만 더, 거기서 조금만 더 해보자는 생각에 마음을 내려놓지 못했을 가능성이 크다.

나는 교감 선생님에게 해결책을 제시하지 않았다.

내가 뭐라고 타인의 인생을 두고 "이렇게 하면 됩니다"라고 이야기할 수 있겠는가. 대신 내 이야기를 꺼냈다. 고등학교 때 전교 500등대의 성적표를 갖고 오던 나였지만 초등학교 때까지만 해도 전교 1등이었던 내 이야기를 말이다.

우리 엄마는 초등학교 교사였다. 삼 남매 중 첫째인 내가 초등학교에 입학했을 때, 엄마는 "드디어 전문성을 발휘할 때가 됐다" 싶었을 것이다. 나는 엄마의 지도 아래 매일 전과(전 과목 참고서)를 두 페이지씩 통째로 외워야 했다. 어떤 날도 예외는 없었다. 외우고 나면 엄마에게 테스트를 받았고, 테스트에 통과해야 놀 수 있었다.

4학년 때 하루는 반장이 집으로 찾아왔다. 반장을 비롯한 반 친구들 너덧 명이 대문 밖에서 "승연아~ 놀자~"라고 외쳤다. 나는 반장을 좋아했다. 풋사랑이었다. 같은 나이였을 때 아들에겐 수현이가 있었듯이 나에겐 반장이 있었다. 반장은 평소 여자 친구들 집에 놀러 다니는 아이가 아니었다. 그런 반장이 나랑 놀자고 우리 집에 친히 찾아온 것이다. 심장이 쿵쿵 뛰었다. 엄마에게 오늘만 먼저 놀고 나중에 전과를 외우겠다고 빌었다.

"제발요, 엄마. 제발."

빌고 또 빌었지만 엄마는 단호했다. 해야 할 일 먼저, 하고 싶은 일은 나중에. 교사였던 엄마는 아마 학습 루틴 형성, 책임감 등의 가치를 알려주기 위해 그랬을 것이다. 거실 창문에 걸터앉아 눈물이 그렁한 채로 반장에게 말했다.

"나 못 놀아."

반장과 친구들은 놀이터를 향해 떠났다. 지금까지도 이날의 기억이 생생한 것을 보면 그 일이 내 삶에 중대한 영향을 미친 큰 사건이었던 모양이다.

두꺼운 전과를 통째로 외우고 다녔으니 공부를 못하고 싶어도 못할 수가 없었다. 그냥 웬만큼 잘하는 것이 아닌 월등한 성적의 전교 1등이었다. 조회 시간이면 교단 앞에 나가 교장선생님에게 상장을 받았고 복도를 지나가면 다른 반 선생님이 "네가 3반에서 1등 한다는 걔니?"라고 묻기도 했다.

엄마 말을 잘 듣는 나이까진 이런 교육방식이 통했다. 하지만 시간은 빠르고 정직하게 흐른다. 사춘기가 왔다. 엄마는 더 이상 중학생이 된 내 공부를 봐줄 수 없었고 내 안에선 그동안 억눌려 있던 공부에 대한 스트레스와 거부감이 터져버렸다. 머리가 커버린 난 복수를 감행했다.

보란 듯 철저하게 공부에서 손을 놨다. 당시엔 그것이 엄마에 대한 복수라는 것도 몰랐다. 그냥 내가 'New kids on the block'을 좋아해서, 좋아하는 것에 몰두하는 바람에 공부를 안 하는 줄 알았다. 나는 내가 그런 유의 사람인 줄 알았다. 엄마가 가장 좋아하는 것을 엄마에게 주지 않기 위해 스스로의 인생을 망가트리면서까지 복수를 감행했다는 사실을 알아차린 건 정신분석을 받던 30대 후반의 일이다.

프로이트는 모든 억압당한 것(감정)들은 나중에 더 추악한 모습으로 되돌아온다고 말했다. 나는 40년 가까운 시간 동안 온갖 시행착오를 겪으며 간신히 알게 된 사실을 프로이트는 이미 100년 전부터 강조하고 있었다.

어른의 강제성(억압)으로 성장하는 아이는 없다. 첫째인 나에게 공부를 시켰더니 오히려 공부를 놔버리는 모습을 보면서 엄마는 동생들의 공부에는 일절 손대지 않았다. 그랬더니 두 동생은 모두 알아서 공부해 서울대에 입학했다. 내 이야기를 들은 교감 선생님은 생각이 많아진 표정으로 자리를 떠났다.

그 학생이 지금도 선생님들의 관심과 지도로 과학 공부를 열심히 하고 있는지 아니면 과학을 포기하고 등교를 선택했는지 알 길이 없다. 하지만 그 학생의 모습에서 'New kids on the block을 좋아하는 나'로 포장해 엄마에게 복수하던 내 모습을 얼핏 읽었다. 억압됐던 것들이 더 안 좋은 형태로 터져버린 것이다. 그 학생은 등교 거부로, 나는 학습 거부로.

칠판 앞에 선 교사는 말로 정보를 전달하고 학생은 책상 앞에 앉아 일방적으로 정보를 전달받는 형태의 수업은 아들처럼 주의집중 시간이 짧거나 관심사가 한정적인 발달장애 학생에겐 유의미한 교육적 효과를 낼 수 없다. 오히려 일방적인 억압으로 느껴져 최소한의 학습 의지마저 잃게 만들 가능성도 있다. 그렇기에 일부 특수교육현장에선 이미 자체적으로 '인지 학습 중심', '진도 중심'이 아닌 '주제 중심', '계기 중심', '학생 중심'의 수업을 꾸려나간다. '학생의 참여'에 방점을 두고 진도와 시수에 얽매이지 않는 것이다.

하지만 이런 시도는 특수학교가 아닌 일반학교의 특수학급에서 더 많이 행해지는 듯하다. 특수학급은 수업 구성에 있어 교사 개인의 자율성이 보장되기 때문일 것이다. 특히 '고유한 개인성(Individuality)의 자유로운 발전'을 중요시하는 발도르프 교육을 특수교육에 접목한 교실 현장에서 이러한 학생 중심의 참여형 수업이 확산되고 있는 모습이 보인다.

심 선생님의 참여형 수업 방식에 눈이 번쩍 뜨였던 것도 이런 이유 때문이었다. "현재의 특수학교시스템 아래서 쉽지 않았을 텐데……" 싶어 더 눈길이 갔던 것이다. 아들이 4학년 때 겪었던 성장 과정을 정성 들여 기록한 이유도 마찬가지다. 활동과 참여, 관계 맺기와 내적 동기 고취 등 특수교육이 지향해야 할 많은 가치가 그 1년 동안의 교육과정 안에 모두 담겨 있었다.

능동적으로 참여하는 삶의 방식이 몸에 익어야 성인기에 자립생활이 가능하다. 발달장애가 있는 아들은 하나의 삶의 방식을 몸에 익히는 데 남들보다 더 오랜 시간이 걸린다. 똑딱똑딱 흘러가는 시간 속에서 학령기의 일분일초가 아쉬운 이유다.

지퍼 올리기에서 배울 수 있는 것

참여하는 교육은 너무나 중요한 화두다. 수많은 교육 전문가가 오랜 시간 입을 모아 한목소리로 외쳐온 주제이자, 모두가 중요성을 알고 있음에도 '현실의 벽'에 부딪힐 때마다 어쩔 수 없지 하며 눈을 감고 타협해버리고 마는 주제이기도 하다.

그럼에도 불구하고 '참여하는 교육'을 시행한다면 그 내용은 어떤 것이어야 할까. 눈앞의 1년만이 아닌 전 생애를 염두에 두고 교육과 양육을 해야 하는 나는, 아들에게 실생활

밀착형 교육이 행해지기를 바란다. 일상생활 지도와 학습이
연결되는 '경험을 나누는 교육'이 되기를 바란다.

◆

　　아들이 6학년이었을 때, 담임 선생님은 매일 일정한
시간을 할애해 아들에게 점퍼 지퍼 채우는 법을 가르쳤다.
솔직히 기대는 안 했다. '젓가락질은커녕 포크질도 못하는
녀석이 어떻게 정교한 손놀림이 필요한 지퍼 채우기를 하겠나'
싶었다. 학년이 끝나가던 어느 날 선생님에게 받은 영상 속
아들은 점퍼를 입더니 온전히 혼자만의 힘으로 천천히 지퍼를
끝까지 채웠다.

　　정말 놀랐다. 아들은 미세근육 발달이 더뎌 손을
정교하게 사용하는 작업이 서툴다. 지퍼를 채우는 건 굉장히
정교한 기술력을 요하는 행위다. 학교와 치료실에선 아들의
'장애 특성'을 고려해 늘 '기본'을 가르치는 데 주력해왔다.
전문가 입장에서는 기본이 충실히 쌓여야 다음 단계로 넘어갈
수 있다고 생각하는 듯했다.

　　만약 6학년 때 담임 선생님도 순차적인 단계별 교육을
고려했다면 지퍼 채우기는 아마 10년이나 20년쯤 후에
시도해봤을 영역일 것이다. 지퍼를 채우기 위해 손 전체가 아닌
개별 손가락에 따로 힘주기, 따로 힘주는 법을 기르기 위해

스티커 붙이기, 스티커를 정교하게 잘 붙이기 위해 선 안에 어긋나지 않게 붙이기 등 '기본'을 익히기 위한 시간으로만 반평생 정도가 소요됐을 것이다.

그런데 그해 담임 선생님은 그 과정을 건너뛰었다. 배움이 느리고 체득하는 데 시간이 걸리는 아이라는 점을 고려해 실생활에서 직접 활용할 수 있는 작업 활동에 곧바로 들어가 지속적으로 반복 교육을 했다. 그해가 끝나기 전에 아들은 혼자서 점퍼 지퍼를 채울 줄 아는 어린이가 됐다.

그 경험을 통해 나는 아들을 교육하는 데 있어 꼭 '기능적 발달 단계'에만 매여 있을 필요가 없다는 것을 알았다. 반드시 포크 사용을 능숙하게 할 줄 알아야 젓가락질로 넘어갈 수 있는 것도 아니고, 자판을 외우고 있어야 문서 작성을 할 수 있는 것도 아니다. 글 쓰는 직업을 가진 나조차도 30년째 독수리 타법이다. 다만 지속적으로 같은 행위를 반복해왔더니 엄청 빠른 독수리가 됐을 뿐이다. 생각해보면 아들은 인간으로서 '보편적'이라 규정해놓은 발달 단계도 건너뛰었다. 앉고, 기고, 걷고, 뛴 게 아니라 제일 먼저 걷고 그다음에 앉았다. 그리고 아직도 잘 기지 못하고 있다. 그래도 전국 팔도 못 돌아다니는 곳 없이 잘만 다닌다.

아들이 지퍼 채우기라는 실생활 밀착형 교육을 받으니, 스티커 붙이기로 기대할 수 있었던 교육적 성취를 이루면서도 '일반화'에 대한 우려 없이 삶에 곧바로 적용할 수 있어서 좋았다. 아들은 삶을 사는 데 있어 늘 일반화의 문제에 맞닥뜨리곤 했기 때문이다.

'일반화'란 개별적인 것을 일반적인 것으로 만듦을 의미한다. 예를 들면 이런 것이다. 아들이 작업 치료실에서 6개월 동안 리본 묶기를 열심히 배우고 익혀 드디어 혼자 힘으로 리본 묶기에 성공했다고 가정해보자.

"이예~"

아들도, 나도, 작업치료사도 환호하며 좋아할 것이다. 그런데 막상 치료실 밖으로 나왔더니 아들이 풀린 운동화 끈을 묶지 못한다. 운동화 끈은 치료실 안에서 묶었던 그 리본이 아니기 때문이다. 많은 발달장애인이 교실 안에서 배운 것을 일상생활로 연결해 적용하는 일반화에 어려움을 겪는다.

안 그래도 일반화에 어려움을 겪는 아들, 그런데 배움의 속도마저 늦어 무엇이든 하나를 배우려면 수십, 수백 번의 반복을 통해 몸으로 익혀야만 배움을 온전히 내재화하는 아들. 이런 아들을 양육하고 교육하기 위해서는 '나'를 바꿔야 했다. 직접 상황에 노출되는 현장 경험을 지속적으로 제공해 아들이 상황에 적응하고 몸소 익힐 수 있도록 내 양육 방식을 바꿔야 했다. 모든 주말마다 아들을 데리고 어디로든 나갔던 이유 중 하나도 바로 이 때문이었다. 나는 미래의 아들이 세상 속에서 살기를 바라기 때문에 가장 든든한 조력자인 내가 아들 옆에 살아 있을 때 세상 경험을 충분히 많이 할 수 있도록 지원하고 싶었다.

세상 경험이라는 건 특별한 게 아니다. 외식할 때 옆 테이블 사람의 밥그릇에 손을 뻗지 않고 내가 주문한 내 밥만 먹는 법, 교통카드를 제대로 찍는 법, 지하철이나 버스에서 자리가 날 때까지 기다리는 법, 마트에서 카트에 물건을 담은 뒤에 계산하기 위해 줄을 서서 기다리는 법, 미용실에서 움직이지 않고 머리 깎는 법 등이다. 이것들을 배우기 위해 아들은 수백, 수천 번의 경험을 쌓아왔고 지금도 쌓아가는 중이다.

학교에서는 이렇게 현장에서 이뤄지는 일상생활 교육이 불가능하다는 것을 잘 안다. 이런 부분은 가정의 몫이다. 하지만 교실이라는 한정된 공간 안에서도 배울 수 있는 실생활 밀착형 교육은 분명 있었다.

마지막으로 심 선생님을 한 번만 더 소환해본다. 평소 심 선생님은 "구체성에 기반을 둔 생활 중심 교육과정이 중요하다"고 말해왔는데 실제 그의 수업을 들여다보면 선생님의 이런 신념이 잘 반영돼 있는 것을 알 수 있다.

딸은 초등학교 1학년부터 반장 선거를 나갔다. 해마다 출마했지만 자기가 자기를 찍은 한 표만 나왔던 어느 해에 충격을 받고 한동안 출마하지 않았다. 그러다 뭔 바람이 불었는지 중학교 3학년인 올해 다시 출마해 부회장에 선출됐다.

딸에겐 "올해 반장 선거 나갈 거야?"라는 질문을 해마다 해왔음에도 그동안 아들의 학교생활에선 반장 선거를 떠올려본 적조차 없었다. 나부터 아들을 '사람'이 아닌 '발달장애인'으로 바라보고 있었던 것이리라.

심 선생님의 학급에선 매 학기 반장 선거가 열리는데, 이런 상황에서 선거 영상과 사진을 보니 부끄러운 마음이 들었다.

선거 날이면 심 선생님 학급엔 실제 투표장과 비슷한 모습으로 선거 장소가 만들어졌다. 선거 구역은 진짜 투표장처럼 프라이빗하게 비밀 투표가 보장됐다. 학생들은 한 명씩 기표소에 들어가 '알기 쉬운 투표지(학생의 이름과 얼굴이 크게 프린트돼 있는)'를 보고 지지하는 후보에게 도장을 찍었다(학생에 따라선 심 선생님이 함께 들어가 도장 찍는 과정을 지원하기도 했다). 도장도 실제 선거에서 사용되는 도장과 똑같은 모양이다. 도장을 칸 안에 제대로 찍지 않거나, 겹쳐서 찍거나, 여러 명에게 동시에 찍으면 무효표로 처리됐다.

원하는 사람은 누구나 출마할 수 있었다. 어느 정도 의사소통이 되는 학생은 투표 전 정견 발표 시간에 자신이 반장이 되면 어떻게 하겠다는 공약을 내걸었고, 말을 못 하는 학생은 그냥 앞에 서서 웃다가 들어오기도 했다. 어떤 학생은 자신이 잘하는 장기자랑(플루트를 연주한다든가 등)을 하다 들어오기도 했다.

"특수학교에서 반장이 돼봤자 무슨 소용이야. 반장 되면 기분만 좋아지는 것 외에 뭐 특별히 할 일이라도 있어?"

만약 이런 질문이 나온다면 나는 이렇게 되묻겠다.

"그러면 안 되나요? 반장 돼서 기분만 좋아지면 안 되는 건가요?"

딸에게 회장과 부회장은 무슨 일을 하냐고 물었더니 특별히 하는 일이 없다고 했다. 어쩌다 가끔 선생님 심부름하는 정도랄까. 하지만 그런 기회조차 많지 않다고 했다.

그렇다면 특수교육대상자에게도 마찬가지일 것이다. 반장이 무슨 일을 하느냐는 다음의 문제다. 중요한 건 반장 선거라는 과정을 통해 민주 시민으로서의 자질과 역량을 기르는 경험을 하는 것, 반 친구들 앞에 나서는 용기를 내보는 것, 생애 처음으로 주인공이 되어보는 순간을 누리는 것 등이다. 이것만으로도 반장 선거를 해야 할 이유는 충분했다. 그런데 특수학교에서의 반장 선거는 그보다 더 큰 의미가 있었다. 바로 학교에서의 경험이 성인기 때 실제 투표를 하는 데 있어 낯선 환경에 대한 불안감을 줄여주고 자신감 있게 도장을 찍을 수 있는 발판이 돼줄 것이기 때문이다.

많은 교육 현장에선 '기본'을 중요시한다. 교사들은 대선이나 총선 등 대국민 투표가 있을 때 졸업한 제자가 투표장에서 실수하지 않고 지지하는 후보에게 도장을 잘 찍고 나올 수 있도록 학생들이 투표할 수 있는 '기본적인 역량'을 기르게 하는 데 주력한다. 칸 안에 세밀하게 도장을 찍을 수 있도록 손가락 미세근육 조절 능력을 기르기 위해 칸 안에 스티커 붙이기도 하고, 밑그림 밖으로 벗어나지 않게 색을 칠하는 연습도 하고, 후보자 이름을 읽을 수 있게 한글도 열심히 가르친다.

하지만 발달장애인 삶에서 맞닥뜨리는 어려움 중 하나는 앞서 말했던 '일반화'다. 아무리 투표할 수 있는 기본 역량을 갖추고 있어도 정작 투표장이라는 낯선 환경에서 불안해하지 않거나 긴장하지 않고 투표 행위를 능숙하게 잘할 수 있는 당사자는 많지 않다. 그런데 특수학교에서 몇 년에 걸쳐 매 학기마다 선거하는 과정, 투표하는 과정을 꾸준히 경험했다고 생각해보자. 비슷한 상황에 반복 노출되는 경험을 통해 투표 행위가 자연스럽게 몸에 익어 있으면 성인이 된 후 정식 투표장에 가서도 얼지 않을 수 있다. 긴장의 강도를 낮출 수 있다. 구체성에 기반을 둔 생활 중심 교육과정이란 바로 이런 것이었다.

◆

성인기 당사자의 부모들한테 학령기와 성인기의 삶이 단절돼 있다는 말을 많이 듣는다. 학교에서 배운 것들이 성인기의 실제 삶으로 연결되지 않는다고 한다.

특수교육마저도 (비장애 일반교육처럼) 인지 학습을 최고의 가치로 여기고 있으니 어찌 보면 당연할 수밖에 없는 결과라는 생각이 든다.

인지 발달이 중요하지 않다는 얘기가 아니다. 세상은 아는 만큼 보이는 법이다. 발달장애인도 인지의 폭을 넓혀 세상에 대한 이해가 넓어져야 상황에 대한 이해, 자신과 자신을 둘러싼 타인에 대한 이해가 깊어진다. 하지만 삶은 '인지'만으로 이뤄지진 않는다. 특히 대다수 발달장애인이 '일반화'에 어려움을 겪고 있다는 점을 생각하면 인지 중심, 진도 중심, 시수 중심의 특수교육이 분명 놓치고 있는 부분이 있다는 얘길 하는 중이다.

〈2022 개정 특수교육 기본교육과정〉에 따라 2024년부터 단계별로 '일상생활 활동'이 수업 시수로 들어오게 됐다. 기존에도 아들은 학교 안에서 인지 교육만이 아닌 일상생활 영역과 관련한 교육을 받아왔다. 등교하면 옷걸이에 옷 걸기, 차례대로 줄 서서 엘리베이터 타기, 개수대로 가 식판 정리하기, 화장실에서 물장난하지 않고 손 씻기 등이 모두 일상생활과 관련한 교육이다. 특수교육에서 일상생활 지도는 교육의 당연한 영역 중 하나였지만 앞으로는 아예 일상생활 지도가 정식 교과로 들어오게 됐다는 뜻이다.

한 번은 특수교사 몇 명과 모인 자리에서 이에 관해 이야기를 나눴다. 당시 한 분이 진지한 얼굴로 반대

입장을 밝혔다. 일상생활 지도는 가정에서의 몫이다, 발달장애인이라는 이유로 비장애 학생들이 배우는 것을 똑같이 배우지 않는 것이야말로 장애인 차별이자 학대라는 게 그분의 주장이었다.

동의한다. 일상생활 지도는 가정의 몫이다. 집에서는 일일이 부모가 손톱을 깎아주면서 학교에 "혼자서 손톱 깎을 수 있게 연습시켜 주세요"라며 제 할 일을 떠넘기는 건 말도 안 되는 얘기다. 하지만 가정에서의 일상생활 지도와 학교에서의 일상생활 지도는 긴밀히 연결돼 있다. 일상생활이라는 게 가정에서의 행동 따로, 학교에서의 행동 따로 자로 잰 듯 딱 구분돼 있지 않다. 서로의 영역을 수시로 넘나든다.

2년 전 아들의 화장실 사용 문제로 외출이 힘들어진 시기가 있었다. 아들은 대변과 소변이 동시에 마려울 때 선 상태로 소변을 먼저 본 후 변기에 앉아 나머지 볼일을 봤다. 그런데 어느 날부터 아들이 대변을 보면서 바지를 적시기 시작했다. 변기에 앉은 상태로 아무런 거리낌 없이 소변을 봤기 때문이다. 알고 보니 학교에서 변기에 앉은 상태로 소변을 보고 이어서 대변도 보는 루틴이 생겨난 것이었는데, 이때도 상황을 뒤늦게 인지하다 보니 이미 당연한 행동 반응으로 몸에 단단히 익어버린 뒤였다.

몸에 밴 잘못된 대소변 습관은 역시나 일상에까지 영향을 미쳤다. 아들과 단둘이 놀러 갔던 어느 날 아들이 광화문 광장 한가운데서 대변이 마렵다는 신호를 보냈다. 바지에 똥 싸면 진짜 일 커진다는 생각에 눈앞에 보이는 스타벅스로 얼른 뛰어갔는데 장애인 화장실이 없었다. 알고 보니 스타벅스에는 장애인 화장실이 없었다. 평소엔 남편이 아들을 데리고 남자 화장실에 갔기에 그런 사실을 인식조차 못하고 살았는데 막상 나 혼자 데리고 나오니 화장실 이용이 큰 문제였다. 아들은 아직 혼자서 뒤처리를 못해 내가 함께 들어가 뒤처리를 해줘야 하기 때문이다.

여자인 내가 남자 화장실에 들어가 있을 순 없었다. 아들과 함께 대변 칸에 들어가 있는 중에도 소변을 보기 위해 남자들이 끊임없이 오고 갈 것이었다. 아들을 데리고 여자 화장실로 갔다. 뒤에 서 있는 여성에게 상황을 설명하고 양해를 구했다. 이러이러해서 나랑 아들이 함께 들어갈 텐데 최대한 빨리 나올 테니 조금만 이해해주시면 감사하겠다고 했다. 여성은 처음엔 나만큼 키가 큰 아들 모습에 불편한 기색을 보였지만 아들이 들고 있는 스마트폰에서 뽀로로 노래가 흘러나오자 약간은 안심한 모습이 되어 알겠다고 했다. 감사 인사를 전하고 아들을 재촉해 화장실로 들어갔다.

"자, 얼른 싸고 나가자."

그때였다. 아들이 변기에 앉은 상태로 소변을 먼저 눠버렸다. 소변은 포물선을 그리며 아들 발목에 걸친 바지와 앞에 서 있던 내 치마를 적셨다.

"동환아, 안 돼!"

놀란 내가 소리치며 나도 모르게 손으로 소변을 막았지만 물줄기가 막는다고 막혀지나. 내 앞엔 영문을 모른 채 놀라서 눈만 커다랗게 뜬 아들이 앉아 있을 뿐이었다. 둘이 간신히 들어간 공간 안에서 아들을 닦이고, 옷을 갈아입히고, 젖은 옷을 정리하고, 바닥에 흥건한 소변을 치우는 건 정말 못할 일이었다. 좁은 공간에서 몸을 구부릴 수조차 없었는데 어떻게 그 일을 다 해냈는지 기억도 안 난다. 5분 안에 나왔어야 할 우리가 10분이 지나도 나오질 않자 밖에 있던 사람들이 웅성거리며 문을 쾅쾅 두드렸다.

이듬해 담임 선생님에게 감사한 일 중 하나는 아들의 화장실 이용법을 바르게 지도해준 것이었다. 그일 이후로 집에서는 늘 서서 소변을 먼저 누고 그다음에 앉아서 대변 누기를 다시 연습시켰다. 하지만 학교 안에선 집과 다른 루틴이 이미 몸에 익어버린 상태였기에 아들은 혼란을 느꼈고, 화장실에 갈 때마다 당황하며 옷을 적시곤 했다. 그런데 그해 담임 선생님(남자)은 변기에 앉은 아들이 자신의 손으로 성기를 눌러 변기 안에 소변을 눌 수 있도록 화장실 이용법을 지도했다. '남자는 서서 소변을 눈다'는 사고의 틀에 갇혀 있던 남편과 나는 생각조차 못했던 방법이었다. 덕분에 지금 아들은 대변 중 소변이 마려울 때면 손으로 성기를 눌러 변기 안에 일을 본다(물론 아주 가끔은 여전히 앉은 채로 포물선을 그리기도 한다).

일상생활 지도가 가정의 몫인 건 맞다. 하지만 이렇게 학교에서의 일상 지도가 가정의 영역으로 넘어오기도 하고, 또 가정에서는 생각조차 못했던 방법을 학교에서 배워오기도 한다. 이렇게 가정과 학교를 오고 가며 익힌 올바른 일상생활은 아들의 성인기 삶을 공고하게 하는 받침돌이 될 것이다.

다시 앞으로 돌아가서, 비장애 학생들이 배우는 것을 발달장애가 있다는 이유로 가르치지 않는 것이 장애인 차별이라는 점에 동의한다. 그런데 일상생활 지도가 교육의 영역 안으로 들어온다고 해서 그것이 배워야 할 교육을 배우지 못하는 것은 아니라고 생각한다.

아들이 다니는 특수학교는 중학교 3학년이 총 네 개의 반으로 구성돼 있다. 이 네 반을 통틀어 최고 엘리트인 학생이 있다. 그 학생은 말과 글이 능숙하고, 여러 악기를 수준급으로 연주하며, 영상 제작 능력도 뛰어난데다 심지어 설거지까지 잘한다. 그 학생의 엄마를 만날 때마다 나는 부럽다, 잘 키웠다, 너무 좋겠다 등의 감탄을 하곤 했는데 그때 그 엄마가 말했다.

"원래는 우리 아들도 이렇게까진 발달이 좋진 않았어요. 그런데 초등학교 고학년부터 '학습'보다 이런저런 '외부 활동'을 많이 시켰더니 오히려 그때부터 인지가 확 좋아지더라고요. 인지가 좋아지면서 할 수 있는 것도 많아졌고요. 책상에 앉아서 공부하는 것보다 여러 상황과 활동 속에서 직접 경험하고 체험해서 배우는 게 학습적으로도 더 효과가 있었던 거예요. 작은 체험부터 시작된 사회 활동에서 만족감을 먼저 느끼기 시작했고요. 그게 성취감으로 이어져서 점점 자존감이 형성되면서 사회인지력과 자기수행능력이 높아지더라고요."

인지 중심의 교과 학습이 쓸모없다는 게 아니고 일상생활 지도만 하자는 것도 아니다. 다만 학령기 학습이 성인기 삶과 연결될 수 있도록 특수교육의 방향성과 방법론의 변화를 고민할 필요가 있다는 얘기다. 아들이 학교에서 잠자는 이유가 현행 특수교육시스템에서 비롯된 것 또한 사실이기에, 나는 먼 미래에 아들과 단둘이 고립된 삶을 살다가 한강으로 가고 싶진 않기에, 아직 제대로 된 삶을 살 가능성이 남아 있는 현재에 아들이 학교에서 잠자는 문제를 공론화시키고 대책이 마련되기를 바라는 것이다.

게다가 정말로 발달장애인이 중증화되고 있는 추세라면 제2의 아들, 제2의 나는 계속해서 늘어갈 것이다. 그때 가서는 너무 늦다. 그렇다고 당장 혁명이라도 할 것처럼 급격한 변화를 일궈내자는 게 아니다. 적어도 모두가 문제의식을 공유라도 해야 한다는 것이다. 학령기 교육의 목표가 무엇인지 근본적인 질문부터 다시 던져봐야 한다는 것이다. 그것부터가 변화의 시작임은 확실하다.

행복한 어른이 되기 위한
밑그림 그리기

4년 전 특수교사 송명숙 선생님이 전하는 25년간의 도전과 실천 사례를 담은 책《모두를 위한 통합교육을 그리다》(한울림스페셜, 2021)에서 '역행설계(Backward Planning)'에 대한 개념이 나온 것을 보고 흥분했었다.

송 선생님은 장기적인 목표를 설정하는 것과 그에 따른 학령기 계획을 세우는 것의 중요성을 강조했는데 딱 내가 하고 싶었던 말을 선생님이 했기 때문이다.

선생님이 근무하는 학교를 찾아 직접 연락을 취했고, 학교에 방문해 선생님으로부터 역행설계에 대해 얘기를 들었다.

송 선생님은 "나중에 아이가 성인이 됐을 때 어떤 모습으로 살기 원하는지 명확히 그려야 한다"고 말했다. 어떤 형태의 독립을 구상하는지에 따라 저마다 우선순위가 달라지고 개인의 특성에 맞게 꼭 필요한 것을 놓치지 않고 준비할 수 있기 때문이다. 자녀가 부모에게서 독립하는 형태는 다양했다. 개인의 성향에 맞게 자녀의 독립 형태를 그린 뒤 이를 위해 지금부터 해야 할 일을 장단기 계획을 세워 차근차근 실행하는 것이 역행설계라고 선생님은 말했다.

그동안 나는 여러 연수 때마다 "우리는요. 지금 당장, 오늘 하루, 올 1년을 위한 양육과 교육을 하면 안 돼요. 시야를 넓혀서 멀리 보고 목표로 삼을 한 지점을 설정해야 해요. 그에 따라 지금 해야 할 일이 완전히 달라지거든요. 저는 아들이 서른 살이 된 어느 날을 목표로 잡고 있어요. 그날은 우리 아이가 저로부터 독립하는 날일 거예요." 이 말을 입이 닳도록 강조했다. 하지만 당시만 해도 초등학생 아이의 엄마에 불과했던 내 말엔 '권위'가 없었다. 내가 하는 말은 단순한 '어머니 말씀'이 돼버리곤 했다. 이런 일이 몇 번 반복되자 이후론 사회가 인정한 권위자(교수나 교사 등)의 말을 인용했다.

주변에 이런 애로사항을 호소했더니 이미 교수 직함을

갖고 있는 지인들이 빨리 대학원을 가라고 재촉했다. 가서 박사학위까지 쭉 이어서 받으란다. 박사가 되고 겸임 교수가 돼야 내 말을 전문가의 말처럼 진지하게 귀를 기울여 들어주는 것일까. 대학원에 가는 건 즐거운 일이겠지만 시험 보는 게 싫어서 망설여진다. 어떻게 졸업한 중간고사와 기말고사인데. 시험 기간마다 "엄마는 시험 안 봐서 좋겠다"며 부러워하는 딸 앞에서 "부러우면 너도 빨리 어른 돼라~"라고 놀리곤 했다. 그럼에도 아들을 위해 필요하다면 50대 이후의 과제로 두고 한번은 진지하게 생각해봐야겠지.

사실 역행설계라는 단어를 몰랐을 뿐이지 우리는 모두 인생을 역행설계하며 산다. 만약 내가 50세를 맞이한 기념으로 대학원에 입학할 목표를 잡는다고 가정해보자. 그 목표를 위해 48세와 49세의 나는 기고하던 칼럼들을 서서히 정리하고, 작업 중인 책이 있다면 빨리 끝내거나 혹은 뒤로 미루고, 생활비와는 별도로 공부에 필요한 자금을 따로 모아야 할 것이다. 저녁 시간에 수업이 있을 때를 대비해 아들의 활동지원사와 일정도 새로 논의해야 할 것이다. 목표가 생겼으니 이를 위한 장단기 계획을 세워 해야 할 일을 하나씩 실행에 옮겨나가는 것이다. 직장 퇴직 후 제2의 삶을 준비해야 하는 남편도 마찬가지고 기자라는 꿈을 위해 일단 대학에 입학해야 하는 딸도 마찬가지다.

하지만 유독 아들에 관해서만은 이러한 생각 자체를

못하고 살았다. 앞서 말했듯 방향성 없이 하루하루를 열심히 살기만 했다. 그리고 지금 이 순간에도 많은 사람이 어디로 향하는지 알지 못한 채 하루하루 열심히 최선을 다해 살고 있다는 것을 알고 있다.

◆

아들이 학교에서 한창 자던 시기에 하루는 담임 선생님에게 하소연하듯 말했다.
"선생님, 동환이가 학교에서 이대로 지내면 안 될 것 같아요. 계속 이러면 성인기에 어떤 삶을 살겠습니까."
"성인기 물어보시니까 말씀드려요. 어머니 생각은 또 다를 수도 있겠지만 만약 동환이가 시설에 간다고 가정하면 필요한 게 몇 가지 있거든요. 일단 화장실에 혼자 가서 처리할 수 있어야 하는데 지금 동환이가 작은 일은 스스로 하고 올 수 있으니까 그건 괜찮을 것 같고요. 그리고 또······."
담임 선생님은 아들의 성인기 삶을 크게 걱정하지 않아도 된다며 위로를 건넸다. 하지만 나는 그 위로가 마음에 들어오지 않았다. 별안간 엄청난 충격, 아니 깨달음이 몰려왔기 때문이다.
아들이 학교에서 잠자는 것은 표면적으로 드러난 행동의 문제일 뿐이었다. 그 단순한 행동이 가져오게 될 여러 파장, 그 행위 안에 담긴 의미들이 진짜 문제였다. 그 문제들은 단순히 학령기 문제행동을 넘어 아들의 성인기 삶을 좌지우지할 것이다.

그럼에도 어쩔 수 없는 부분은 있다고 체념했던 것 또한 사실이다. 아들이 잠을 잘 수밖에 없는 구조로 특수교육시스템이 구축돼 있다면, 일개 엄마에 불과한 내가 당장 어찌할 수 없는 부분이 있는 거라며 체념했던 것이다. 그런데 시스템의 문제만이 아니었다면 어떨까. 알고 보니 시스템의 문제에 더해 '인식(교육목표)'의 문제가 결부돼 있던 것이었다면 말이다. 적어도 인식은 시스템보다 빠르게 변할 수 있다. 스스로의 의지로 얼마든지 바꿀 수 있다. 그렇다면 아들의 성인기까지 3년 남짓 남은 지금 내가 매달릴 수 있는 유일한 희망은 바로 이것, 인식의 문제다.

"만약 시설에 간다고 가정하면……"이라는 말을 듣는 그 순간 대외적으로 활발한 활동을 하는 한 특수교사가 떠올랐다. 그분은 특수학교에 근무했는데 학생들을 위한 다양한 학습법을 연구하고 공유하는 '좋은 교사'로 소문이 자자했다. 그런데 들려오는 얘기로는 그분이 반 엄마들과 상담할 때마다 시설 입소를 권한다고 했다. 미리 알아보고 준비하라고 했던 것이다. 처음엔 왜 그러는지 이해할 수가 없었다. 그러다 이날 깨달았다. '아, 특수교사들도 발달장애인 삶의 형태를 모르고 있구나.'

생각해보면 당연한 일이었다. 국가 차원의 자립지원시스템은 이제 막 걸음마를 뗀 상태고 그동안 지자체 중심의 움직임은 있었지만 그 움직임은 너무 작기 때문에 평소 정책 정보를 긴밀하게 살피는 일부 사람만이 정보를 알고 있는 상태였다.

재가 장애인이 자립지원시스템의 지원을 받아 자립하기 시작한 사례가 나오기 시작한 것도 최근 일이다. 대다수 특수교사는 지원주택이 뭔지, 주거생활서비스가 어떤 내용인지 모를 것이다. 진로 지도는 특수교사 업무의 일환이기에 성인기의 '낮 생활'에 관해서는 어느 정도 정보를 갖고 있지만, 삶의 형태가 결정되는 '밤 생활(졸업 직후가 아닌 한참 뒤 고민해야 할 영역인)'에 대해서는 복지정책 동향을 일부러 찾아보지 않는 한 알 수 없는 게 당연했던 것이다.

과거 중증 발달장애인은 시설에 입소하지 않으면 생존할 방법이 없었다. 중견 교사의 제자들은 어느 정도 나이가 들었을 테고 모두 시설에 입소했을 것이다. 시설에 입소한 제자들은 생존을 보장받았을 것이다. 오히려 문제가 되는 건 시설에 입소하지 못한 제자들이었다. 시설에 입소했다가 문제행동으로 쫓겨난 제자들도 마찬가지고.

그런 사례와 경험이 쌓여가면서 특수교육 안에서 중추적 위치에 있는 경력자들은 이렇게 생각했을 것이다. 특수교육은 지금 당장이 아니라 먼 미래까지 봐야 한다고.

아끼는 제자들의 생존과 안전이 보장되기 위해선 능히 시설에서도 잘 지낼 수 있는 성인으로 자라야 한다고. 그래서였을 것이다. 아들이 시설생활에 적합한 성인으로 자라기 위한 특수교육을 받고 있었던 이유가 말이다.

시설 입소에 적합한 발달장애인으로 자라게 하기 위한 특수교육과 자립생활에 적합한 발달장애인으로 자라게 하기 위한 특수교육은 내용이 명백히 달랐다. 하지만 교사와 학부모 누구도 이에 대한 고민은 하지 않았다. 나 또한 그토록 많은 부모교육을 찾아다니며 들었고 지금도 듣고 있지만, 그 누구도 방향성이나 목표 지점에 대해 얘기해준 사람이 없었다. 그러니 오랜 시간을 그토록 헤맸던 것이다. 그렇다면 한 번 생각해보자. 시설 입소에 적합한 발달장애인과 자립생활에 적합한 발달장애인을 위한 특수교육의 내용이 어떻게 다른지.

먼저 시설 입소에 적합한 발달장애인을 육성하기 위한 특수교육은 교육의 주체가 학생이 아닌 교실의 관리자인 '교사'일 수밖에 없다. 집단생활에선(대규모 시설이든 소규모 그룹홈이든) 개인의 특성보다 공동체의 질서가 우선이다. 질서 유지를 위한 중심에는 관리자(교사)가 있다. 관리자가 일괄적으로(진도 중심) 제공하는 서비스(특수교육)를 잘 따라오는 학생이 공동체(시설)생활도 잘해낼 수 있다. 관리자 입장에서는 학생이 '지시를 잘 따르는 것'이 가장 큰 미덕이다.

시설과 같은 집단생활에선 개개인의 존재감이 없어야

한다. 사병들이 저마다의 개성과 존재감을 드러낸다면 군대가 유지될 수 없는 것과 같은 이치일 것이다. 그렇기에 누군가 두드러진 문제행동을 보인다면 일단 잡아야 한다. 그것이 몸으로 말하는 중이거나 마음의 호소라고 해도 중요한 건 겉으로 드러나는 '행동'이지 '마음' 따위가 아니다.

그러다 보니 교실(공동체) 내 안전과 평화를 해치는 학생이 있다면 문제행동을 빠르게 제거하기 위해 정신과 약 복용을 먼저 권한다. 실제로 한 연구 보고서에 따르면 우리나라는 발달장애인의 문제행동을 '잡기' 위해 정신과 약을 복용하는 수치가 50퍼센트에 이르고 있다. 발달장애인 두 명 중 한 명이 문제행동을 이유로 (정신질환이 없는 상태에서) 정신과 약을 복용하고 있는 셈이다.

약을 먹었는데도 문제행동이 지속되면 학교에선 지원인력을 붙이거나 거리 두기형으로 교실 안에서 애초에 문제가 발생하지 않게끔 사실상 개인을 고립시킨다. 시설생활에 적합한 발달장애인을 육성하기 위한 교육에선 개개인의 관계 맺기나 사회성 향상보다 공동체의 평화로운 운영 또는 공동체생활에 적합한 '존재감 없는 학생'을 육성하는 것이 중요하기 때문이다.

이런 상황에선 학생이 수업 중에 잠을 자는 것도 좋은 방법이다. 어떤 식으로든 교실 안에서 문제를 일으키지 않고 얌전히 자리를 지키고 있는 것이 미덕으로 받아들여질 것이다. "교실에 함께 있는 것만도 교육"이라는 말은 얼핏 들으면 맞는 말 같다. 하지만 그 안에 함축된 의미를 하나씩 파헤치고 들어가보면 잔인한 현실과 마주하게 된다. 교실의 주체는 학생이 아닌 교사(관리자)라는 점을 공고히 하는 말이자, 발달장애인의 개인성은 고려의 대상이 아니라는 비장애인의 위력이 숨어 있는 말이기 때문이다.

  이와 반대로 자립생활에 적합한 발달장애인을 육성하기 위한 특수교육에선 무엇보다 학생 개개인의 '개인성(개별화)'이 중요하다. 한 발 더 나아가 개별화를 토대로 한 '참여'가 중요하다. 애초에 자립생활의 형태가 그렇게 구성돼 있기 때문이다. 모든 개인은 각자의 특성에 맞게 능동적으로 참여해 일상을 꾸려갈 줄 아는 능력이 있어야만 자립생활이 가능해진다. 장애 정도와 상관없이 능동적으로 참여하고자 하는 의지, 태도, 성격 형성이 되어 있지 않으면 자립생활은 실패하고 마는 것이다.

  자립하는 삶이 목표인 특수교육에선 중증 장애인도 취업을 목표로 삼을 수 있다. 근로지원인을 붙이면 중증 장애인도 얼마든지 취업이 가능하다. 중증 발달장애인이 취업할 경우 처음에는 근로지원인이 당사자가 해야 할 업무의 80~90퍼센트를 맡아서 처리할 수도 있다. 그래도 괜찮다. 처음엔 맡은 업무의 10~20퍼센트밖에 해내지 못하더라도 직장생활 경험이 쌓이며 점점 참여하는 범위를 늘려가는 것을 목표로 삼으면 된다. 그러기 위해선 직장 안에서 수동적으로 '얌전히' 있는 사람이 필요한 게 아니라 '능동적으로' 참여하고자 하는 의지가 있는 사람이 필요하다(반면 시설에 입소하는 것이 목표인 특수교육에선 중증 장애인의 경우 취업 장소가 주간보호 작업장으로 한정된다. 그곳에서는 일을 안 하거나 못하는 건 상관없다. 지루함을 견디며 사고치지 않고 얌전히 앉아 있는 것이 중요하다).

    자립생활을 위한 특수교육에서는 중증 장애인도 취업이 낮 생활의 목표가 된다. 자립생활을 위해서는 돈이 필요하기 때문이다. 성인기엔 장애연금과 주거연금이 나오지만 주거비와 생활비, 용돈, 활동지원서비스와 근로지원인서비스 등을 모두 사용하기엔 턱없이 모자란 수준이다. 많진 않더라도 스스로 버는 돈이 있어야 본인 명의 집(임대주택)에서 자립생활을 유지할 수 있다.

    그렇다고 해서 꼭 모두가 취업해야 하는 건 아니다. 취업은 각자의 특성과 여건에 따른 선택 사항이다. 다만 기존 중증 장애인의 선택지에선 '취업'이 고려 대상조차 아니었기에 생각을 달리 해보자는 얘기다. 주간활동서비스를 받거나, 평생교육센터를 다니거나, 복지관을 이용하는 삶을 살면서 자립해도 된다. 하지만 이런 형태로 낮 생활을 보낼 때도 참여하는 능력은 필수다. 지역사회 참여 위주로 구성된 각종 복지서비스를 능히 이용할 수 있는 '능력'이 반드시 갖춰져야만 한다. 참여하는 방법을 모르는 어른으로 자라버리면 각 기관에서 수시로 외부 활동에 나갈 때마다 문제가 발생하고, 그런 상황이 누적되면 어느 순간 당사자는 집에서만 지내는 고립된 삶을 살아야 한다.

자립하는 삶에선 타인과 어울려 사는 능력이 무엇보다 중요한 필수 요소다. 사회성이 없으면 사회적 기술이라도 익혀야 한다. 물론 시설에 입소할 때도 문제행동이 있으면 받아주지 않는 게 현실이지만, 자립하는 삶에선 단순히 문제행동이 있고 없고보다 한 단계 더 나아가야 한다. 타인과 올바르게 관계를 맺는 법까지 배워야 하는 것이다.

타인(활동지원사)의 지원을 받아 일상을 꾸려가고, 타인(근로지원인)의 지원을 받아 직장에서 일을 하고, 타인(사회복지사)의 지원을 받아 주간활동서비스를 받고, 타인(주거코디, 주거코치)의 지원을 받아 집(지원주택)에서 생활하며 자신의 특성에 맞게 꾸려진 모든 낮 생활 활동에 참여해야 하는 게 자립생활의 형태다. 그뿐만이 아니다. 주변에 지원인력만 있을 때도 당사자의 자립생활엔 빨간불이 켜진다. 자립해서 사는 장애인들의 수기를 담은 책 《나, 함께 산다》(오월의봄, 2018)에서 자립생활 중인 당사자들은 자립 성공의 가장 큰 열쇠로 '친구'를 꼽았다.

실제로 내가 자립해 사는 성인 발달장애인 사례를 취재하고 다녔을 때도 그랬다. 당시 만난 한 사회복지사는 자립해 사는 종민 씨의 건강을 걱정하고 있었다. 직장생활도 잘하고, 집에서의 일상생활 자조기술도 뛰어난 종민 씨는 친구가 한 명도 없었다. 그러다 보니 퇴근 이후의 시간, 주말 동안의 시간, 연휴나 휴가 등의 시간에 할 일이 없었다. TV 앞에 앉아 있는 것도 하루이틀. 종민 씨는 게임을 하고 술을 마시기 시작했다. 외부 활동이 없는 종민 씨는 점점 더 게임과 알코올에 의존했다. 그것 말고는 세상 천지에 혼자만 있는 듯한 적막하고 무한한 시간을 버텨낼 방법이 없었다. 담당 사회복지사가 종민 씨를 당사자 자조모임인 '피플퍼스트'나 복지관 체육 활동 등 단체 활동에 참여시키려 애썼다. 하지만 평생 타인과 적극적으로 관계를 맺으며 살아본 적 없는 종민 씨는 타인과 어울리는 외부 활동을 꺼려했다. 이대로 가다간 자립생활을 끝내고 병원에 입원해야 할지도 모른다는 얘기를 마지막으로 들은 게 대략 4~5년 전이다.

지금 종민 씨가 어떻게 사는지, 살아는 있는지 알 길이 없다. 다만 종민 씨의 이야기는 기능적인 요소가 자립의 성공을 담보하진 않는다는 것, 어울려 살 줄 아는 성인으로 성장하는 게 얼마나 중요한지를 잘 보여준 사례였다.

학령기 특수교육이 아무런 참여를 하지 않아도 교실에 얌전히 앉아 있는 학생을 길러내는 데 집중하는 한 종민 씨 같은 사례는 앞으로 더 많아질 것이다. 자립지원시스템은 나날이 더 확대되고 있다. 앞으로는 이전보다 더 많은 당사자들이 시설이 아닌 지역사회 안에서 자립해 살아갈 것이다. 자립해 살아가는 삶의 형태에선 관리자가 일률적으로 제공하는 서비스를 얌전히 앉아 수용하는 게 아니라 수많은 낮과 밤이 이어질 '무한의 시간' 속에서 무엇을 하며 살고 싶은지 제대로 의사 표현을 할 수 있어야 하고 능동적으로 참여하려는 의지도 있어야 한다. 그런 삶의 태도와 방식을 학령기 동안 배우고 익혀야 한다. 자립하는 삶의 형태에서 주변 어른들이 시키는 말만 잘 듣는 '지시 따르기'가 결코 미덕이 될 수 없다.

　　　　이렇게나 다르다. 다른 건 특수교육의 방향키를 쥔 선장의 성인기 인식, 즉 미래 방향성과 교육목표인데 그것을 어떻게 설정하느냐에 따라 그 안에서 배우고 익혀야 할 특수교육의 우선 가치는 이렇게나 달랐다. 그렇다면 학령기 특수교육을 이끌어가는 교육의 주체들은 질문을 던져야 한다. 지금 어떤 방향성(교육목표)을 설정하고 있는지, 그 방향성이 맞다고 확신할 수 있는지, 그 과정에서 놓치고 있는 건 없는지 '성인기를 위한 학령기'를 책임진 주체로서 특수교사들은 지금이라도 스스로에게 질문을 던져야 한다.

　　　　학부모들도 마찬가지다. 우리도 자신을 먼저 돌아보고 스스로에게 질문을 던질 수 있어야 한다. 시스템이 이끌고 특수교사들이 밀어서 현재의 특수교육이 시설생활에 적합한 발달장애인을 육성하는 교육의 장으로 변했다고 생각하면 오산이다. 특수교육이 그런 방향을 향하도록 옆에서 거들고 힘을 보탠 게 우리 학부모들이다. 개별화교육회의에는 인지 학습 목표만을 제시하고, 학교 안에서 학생들끼리 발생하는 아주 사소한 갈등에도 민원을 넣으며 교사들의 사회성 교육 활동을 위축되게 만들었다.

그러다 보니 아침에 등교한 상태 그대로 학생들을 하교시키는 것이 교실 안의 지상 과제가 돼버렸다. 이런 상황에선 교사들도 학습 위주의 수업만을 할 수밖에 없다. 학생을 등교한 상태 그대로 하교시키기 위해선 반 친구들이 관계 맺을 여지를 갖지 않도록 서로를 잘 고립시켜야만 한다. 그렇게 학령기 특수교육에선 '교실 안의 평화와 안전'이 무엇보다 중요한 가치가 된다. 그리고 그런 교실의 주인공은 학생이 아니라 관리자인 교사가 된다. 그런 교실 현장은 처음부터 그렇게 탄생한 게 아니라 우리 학부모들의 민원에 의해 그렇게 만들어져갔다. 그것만은 부인할 수 없는 사실이다.

✤ 아들이 살아갈
　세계를 위해

아들은 올해 중학교 3학년이 됐다. 작년 말, 부산 용궁사에
가서 '삼재 소멸' 초에 경건히 불을 켜고 복을 가져다준다는
팔찌도 하나 샀다. 지난 2년 동안 아들로 인해 힘들었던
건 용띠인 내가 삼재여서 그랬던 것으로 생각하기로 했다.
그래야만 했다. 삼재는 언젠가 끝나니까. 힘든 이 상황도 이제
서서히 끝나갈 것이라는 희망이 내겐 필요했다.
　　나는 20~30년 후에 뉴스 사회면, 사건/사고 소식에

슬픈 내용으로 등장하고 싶지 않다. 나오더라도 '시니어 모델의 활약'이나 '노년의 건강한 다이어트, 이렇게 하세요' 등의 꼭지에 등장하고 싶다.

무기력을 딛고 일어서야만 했다. 내 개인의 문제였다면 굳이 힘들게 일어서지 않고 내리는 비가 멈출 때까지 기다릴 수도 있었다. 하지만 나는 엄마니까, 내가 일어서지 않으면 아들의 삶이 휘청거리고 그로 인해 우리 가족의 삶까지 흔들리니까 일어서야만 했다. 전쟁으로 황무지가 된 타라에서 하늘을 보며 "다시는 굶지 않으리라"를 외쳤던 〈바람과 함께 사라지다〉의 스칼렛 오하라처럼 나는 주먹을 꼭 쥐며 다짐을 했다.

'무력함에 잠식당하지 말자. 내가 할 수 있는 일부터 하자. 내가 해야 할 일도 하자. 아들의 고립이 더 공고해지기 전에. 더 이상 손쓸 수 없게 되기 전에.'

새로운 학년의 새로운 담임 선생님을 만나 교과 선생님들도 함께하는 개별화교육회의를 소집 요청했다. 과목별 교과 교사가 따로 있는 중고등 과정에선 담임 선생님하고만 상담하고 담임 선생님 수업 시간에만 무언가를 시도해본들 소용이 없다. 담임 선생님의 수업은 전체 수업의 반도 되지 않는다.

나는 교과 선생님들에게 아들의 잠자는 루틴이 어떻게 일상 영역까지 침범해 삶을 흔드는지 호소했다. 이 루틴을 깨기 위해 모두가 함께 노력하는 1년이 됐으면 좋겠다는 바람도 전했다. 선생님들은 동의했고 각자의 수업 시간에 어떤 식으로 아들의 참여도를 높일 수 있는지 방법을 모색해보기로 했다.

아들은 지금도 여전히 잔다. 매일 잔다. 하지만 분명 잠자는 시간은 줄었고 수업 참여도도 약간은 높아졌다. 학교에서 아들과 만나는 모든 교사가 문제의식을 공유하기 시작한 덕이고, 담임 선생님이 노력하고 애써준 결과다.

학교에서 거리 두기형에 처해지면서 다시 친구들을 공격의 제물로 삼기 시작한 아들은 친구들과의 관계부터 회복할 필요가 있었다. 잃어버린 사회성을 다시 찾아야 했다. 학교 친구 다섯 명이 함께하는 당사자 자조모임에 참여했다. 한 달에 한 번씩 모여 캠핑을 가는데, 첫 캠핑부터 아들은 (매일 복도에서만 마주쳤던) 밖에서 학교 친구를 만나 함께 논다는 사실에 들떠 까악~ 까악~ 까마귀 소리를 내며 즐거워했다. 당사자 자조모임이라는 말이 무색하게 엄마들이 우르르 따라붙지만 그래도 좋다. 중학생인 지금은 엄마가 따라붙지만 성인이 된 어느 날부터 내가 따라가지 않을 수 있으면 된다. 그것을 몇 년에 걸쳐 반복 경험하면서 적응하고 익히면 된다. 그 순간을 맞이하기 위해 지금 우르르 따라다니는 건 얼마든지 좋다. 아들과 함께하는 삶에선 모든 게 장기전이다.

대기를 걸어놓은 여러 치료실에서는 계속 연락이 없었다. 나는 용기를 내 그룹형 단체 체육 활동에 시작했다.

물을 좋아하는 아들의 특성을 고려해 수영부터 시작했다. 중증 장애가 있는 아들이 6 대 1의 수영 강습을 받는 건 모두에게 힘든 일이었다. 하지만 더는 무력하게 있을 수만은 없었기에 엄마인 내가 풀장 안에 따라 들어가는 조건으로 등록했다.

다른 수강생의 부모들은 물 밖에서 지켜보는데 나만 래시가드를 챙겨 입고 들어갔다. 한 달에 한 주 동안 내가 물에 들어갈 수 없을 땐 남편이 나 대신 들어갔다. 수영(사실상 물놀이)을 하고 나면 아들은 신이 나서 펄쩍펄쩍 뛰는데 아들을 따라다닌 우리 부부는 진이 다 빠져 골골거렸다.

몇 달 후 사정이 생겨 수영을 더 못하게 되자 이번엔 뉴스포츠 활동에 등록했다. 그것도 우리 구가 아닌 옆의 구까지 진출해 간신히 등록했다. 첫날 지도교사가 컵 쌓기를 시키자 아들이 하기 싫다는 반항의 표시로 소리를 연달아 세 번 질렀다. 수업이 끝난 후 지도교사가 앞으로 같이 할 수 있을지 모르겠다며 고개를 저었다.

"안 돼요, 선생님."

만약 수업에서 제외되면 진짜 갈 데가 없다고, 여기 와서 드러누워 농성이라도 할 거라고 했다. 제발 부탁드린다고 호소하고 빌었다. 덕분이었을까. 아직까진 잘리지 않고 다니고 있지만 언제 잘릴지 모른다는 불안감에 가슴이 벌렁벌렁하다.

지역복지관에도 연락했다. 아들을 받아주는 곳이 없으니 제발 그곳에서 하는 프로그램에 아들 좀 받아달라고 호소했다. 사회복지사는 방법을 찾아보겠다고 했다. 만약 올해에 참여가 불가능하면 내년에라도 참여할 수 있는 방법을 찾아보겠다고 했다. 그러다 얼마 전에 복지관에서 연락이 왔다. 매주 목요일 심리운동 활동에 아들을 참여시키기로 했다. 나는 목놓아 선생님을 외치며 감사 인사를 하고 또 했다.

    학교에서도 더는 무력하게 있지만은 않기로 했다. 학교의 학부모회장을 맡았고 동시에 학교운영위원회의 학부모위원도 맡았다. 학부모회장이 되고 나서 가장 먼저 동네 영화관에 연락해 대관 작업을 했다. 모든 사회적 경험은 가정에서 웬만큼 시도해볼 수 있었지만 유일하게 쉽지 않은 게 영화, 공연 관람이었다. 올바른 관람 예절을 익히기 위해선 수많은 반복 경험이 필요한데 타인의 '조용히 관람할 권리'와 내 아들이 '즐겁게 관람할 권리'가 상충되자 선뜻 극장과 공연장에 갈 용기를 내지 못했다. 그렇다면 '발달장애인 전용'이라도 있어야 했다. 그곳에서 반복 연습해 올바른 관람 예절을 익히면 그때 '발달장애인 전용'을 졸업해 일반 극장에서 영화를 보고 공연장에 다니면 되는 것이다. 그렇게 우리만의 극장 안에서 부모도 아이들도 남 눈치 보지 않고 마음 편하게 〈쿵푸 팬더〉를 관람했다.

    그리고 나는 그간의 경험을 통해 무언가를 바꾸고 싶었기에 무언가를 포기하기로 했다. 아무것도 버리지 않으면 아무것도 바꿀 수 없다고 했다. 내가 버린 건 '사랑받고자 하는 욕구'였다. 사람들에게 예쁨받고 싶은 마음과 인정받고 싶은 마음을 내려놓아야만 흔들림 없이 가야 할 길을 갈 수 있을 것 같았다. 쉽지 않은 일이었다. 내 마음은 사람들에게 사랑받고 싶어 수시로 흔들렸다. 그때마다 주문처럼 읊조렸다.

'아무것도 버리지 못하면 아무것도 바꾸지 못한다. 마음껏 미움받고 실컷 욕먹자. 오히려 좋은 일이라고 생각하자. 욕을 많이 먹으면 아들 옆에서 한 살이라도 더 오래 살 수 있을지 모르니 기꺼이 미움받고 욕을 먹자.'

그렇게 언론을 통해 특수교육에 관한 칼럼을 쓰기 시작했다. 그리고 몇 년을 끌어온 이 책을 마무리하는 작업도 했다. 이 책은 연수 때마다 늘 얘기하던 내용으로 이뤄져 있지만, 말하는 즉시 허공으로 흩어지는 강연과 달리 꼼짝 없이 박제될 것이었기에 그동안 마감을 미루고 미뤄왔다. 사랑받고 싶은 마음을 버리기로 했으면서도 완전히 버리지 못했던 것이다. 내심 미움받을까 봐 두려운 마음이 남아 있었던 것이다. 동시에 이 책에 담긴 어떤 생각들이 자식만을 위해 열심히 달려온 누군가의 삶을 부정하는 것으로 받아들여지진 않을지, 한없이 예쁜 제자들을 위해 지금 이 순간도 열심히 고민하고 있는 특수교사에게 상처가 되진 않을지 망설이고, 고민하고, 주저하는 시간도 길었다.

하지만 해야 할 일을 해야지. 할 수 있는 일을 해야지. '좋은 게 좋은 거'라며 좋은 얘기만을 입에 담고 어둡고 차가운

진실은 알면서도 모르는 척 외면한다면 고립된 발달장애인은 부모에 의해 살해당하고 살인자가 된 부모는 자살하는 행태가 계속 이어질 테니까. 무엇보다 나도 그리고 당신도 그 행렬에 끼지 않으리란 보장이 없으니까.

그런 삶이 되지 않기 위해 글을 썼다. 나는 예뻐 죽겠는 내 새끼와 오래도록 행복하게 살고 싶다. 15년쯤 더 같이 살다가 그 이후부턴 지원주택에서 자립해 사는 아들을 지원하면서 서서히 헤어질 결심을 하고 싶다. 그러다 어느 날 마지막 숨을 내쉬기 전 아들에게 말하고 싶다.

엄마 아들로 태어나줘서 고마웠다고, 너로 인해 너무나 행복하고 축복받은 삶을 살 수 있었다고, 다음 생에도 꼭 엄마와 아들로 다시 만나자고.

행복한 성인으로 살아가는 아들을 남겨두고 떠나면서 행복했던 내가 그렇게 말하고 싶다.

에필로그 **20년 후의
어느 날**

잠에서 깬 아들이 침대에 누워 잠시 빈둥거린다. 그러다가 부엌으로 나가 정수기에서 물부터 따라 마신다(어릴 때부터의 습관이 아직도 한 번씩 나올 때가 있어서). 늘 하던 것처럼 물컵을 싱크대 안에 툭 하고 던져버렸는데, 문득 '이따 또 잔소리 듣겠다' 하는 생각이 떠오른 모양이다. 물을 틀고 컵을 씻는 시늉을 한다. 정말 말 그대로 시늉이다. 서른 살이 넘어도 손가락 힘이 야무지지 못한 아들은 뽀득뽀득 깨끗하게 설거지하는 작업에 한계가 있다.

아들이 물놀이인지 물 묻히기인지 모를 설거지를 하고 있는데 현관 비밀번호를 누르는 소리가 들린다. 오전 활동지원사다.

"어? 동환 씨 오늘 왜 이렇게 일찍 일어났어요?"

아들은 인사를 건네는 활동지원사 앞으로 가 손을 들어 보인다. 친밀함을 느끼는 대상에게 손을 잡아달라는 뜻이다. 말로 하는 인사를 대신한 몸짓 인사다.

아들이 화장실에 들어간 사이 활동지원사가 밥을 차린다. 고양이 세수처럼 얼굴에 물만 바른 아들이 계란프라이를 하는 활동지원사에게 다가가 치약을 내민다. 거의 다 써서 치약이 잘 안 나오는 모양이다. 활동지원사가 칫솔에 치약을 야무지게 짜주고 화장실 선반에서 새 치약을 찾는데 하나도 보이질 않는다. 거실 칠판에 '치약 떨어짐'이라고 쓰는 활동지원사. 아들이 출근해 있을 동안 주거코치가 들어와 메모를 보고 화장실 선반에 치약을 채워놓을 것이다.

식탁 위에는 활동지원사가 차려놓은 밥이 있다. 된장국과 계란프라이 두 개, 간장불고기와 진미채다. 활동지원사는 계란프라이만 새로 했다. 나머지는 주거코치가 냉장고에 채워놓은 음식을 데워 접시에 내놓은 것이다.

아들은 3년째 지원주택에서 거주 중이다. 우리 집에서 20분 거리에 지원주택 빌라 세 개동 24호가 새롭게 개소했고,

아들은 '서른 살 독립'이라는 목표보다 3년 늦어진 서른세 살에 독립했다. 아들은 지원센터(101호) 바로 옆집인 102호에 산다. 장애 정도가 중한 것을 고려해 즉각적인 지원을 받을 수 있는 지원센터 옆집으로 호수가 정해졌다.

밥을 다 먹고 난 아들이 활동지원사에게 "가가(과자)"라고 말한다. 안 될 걸 알면서도 그냥 한 번 해보는, 안 하고 지나가면 섭섭한 루틴 같은 것이다.

"아침에는 과자 안 먹는 거잖아요. 우리 동환 씨 다 알면서. 이따 집에 와서 밤에 과자 먹어요. 과자는 저녁에 저녁밥 먹고 나서!"

혹시나 해서 해본 말이라 아들은 별 저항 없이 방으로 들어간다. 침대 위엔 활동지원사가 챙겨둔 외출복이 순서대로(맨 처음 입어야 할 속옷부터 마지막에 신을 양말까지) 놓여 있다. 아들은 아직도 날씨에 맞는 옷 입기가 잘 되지 않아 매일 입어야 할 옷을 선택할 때는 활동지원사의 도움을 받는다.

◆

"자, 갑시다."

아들과 활동지원사는 버스를 타고 25분 거리에 있는 자동차 대리점으로 향한다. 아들은 그곳에서 3년째 미화 업무를 하고 있다. 미화 업무는 6년 전에 처음 시작했다.

서울 시내의 한 특성화고등학교에서 계단 청소 업무부터 시작했는데 처음엔 난리도 아니었다. 먼지를 쓸라고 준 빗자루를 얼굴에 비비고 있지 않나, 이쪽부터 쓸자고 하면 못 들은 척하며 다른 쪽으로 들어가버리질 않나.

처음엔 근로지원인이 계단 청소를 혼자 도맡다시피 했다. 그러다 청소 영역이 화장실까지 넓어졌는데, 변기와 바닥에 물 뿌리는 게 재밌었는지 '물 뿌리기'가 강화제 역할을 하면서 쓰레기통 비우기와 빗질, 걸레질 등 작업 폭이 넓어졌다.

"여기 있는 쓰레기통을 모두 비워야 물 뿌리기를 할 수 있어요.", "계단을 걸레로 닦고 나서 물 뿌리러 가요."

'먼저', '나중에' 표시가 된 AAC판(의사소통대체기구, 일종의 그림판)이 등장했고 각각의 활동 사진(쓰레기통 → 물 뿌리기, 계단 쓸기 → 물 뿌리기 등)을 찍어 AAC판에 붙인 후 '먼저 해야 할 일'과 '그 후에 주어지는 보상'에 대해 주지시키자 아들의 작업 참여도가 높아졌다. 그러는 과정에서 아들이 쓰레기통 비우기에 재미와 성취감을 느끼기 시작했다.

쓰레기통 비우기는 더럽거나 무거울 뿐이지 크게 어렵지는 않았다. 똥이나 오물을 더럽다고 느끼는 인지가 덜 발달한 것이 함께 살 땐 늘 걱정이었는데 막상 청소 업무를 하는 직장생활을 시작하자 오히려 장점으로 작용했다. 게다가 큰 키와 체구에서 오는 막강한 힘은 무거운 쓰레기를 옮기는 데 매우 유용했다. 장갑 낀 손으로(처음엔 장갑 끼는 것도 싫어해서 몇 달간 애를 먹었다) 모든 쓰레기통 안의 내용물을 커다란 비닐봉지로 옮기는 데에는 시간이 조금 걸렸지만 아들은 아주 작은 종잇조각조차 남겨두지 않고 한데 잘 모은다. 자폐 성향에서 오는 강박이 업무에 활용되고 있었다.

특성화고등학교와 공공기관, 민간 기업과 사이사이 백수 기간을 거쳐 지역 내 자동차 대리점으로 직장을 옮긴 지 3년째다. 아들은 이곳에서 안정감을 찾아가고 있다. 여기서 오래 근무할 수 있었던 결정적 요인은 직원들과의 관계 덕분인 것으로 보인다.

대리점에 도착하자 직원들이 인사를 건네고 아들도 인사를 한다. 고개를 빠르게 까닥하며 "하시요"라고 인사한다. '안녕하세요'라는 뜻이다. 집에서 만나는 활동지원사에겐 인사도 하지 않으면서 직장에서 만나는 직원들에겐 "하시요"라며 인사를 하는데, 직장생활은 가정생활과 다르다는 것을 눈치껏 체득했기 때문인 것으로 보인다. 나름 사회적 기술을 사용하고 있는 것이다. 아들은 출근 루틴 중 하나로 "하시요"라고 인사를 한 뒤 부장님 자리로 가서 "음~" 하고 소리를 내며 입술을 내미는 제스처를 취한다. 그러면 부장님은 "동환 씨 고마워요. 쪽쪽쪽" 하고 뽀뽀하는 '소리'를 내는 것으로 답한다. 그렇게 '뽀뽀하는 소리'를 들은 아들은 안심한 듯 사무실 안쪽의 탕비실로 가 작업복으로 환복한다.

부장님과의 이러한 루틴이 자리 잡은 건 입사 3일째 되는 날 첫 점심 회식을 했을 때 벌어진 일 때문이다. 메뉴는 아들이 좋아하는 갈비찜이었다. 부장님이 아들 접시에 고기를 한 점 덜어줬다.

"동환 씨, 많이 먹어요."

맛있는 걸 주는 사람은 언제나 최고인 법. 기뻤던 아들은 "우히~"라고 웃으며 고개를 양옆으로 들썩거렸고 그 모습에 직원들이 덩달아 미소를 지었다. 사람들이 웃자 기분이 더 좋아진 아들은 갑자기 자리에서 벌떡 일어나더니 옆자리에 앉은 부장님 머리에 뽀뽀를 쪽 해버렸다. 마침 부장님은 대머리. 그 모습에 사람들이 자지러졌고 아들 옆에 앉아 있던 근로지원인이 깜짝 놀라 아무에게나 뽀뽀하면 안 된다고 만류했지만 이미 상황은 종결된 뒤였다. 그렇게 사람들과 한바탕 깔깔깔 웃는 것으로 초기 관계가 설정되자 아들은 그곳 사람들이 좋아진 모양이다. 그 뒤로 직장에 성실하게 출근한다.

대리점에 도착하면 활동지원사는 곧바로 근로지원인이 된다. 근로지원인은 아들이 고무장갑을 손가락 끝까지 끼는 걸 돕고 앞치마 끈을 리본으로 잘 묶어준다. 아들과 근로지원인은 사무실 곳곳을 돌며 쓰레기통에 있는 쓰레기를 커다란 비닐봉지에 비우는 것부터 업무를 시작한다. 다음으로는 사무실 곳곳 테이블 걸레질, 다음으로는 바닥 쓸기와 바닥 걸레질을 한다. 마지막이 탕비실과 화장실 청소다. 사실 이

과정은 근로지원인이 주된 일을 하고 아들이 곁에서 거드는 정도다. 그래도 근로지원인이 아들이 해야 할 업무의 95퍼센트 이상을 혼자 수행했던 맨 처음을 생각하면 지금은 아들의 참여도가 놀랍도록 많이 늘었다. 잘하지 못한다고 지레 포기하지 않고 기다리면서 참여를 독려한 덕이다.

9시부터 시작된 청소는 12시에 끝나지만 정식 근무시간은 1시까지다. 12시부터 1시까지는 점심시간으로 직원들과 다 같이 이동해서 밥을 먹는다. 다만 아들은 면을 먹지 않아서 직원들이 면을 먹는 날엔 근로지원인과 둘이서 따로 먹는다.

1시가 되면 근로지원인은 다시 활동지원사가 된다. 활동지원사는 대리점에서 나온 아들과 함께 주간활동서비스 센터로 향한다. 아들을 센터에 들여보내고 나면 활동지원사의 업무도 끝난다.

"내일 봐요. 동환 씨."

◆

센터에 가면 친구들이 있다. 아들의 여자친구인 하늘이도 있다. 하늘이는 아들보다 한 살 많은 누나인데 키는 아들 가슴께에도 오지 않는다. 그런데도 하늘이는 아들이 귀엽다며 아들만 보면 달려와 아들의 볼과 코, 머리를 쓰다듬는데 그럴 때면 아들도 좋은지 얌전히 얼굴을 맡기곤 한다. 하늘이는 같은 복지재단의 다른 지원주택에 살고 있다.

한때는 나중에 둘을 결혼시켜 한집에 살게 할까 하는 생각도 진지하게 했었다. 부모 사후 외롭지 않게 짝이 있으면 좋을 것 같았다. 그런데 둘이 함께 있는 시간이 길어지자 서로에게 괴성을 지르며 싸움이 일어나는 것을 보고 나서 마음을 내려놓았다.

오후에 4시간 동안 보내게 될 주간활동센터의 이날 활동 프로그램은 두 가지다. 하나는 모종 옮겨심기, 하나는 동네를 돌아다니며 쓰레기 줍기다. 후자는 지역사회 참여의 일환으로 매주 금요일마다 시행하는 활동인데, 오고 가는 주민들에게 감사 인사를 받은 경험이 좋아서인지 대부분의 당사자가 좋아하는 활동이다. 모종을 옮겨심을 땐 흙장난만 하던 아들이 "자. 이제 나갑시다"라는 말에 잽싸게 일어나 집게부터 집어 든다. 아들에겐 쓰레기 줍기가 쓰레기통 비우기만큼이나 강박 욕구를 충족하는 재미있는 활동이다.

학령기 때만 해도 아들은 집게로 물건 집는 게 서툴렀다. 그런데 빵집에 갈 때마다 내가 빵을 골라주는 게 아니라 집게를 사용해 스스로 집어든 빵을 쟁반에 올려두어야만 먹을 수 있도록 했더니 어느 순간부터 집게 사용이 능숙해졌고 심지어 집게로 물건 집는 걸 재밌어 하기까지 했다. 이날도 아들은 비닐봉지 한가득 많은 쓰레기를 주워 담았다. 물론 집게로 잘 집히지 않는 담배꽁초를 손으로 집을 때도 있어서 그때마다 센터 선생님이 물티슈를 꺼내들고 출동하긴 했지만.

  6시가 되면 오후 활동지원사가 아들을 데리러 센터로 온다. 아들보다 열 살 많은 남성으로 말을 편하게 트고 형 동생처럼 지내는 사이다. 집(지원주택)으로 가는 버스를 타기 위해 걸어가는데 아들이 한 달 전에 생긴 부대찌개집 앞에 멈춰 섰다. 가게 유리에 붙어 있는 메뉴판을 보며 "맘마! 밥, 밥, 맘마!"라고 외친다. 부대찌개를 먹고 집에 들어가자는 뜻이다. 활동지원사는 난감하다. 이번 달에 용돈을 많이 썼는데 또 외식하면 주거코디에게 한 소리 듣겠구나 생각부터 든다. 활동지원사는 일단 아들을 달래보기로 한다.

  "동환아, 너 그저께도 카레 먹자고 해서 외식했잖아. 외식은 일주일에 한 번만. 매일 외식하면 안 돼. 오늘은 집에서 밥 먹고 다음 주에 와서 먹자."

  "맘마! 밥, 맘마!"

  아들은 메뉴판 앞에서 움직일 생각이 없다. 실랑이가 길어지자 활동지원사는 '에효, 내일부턴 버스 정류장까지 갈 때 (가게가 보이는) 대로변이 아니라 골목길로 가야지'라고 생각하며 아들에게 다짐을 받는다.

  "그럼 오늘만이야. 진짜 오늘만 여기서 먹고 내일부턴 집에서 밥 먹어야 해. 오늘만 먹는 거야, 오늘만. 알았지?

약속하는 거다."

끄덕끄덕 끄덕끄덕. 아들은 고개가 떨어질 듯 잘도 끄덕인다. 활동지원사는 어쩔 수 없다는 듯 가게로 들어가며 지원센터에 전화를 한다.

"오늘 동환 씨 저녁 먹고 들어갑니다."

밥을 먹고 집에 들어가니 오후 7시가 넘었다. 아들은 귀가하자마자 샤워부터 하는데 혼자서 야무지게 하지 못해 활동지원사의 지원을 받는다. 오후 활동지원사를 남성으로 찾은 이유도 샤워 문제 때문이다.

씻고 나와 편한 옷으로 갈아입고 나더니 아들이 "쥐쎄요"라고 말한다. 오늘 하루 동안 해야 할 일을 다 마쳤으니 스마트폰을 달라는 소리다. 해야 할 일을 다 해야 스마트폰을 사용하는 루틴을 잡기 위해 학령기부터 오랜 시간을 노력했다. 스마트폰은 너무나 강력한 강화물이라서 한 번 손에 들어가면 다시 내놓지를 않았다. 특별한 일정이 없는 주말에는 낮부터 잠잘 때까지 계속 손에 쥐고 있는데, 평일이라도 사용 시간을 줄이기 위해 저녁 식사 후 샤워까지 끝마쳐야 스마트폰을 사용하는 루틴을 거의 30년을 노력해서 만들었다.

배도 부르고, 몸도 상쾌하고, 소파에 앉아 기분 좋은 아들이 스마트폰 삼매경에 빠져 있는데 딩동 벨소리가 들린다. 201호에 사는 B, 202호에 사는 C, 401호에 사는 D가 '주거코디'와 함께 집으로 들어왔다. 매주 금요일은 아들이 사는

102호에서 다 함께 모여 보드게임을 하는 날이다. 301호 사는 F는 가족 모임이 있어 본가에 갔고, 302호 사는 G는 아파서 자고 있다고 했다. 402호 사는 H는 자조모임에서 영화를 보고 늦게 귀가할 예정이다.

아들에게 보드게임 규칙은 어렵다. 하지만 많은 사람이 모여 북적이는 분위기를 좋아하기 때문에 매주 금요일 밤을 은근히 기다린다. 오늘의 게임은 어렵지 않은 윷놀이다. 게임이 진행되면서 주거코디가 아들에게 윷을 주자 스마트폰을 잠시 내려놓고 툭 하고 정확한 자리에 윷을 집어던졌다. 모다. 얼어걸렸다.

같은 편인 당사자들이 "와~" 하며 소리를 지르자 (룰은 모르지만) 자신이 잘했다는 것을 알아챈 아들 얼굴에 화색이 돈다. "우이~ 우이~" 하면서 옆에 앉은 B의 얼굴에 자신의 얼굴을 가까이 대고 기쁨의 괴성을 지른다. 아들이 질러대는 괴성에 B는 "시끄러워! 동환이 형 조용히 해! 소리 지르면 안 돼!"라고 외치지만 신이 난 아들은 더 크게 "아갸갸갸갸" 하고 소리 지른다. 주거코디는 신나서 흥분한 아들과 청각이 예민한 B를 모두 달래며 게임을 계속 이어가게 하려고 진땀을 뺀다.

아들의 활동지원사는 이 난리통이 눈에 보이지 않는 듯 자기가 더 게임에 열중하고 있다. 바닥에 주저앉아 D와 중얼거리며 작전을 짜더니 어느덧 게임에 몰입해 "개! 개! 이번에 개 나와야 해!"를 외치고 있다.

그렇게 두 시간 정도 게임도 하고, 피자도 시켜 먹고, 주거코디의 진행 아래 이번 주 중 가장 인상 깊었던 일에 관해 대화도 나누다 10시가 넘어 각자 집으로 돌아갔다. 이젠 모두가 잘 준비를 해야 할 시간이다.

아들이 잠옷으로 갈아입고 나오자 활동지원사가 퇴근 준비를 한다. 3년 전엔 활동지원서비스를 3교대로 모두 사용해(몇 년 전부터 24시간 활동지원서비스가 가능해졌다) 돌봄에 공백이 없었는데, 잠자러 방에 들어간 아들은 아침에 완전히 기상하기 전까진 아예 거실로 나오지 않았기에(밤중에 화장실 갈 땐 방에 있는 화장실 이용) 사실상 밤중 활동지원서비스를 받는 의미가 없어 2년 전부터 밤엔 혼자 지내고 있다. 그래도 비상 상황이 벌어졌을 때를 대비한 준비는 해둬야 한다. 활동지원사가 자기 전 매일 똑같은 당부를 빼먹지 않고 말하는 임무까지 완수해야 퇴근이다.

"동환아, 자다가 아프면 어떻게 하라고 했지? 옆집(지원센터)에 가서 벨 누르는 거야. 알지? 자다가 아프면 옆집으로 가. 벨 눌러. 문 두드려. 선생님 나올 때까지 벨 눌러."

이미 천 번도 넘게 들은 얘기고, 실제 연습도 수십 번 해봤다. 지겨울 만도 한데 아들은 그 또한 매일 확인해야 하는 당연한 루틴이라 여기는지 고이 듣고 있다. 활동지원사의 말이 끝나자 고개를 끄덕이며 알았다는 표시를 한다. 아들이 방에 들어가 침대에 눕는다. 활동지원사가 "동환아, 불 끈다.

잘 자"라고 말하자 아들도 "잘 자"라고 말한다. 활동지원사가 방문을 닫으려는데 아들이 "음마, 음마, 음마"라고 부른다. 활동지원사가 웃으며 말한다.

"지난주에 엄마 집 못 가서 엄마 아빠 보고 싶었지? 엄마랑 아빠는 유럽 여행 잘 다녀오셨대. 내일 엄마 보러 갈 거니까 오늘 푹 자. 내일 아침 활동 선생님(오전 활동지원사)이랑 엄마 집 잘 다녀와. 동환아, 월요일에 보자. 안녕~"

같은 시간, 나는 내일 만날 아들을 위해 열심히 갈비찜을 만들고 있다. 결혼한 딸이랑 사위도 올 예정이라 20인분도 넘는 양이다. 집에서도 잔뜩 먹고 아들과 딸에게 한 솥씩 담아 보낼 예정이다.

사랑하는 내 새끼들. 내일 오면 둘 다 꽉 껴안아야지. 특히 우리 아들은 으스러지게 안고 '동환이 냄새'를 한껏 맡아야지. 한때는 함께 한강에 가는 것밖엔 방법이 없다고 생각했었다. 생(生)을 살면서도 늘 사(死)를 염두에 두어야만 했다. 하지만 마침내 아들은 아들대로 계속 살고 나는 나대로 편하게 눈감을 수 있는 방법을 찾았다.

아들을 볼 수 있는 날이 내게 얼마나 더 남아 있을진 모른다. 바로 그렇기 때문에 더 많이 사랑하고 사랑해야지. 보고 있어도 보고만 싶은 우리 아들. 바로 옆에 있어도 그립기만 한 우리 아들. 내 인생의 충전기, 내 인생의 선물, 내 삶의 축복. 내일 만나자.

아들이 사는 세계

첫판 1쇄 펴낸날 2024년 9월 24일
2쇄 펴낸날 2024년 11월 11일

지은이 류승연
발행인 조한나
책임편집 문해림
편집기획 김교석 유승연 김유진 곽세라 전하연 박혜인 조정현
디자인 한승연 성윤정
마케팅 문창운 백윤진 박희원
회계 양여진 김주연

펴낸곳 (주)도서출판 푸른숲
출판등록 2003년 12월 17일 제2003-000032호
주소 서울특별시 마포구 토정로 35-1 2층, 우편번호 04083
전화 02)6392-7871, 2(마케팅부), 02)6392-7873(편집부)
팩스 02)6392-7875
홈페이지 www.prunsoop.co.kr
페이스북 www.facebook.com/prunsoop **인스타그램** @prunsoop

ⓒ푸른숲, 2024
ISBN 979-11-7254-021-0 (03330)

* 잘못된 책은 구입하신 서점에서 바꾸어 드립니다.
* 본서의 반품 기한은 2029년 11월 30일까지입니다.